Kurshefte Geschichte

Das deutsch-polnische Verhältnis

Erarbeitet von

Dr. Christian Peters
Robert Quast

ONLINE-Angebot Die Webcodes zum Lehrwerk geben Sie auf **www.cornelsen.de/webcodes** ein.

Cornelsen

Kurshefte Geschichte –
Das deutsch-polnische Verhältnis

Das Lehrwerk wurde erarbeitet von Robert Quast (Bissendorf) und Dr. Christian Peters (Quakenbrück).

mit Beiträgen von Joachim Biermann, Daniela Brüsse-Haustein, Robin Gliffe, Dr. Wolfgang Jäger, Dr. Matthias Kneip, Manfred Mack, Dr. Christian Peters, Robert Quast, Prof. Dr. Dietmar von Reeken, Dr. Beate Sommersberg

Die Probeklausur und deren Lösungshinweise wurden konzipiert von
Joachim Biermann (Bersenbrück),
Daniela Brüsse-Haustein (Haren).

Redaktion: Dr. Christine Keitz (Berlin), Michael Venhoff (Xanten)
Karten: Carlos Borrell, Berlin
Bildassistenz: Anne Dombrowsky
Umschlaggestaltung: Ungermeyer, grafische Angelegenheiten, Berlin
Umschlagbild: Deutsche Fahne und polnische Fahne; © Caro/FOTOFINDER.COM
Layout und technische Umsetzung: tiff.any GmbH, Berlin/Uwe Rogal

www.cornelsen.de

1. Auflage, 2. Druck 2020

Alle Drucke dieser Auflage sind inhaltlich unverändert
und können im Unterricht nebeneinander verwendet werden.

Dieses Werk berücksichtigt die Regeln der reformierten Rechtschreibung und Zeichensetzung. Ausnahmen bilden Originaltexte, bei denen lizenzrechtliche Gründe einer Änderung entgegenstehen.

Das Lehrwerk enthält Fremdtexte, die aus didaktischen Gründen gekürzt wurden; sie sind in den Literaturangaben mit * gekennzeichnet.

Druck und Bindung: Livonia Print, Riga

ISBN: 978-3-06-065642-4 (Schülerbuch)
ISBN: 978-3-06-065643-1 (E-Book)

PEFC
PEFC/12-31-006

PEFC zertifiziert
Dieses Produkt stammt aus nachhaltig bewirtschafteten Wäldern und kontrollierten Quellen.

www.pefc.de

Inhaltsverzeichnis

Zur Arbeit mit diesem Kursheft

Vorwissen aus SEK I oder Alltagswissen aktivieren

Die **Schauplatz**-Seiten aktivieren Ihr Vorwissen mithilfe spielerischer, quizähnlicher Aufgaben.

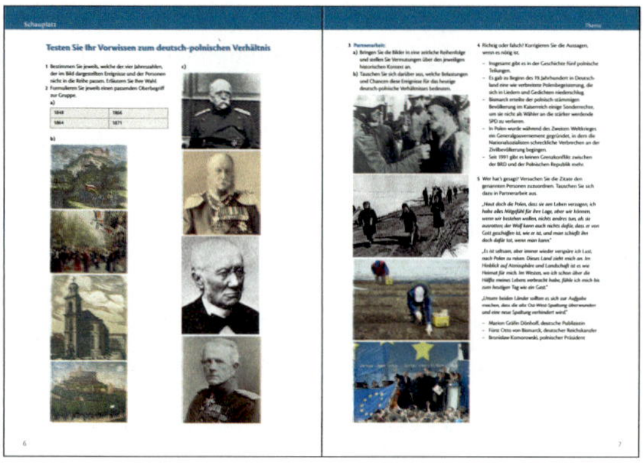

Sich orientieren und eigene Fragen und Hypothesen formulieren

Jedes Kapitel beginnt mit der **Auftaktseite**. Interessante Bilder bieten erste Gesprächsanlässe. Ein kurzer Text führt in das Kapitelthema ein. Arbeitsaufträge regen Sie zur Formulierung von Fragen und Hypothesen an. Ein Zeitstrahl ermöglicht die zeitliche Orientierung.

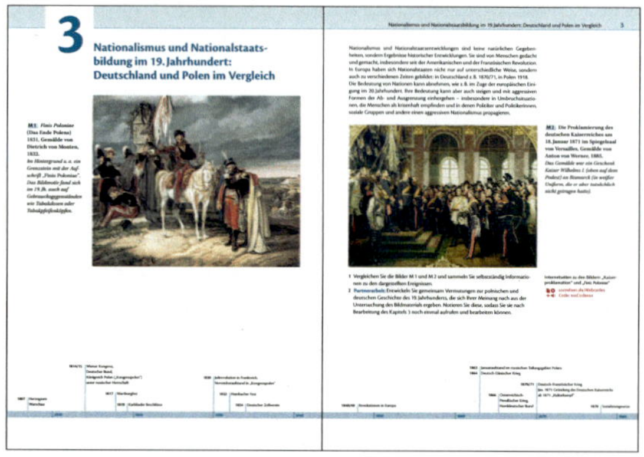

Ein Thema untersuchen

Am Anfang der **Themeneinheit** orientiert Sie ein Hinweiskasten über die zentralen Inhalte des Kapitels. Der **Darstellungstext** erläutert das Thema. In der Randspalte finden Sie Porträtbilder mit biografischen Informationen, Begriffserläuterungen, Verweise auf die Materialien sowie Webcodes.

Der anschließende **Materialteil** bietet Quellen, Darstellungen, Abbildungen, Karten und statistische Materialien zur eigenständigen Bearbeitung. Ein einführender Kasten gibt Ihnen „Hinweise zur Arbeit mit den Materialien“. Die Arbeitsaufträge regen immer wieder zu Partner- oder Gruppenarbeit, Präsentationen und kreativen Lernarrangements an. Tipps geben Ihnen Hilfestellung. Bei Wahlaufgaben können Sie unter verschiedenen Zugängen und/oder Materialien zum Thema auswählen. Vertiefungsangebote ermöglichen Ihnen eine weitergehende Beschäftigung mit dem Thema.

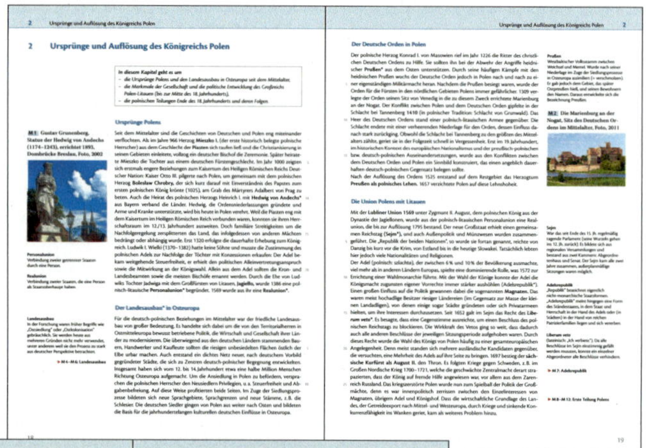

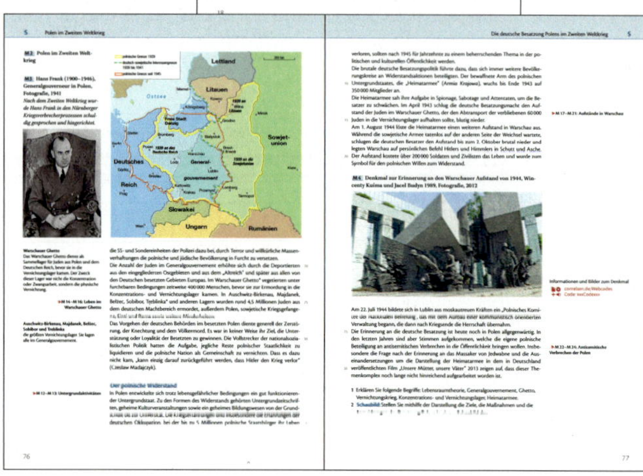

Methodisch arbeiten

Die **Methodenseiten** sind exemplarisch ins Kapitel integriert und trainieren Ihre Kompetenzen im Umgang mit Quellen, Darstellungen und anderen Materialien. Arbeitsschritte bieten Ihnen eine Anleitung für die Bearbeitung eines Übungsbeispiels. Mithilfe der Lösungshilfen im Anhang können Sie sich selbst überprüfen.

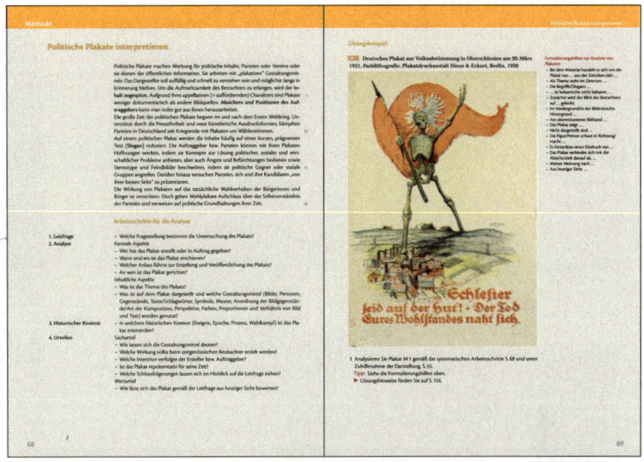
Methode

Politische Plakate interpretieren

Arbeitsschritte für die Analyse

Übungsbeispiel

Schlesier seid auf der Hut! - Der Tod Eures Wohlstandes naht sich.

Mehr Sicherheit

Jedes Kapitel schließt mit der **„Anwenden und wiederholen“**-Seite. Ein **Anwendungsbeispiel** trainiert Ihre Kompetenz in der schriftlichen Klausur bzw. Abiturprüfung. Arbeitsaufträge mit Wahl- und Vertiefungsmöglichkeiten, Formulierungshilfen sowie zentrale Begriffe ermöglichen Ihnen das **Wiederholen** zentraler Kapitelinhalte.

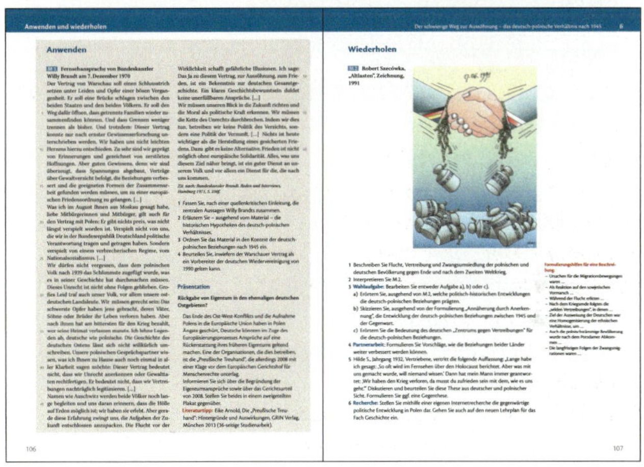
Anwenden und wiederholen

Anwenden

Wiederholen

Kernmodul und Wahlmodule

Ein eigenes Kapitel zum **Kernmodul** bietet theoretische Texte und verknüpft sie durch Arbeitsaufträge und Verweise mit den anderen Kapiteln.

Zwei **Vertiefungskapitel** bereiten weitere Wahlmodulthemen als Themeneinheit auf. Die Arbeitsaufträge fordern immer wieder zum Vergleich mit den anderen Wahlmodulthemen auf.

Hilfen im Anhang

Der Anhang unterstützt Sie bei der Arbeit mit dem Buch. Hier finden Sie:

- Hinweise zu den Operatoren,
- Formulierungshilfen für die Arbeit mit Quellen und Darstellungen,
- Zusatzaufgaben und inhaltliche Tipps,
- eine Probeklausur mit Lösungshinweisen,
- Lösungshilfen zu den Methodenseiten,
- eine Übersicht der eingeführten Unterrichts- und Fachmethoden,
- Lexika und Register.

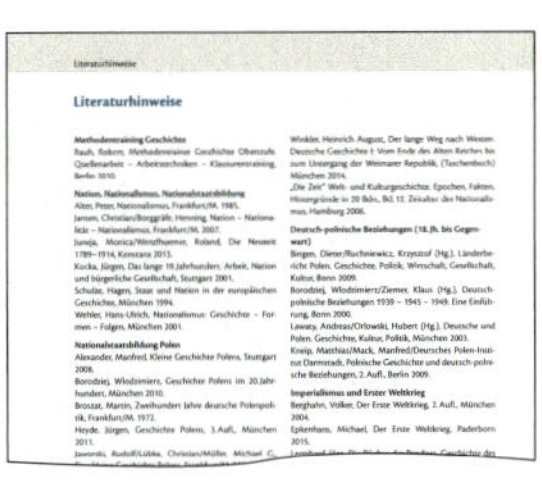
Literaturhinweise

Begriffslexikon

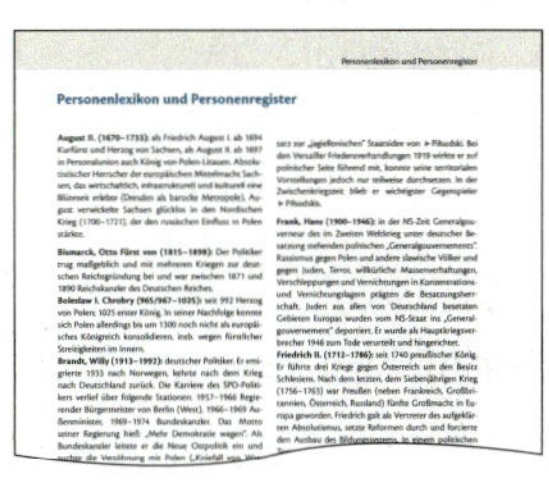
Personenlexikon und Personenregister

Testen Sie Ihr Vorwissen zum deutsch-polnischen Verhältnis

1 Bestimmen Sie jeweils, welche der vier Jahreszahlen, der im Bild dargestellten Ereignisse und der Personen nicht in die Reihe passen. Erläutern Sie Ihre Wahl.
2 Formulieren Sie jeweils einen passenden Oberbegriff zur Gruppe.

a)

1848	1866
1864	1871

b)

c)

3 Partnerarbeit:

a) Bringen Sie die Bilder in eine zeitliche Reihenfolge und stellen Sie Vermutungen über den jeweiligen historischen Kontext an.

b) Tauschen Sie sich darüber aus, welche Belastungen und Chancen diese Ereignisse für das heutige deutsch-polnische Verhältnis bedeuten.

4 Richtig oder falsch? Korrigieren Sie die Aussagen, wenn es nötig ist.

- Insgesamt gibt es in der Geschichte fünf polnische Teilungen.
- Es gab zu Beginn des 19. Jahrhunderts in Deutschland eine weit verbreitete Polenbegeisterung, die sich in Liedern und Gedichten niederschlug.
- Bismarck erteilte der polnischstämmigen Bevölkerung im Kaiserreich einige Sonderrechte, um sie nicht als Wähler an die stärker werdende SPD zu verlieren.
- In Polen wurde während des Zweiten Weltkrieges ein Generalgouvernement gegründet, in dem die Nationalsozialisten schreckliche Verbrechen an der Zivilbevölkerung begingen.
- Seit 1991 gibt es keinen Grenzkonflikt zwischen der BRD und der Polnischen Republik mehr.

5 Wer hat's gesagt? Versuchen Sie die Zitate den genannten Personen zuzuordnen. Tauschen Sie sich dazu in Partnerarbeit aus.

„Haut doch die Polen, dass sie am Leben verzagen; ich habe alles Mitgefühl für ihre Lage, aber wir können, wenn wir bestehen wollen, nichts andres tun, als sie ausrotten; der Wolf kann auch nichts dafür, dass er von Gott geschaffen ist, wie er ist, und man schießt ihn doch dafür tot, wenn man kann."

„Es ist seltsam, aber immer wieder verspüre ich Lust, nach Polen zu reisen. Dieses Land zieht mich an. Im Hinblick auf Atmosphäre und Landschaft ist es wie Heimat für mich. Im Westen, wo ich schon über die Hälfte meines Lebens verbracht habe, fühle ich mich bis zum heutigen Tag wie ein Gast."

„Unsere beiden Länder sollten es sich zur Aufgabe machen, dass die alte Ost-West-Spaltung überwunden und eine neue Spaltung verhindert wird."

- Marion Gräfin Dönhoff, deutsche Publizistin
- Fürst Otto von Bismarck, deutscher Reichskanzler
- Bronislaw Komorowski, polnischer Präsident

1 Einführung: Zur Geschichte des deutsch-polnischen Verhältnisses

In diesem Kapitel geht es um
- *einen allgemeinen historischen Überblick über die deutsch-polnische Geschichte,*
- *die unterschiedlichen Vorstellungen von der Entstehung der beiden Nationen,*
- *die deutsch-polnischen Beziehungen heutzutage.*

M 1 **Robert Szecówka (Pseudonym „Robs"; geb. 1935), Karikatur „Wie schön ist unser Land", 2000**

▶ M 1–M 3: Nation und Nationalismus

▶ M 7–M 9: Nationalhymnen

Kernmodul: ▶ Kap. 7, S. 108–112, Nation – Begriff und Mythos: Anderson (M 1), Wehler (M 2), Münkler (M 3)

Die Geschichte von Deutschen und Polen, von Deutschland und dem Staat Polen zeigt, dass beide Länder und ihre Menschen aufs engste miteinander verwoben sind. Die Identitäten sind auf beiden Seiten von einer gemeinsamen Geschichte geprägt, aber auch von gesamteuropäischen oder globalen Entwicklungen, in die beide Länder eingebunden sind.

Die Beziehungen zwischen den beiden Ländern waren aber nicht nur, wie oft dargestellt, von Kriegen und Konflikten geprägt. „Grausame Germanen" mit Pickelhaube oder Hakenkreuz prägten ebenso wenig die gemeinsame Vergangenheit wie das Schlagwort von der „polnischen Wirtschaft". Dies sind Stereotype, die vor allem ein Ergebnis der in der zweiten Hälfte des 19. Jahrhunderts entstandenen Nationalismen sind. Und auch die Überzeugung von einer vermeintlichen Erbfeindschaft zwischen der deutschen und der polnischen Nation stammt aus jener Zeit.

Grundlagen des Nationskonzepts

Eine Ursache für das Entstehen von Stereotypen und angeblichen Feindschaften war lange die fälschliche Vorstellung, dass **Nationen*** „natürliche" Größen seien, die es schon immer gegeben habe. Gefühle nationaler Zusammengehörigkeit entstanden und entstehen jedoch in den unterschiedlichen Gesellschaften unter bestimmten historischen Bedingungen und können und konnten verschiedene Erscheinungsformen annehmen. „Natürlich" sind sie nicht. Nationen und Nationalismus sind das Ergebnis vielschichtiger geschichtlicher Prozesse, in denen sich Gruppen der Gesellschaft zusammenfinden und das Bewusstsein einer nationalen Gemeinschaft herausbilden. Einige moderne Historiker bezeichnen daher Nationen als gedachte Gemeinschaften bzw. Ordnungen. Nach dieser Auffassung ist die Nation zuallererst eine Vorstellung. Nation, Nationalismus und Nationalstaat ziehen ihre Macht und ihr Identifikationspotenzial daraus, dass die Menschen an sie glauben. Dies zeigt sich auch in der deutschen und polnischen Geschichte.

Vom Mittelalter zum „Teilungstrauma" des 18. Jahrhunderts

▶ Kap. 2: Ursprünge und Teilungen Polens

Die Geschichte von Deutschen und Polen war trotz kleinerer Konflikte in Mittelalter und Früher Neuzeit über weite Strecken fruchtbar. Natürlich gab es auch Auseinandersetzungen, doch prägender war, besonders im Mittelalter, der friedliche Kontakt.
Seine große Zeit erlebte Polen im 16. Jahrhundert. Politisch äußerte sich dies in erfolgreichen Kriegen und in der „Lubliner Union", einer Realunion zwischen Polen und Litauen. Der kulturelle Reichtum und die Toleranz dieses „goldenen Zeitalters" machte die Adelsrepublik in ganz Europa bekannt. Die Kriege des 17. Jahrhunderts führten das Land jedoch in eine Krise. Diese weckte wiederum die Expansionsgelüste der Nachbarmächte Schweden, Russland und Preußen und ermöglichte ihnen, sich in die inneren Angelegenheiten Polens einzumischen. Die polnischen Reformversuche des 18. Jahrhunderts führten zwar 1791 zur ersten schriftlichen Verfassung Europas, konnten aber den Untergang des Landes nicht mehr verhindern: Zwischen 1772 und 1795 teilten Russland, Preußen und Österreich das Land vollständig unter sich auf.

Polen und Deutsche im „langen 19. Jahrhundert"

▶ Kap. 3: Nation und Nationalstaat in Deutschland und Polen im 19. Jh.

▶ Kap. 4: Deutsch-polnisches Verhältnis 1871 bis 1920er-Jahre

Auf der geteilten polnischen Nation lasteten schwere Hypotheken: Politisch war sie mit den Teilungsmächten verfeindet. Gesellschaftlich war sie zerrissen: Auf der einen Seite stand der Adel, der gegenüber dem König an seiner im europäischen Vergleich starken Eigenständigkeit festhalten wollte; auf der anderen Seite war die Landbevölkerung, die am Rande des Existenzminimums lebte. Das gesamte 19. Jahrhundert über suchten die Polen nach den Grundlagen für einen eigenen Staat – vergeblich. Weder die napoleonischen Kriege zu Beginn des 19. Jahrhunderts mit dem kurzlebigen autonomen Herzogtum Warschau noch der Wiener Kongress 1814/15 noch die Aufstände und Aufstandsversuche in den folgenden Jahrzehnten brachten eine Lösung.
Das Schicksal des nicht vorhandenen Nationalstaats teilte die polnische Nation im 19. Jahrhundert mit der deutschen. In Deutschland entwickelte sich eine deutsche Identität vor allem infolge der nationalen Erhebung in den Befreiungskriegen gegen Napoleon heraus, der in den ersten Jahren des 19. Jahrhunderts weite Teile Europas erobert hatte. Das Bestreben nach einer demokratischen Nation, die ihren Ausdruck in der **1848er-Revolution** fand, einte schließlich Deutschland und Polen in ihrem Bestreben nach der Bildung eigener Nationalstaaten. In der ersten Hälfte des 19. Jahrhunderts gab es in Deutschland eine große **„Polenbegeisterung"**.
Doch die 1848er-Revolution scheiterte in ganz Europa am Widerstand der aristokratischen Kräfte. Das Pendel schlug nun in Richtung Völkeregoismus aus. In der Mitte Europas wurde unter Führung des preußischen Ministerpräsidenten **Otto von Bismarck** das **Deutsche Kaiserreich 1871** gegründet – mit gravierenden Folgen: Teile Polens, die zu Preußen gehört hatten, gehörten fortan zum Reich, der deutsche Nationalismus verlor seinen liberalen Charakter und die Regierung ging erbittert gegen Minderheiten und Gegner vor. Die **Germanisierungsbestrebungen** im neu gegründeten deutschen Kaiserreich (sowie die Russifizierungsbestrebungen im Zarenreich) wurden für die polnische Nation und das Zusammengehörigkeitsgefühl der Polen zur Gefahr.
Erst der Ausgang des Ersten Weltkriegs bot die unverhoffte Lösung: Da er für alle drei ehemaligen Teilungsmächte des 18. Jahrhunderts (Preußen, Österreich-Ungarn, Russland) mit einer Niederlage endete, konnte **Polen 1918** mit Unterstützung der Westmächte (Frankreich, England, USA) neu entstehen. Die Beziehungen Polens mit Deutschland wurden indes durch Grenzfragen stark belastet. Für die deutsche Politik waren die im Versailler Vertrag (und nach Plebisziten) an Polen abgetretenen preußischen Gebiete Anlass, hartnäckig eine Revision der gezogenen Grenzen anzustreben. Die Regierungen Polens sahen ihren schwierigen Zugang zur Ostsee und ihre deutsche Minderheit als Probleme, die sie zu Forderungen an Deutschland nutzten.

Wahlmodul: ▶ Kap. 8: Erster Weltkrieg

Nationalsozialismus, Zweiter Weltkrieg und die Folgen nach 1945

▶ Kap. 5: Deutschland und Polen in der NS-Zeit

Das in Deutschland seit 1933 herrschende, rassistische NS-Regime brachte am Ende unermessliches Leid über Polen. Der Zweite Weltkrieg (1939–1945) begann mit dem **deutschen Überfall auf Polen.** Nach der raschen militärischen Eroberung des ganzen Landes begannen die deutschen Besatzer alsbald mit der Ausrottung von Juden und der polnischen Intelligenz. Gewaltsame Gebietsaneignungen, der „Sklavenstaat" Generalgouvernement, Konzentrations- und Vernichtungslager, Vertreibungen, Zwangsarbeit, brutale Willkürherrschaft und Vernichtung von Menschen und nationalen Symbolen prägten die sechs Jahre **deutscher Besatzungsherrschaft in Polen.** Grundlage war die menschenverachtende Ideologie des Nationalsozialismus. Im Untergrund formierte sich militärischer und ziviler Widerstand der Polen. In dem brutal niedergeschlagenen Warschauer Aufstand von 1944 fand er seinen Höhepunkt.

▶ Kap. 6: Deutsch-polnisches Verhältnis nach 1945

Der Zweite Weltkrieg vernichtete nicht nur Städte und Menschen, sondern er zerstörte ganze Gesellschaften. Durch **Flucht, Vertreibung und Zwangsumsiedlung** mussten in Europa über 20 Millionen Menschen ihre Heimat verlassen. Der von Deutschland begonnene Krieg war die Ursache der Migrationsprozesse: Aus den an das Deutsche Reich angegliederten Gebieten Polens wurden Polen in das Generalgouvernement vertrieben. Mit Kriegsende wurden Deutsche vertrieben, und zwar aus den ehemaligen deutschen Ostprovinzen, die nach dem Krieg an Polen gingen.

Die historischen Hypotheken wogen schwer. Eine Verständigung zwischen Deutschland und Polen schien kaum möglich. Erschwerend kamen zwei Entwicklungen hinzu: Seit 1948 herrschte in Polen eine kommunistische Diktatur. Deutschland entstand ein Jahr danach in Form zweier verschiedener Staaten wieder, der kommunistischen DDR und der demokratischen Bundesrepublik. Dessen ungeachtet fanden sich aber auf allen Seiten Politikerinnen, Politiker und Intellektuelle, die an einer Verbesserung der Beziehungen interessiert waren. Der Briefwechsel der katholischen Bischöfe Mitte der 1960er-Jahre war ein Markstein in dieser Entwicklung. Die **Ostpolitik Willy Brandts** führte 1970 schließlich zur Anerkennung der **Oder-Neiße-Grenze.** Das Aufbegehren der Gewerkschaft **Solidarność** ließ in Deutschland weitere Sympathien für Polen entstehen, während gleichzeitig die Zahl der zwischenmenschlichen Kontakte anstieg.

Im Laufe der 1980er-Jahre geriet das polnische kommunistische Regime zunehmend ins Wanken, verursacht durch die schlechte Wirtschaftslage, die Perestroika-Politik in der Sowjetunion und die Proteste der *Solidarność*. Bei den Verhandlungen am „runden Tisch" wurde das kommunistische Regime Polens schließlich genötigt, sein Machtmonopol aufzugeben. Die erste nichtkommunistische Regierung in Polen – zugleich die erste im damaligen Sowjetblock – etablierte die **Dritte Republik Polen**. Mit dem neuen, dem demokratischen Polen schloss das vereinigte Deutschland einen **„Vertrag über gute Nachbarschaft und freundschaftliche Zusammenarbeit" (1991).** Die Regierungen beider Länder arbeiteten eng zusammen.

Es ist fast paradox. Trotz aller Konflikte hatten die Deutschen mit keinem anderen Volk Europas so intensive Beziehungen wie mit Polen: Migrationen, Arbeitsaufenthalte und Eheschließungen führten im Laufe von Jahrhunderten zu einem engen Netz von Verwandtschafts- und Freundschaftsbeziehungen. Beide Nationen hatten großen Anteil am Kultur- und Alltagsleben der jeweils anderen. Die Vielzahl deutscher Nachnamen in Polen und polnischer Nachnamen in Deutschland zeugt von der Verflechtung.

Internetseiten zur deutsch-polnischen Geschichte

cornelsen.de/Webcodes
Code: wosuba

Fragen des deutschen Selbstverständnisses

Kernmodul: ▶ Kap. 7, S. 113–115, „deutscher Sonderweg": Bracher (M 4), Winkler (M 5)

In der Bundesrepublik prägte die Auseinandersetzung mit der NS-Vergangenheit seit den 1970er-Jahren die historische Diskussion. Hier entwickelten Historikerinnen und Historiker das **Konzept des „deutschen Sonderwegs".** Demnach habe Deutschland seit der Französischen Revolution, im Vergleich zu anderen Staaten des Westens, mit seiner

späten Nationalstaatsgründung 1871 und der NS-Barbarei einen historischen „Sonderweg" beschritten und erst spät zur liberalen Demokratie gefunden. Ein Diskussionspunkt bleibt dabei die Frage, inwieweit die „Sonderwegthese" dazu dient, die Westbindung der Bundesrepublik, also die Bindung der bundesrepublikanischen Identität an die demokratischen und liberalen Werte des Westens, zu legitimieren.
Die Frage des **deutschen Selbstverständnisses nach dem Ende der bipolaren Welt 1989/90** stellt sich wieder neu. Auf EU-Ebene wurde die Europäische Union um die Länder Osteuropas erweitert. Weltpolitisch treten neue Akteure und Regionen wie China oder die islamischen Länder neben die alten Weltmächte USA und Russland auf den Plan. Digitalisierung und globaler Finanzkapitalismus, weltweite Verkehrsverbindungen und Migrationsströme, wachsender Populismus und nationale Abgrenzungsstrategien verändern den globalen Rahmen. All das beeinflusst die **Identitäten*** von Gesellschaften und Individuen sowie das **nationale Selbstverständnis**.
Im Zuge dieser globalen Veränderungen hat sich u.a. das **Konzept der „transnationalen Geschichtsschreibung"** herausgebildet. Mit diesem Ansatz versucht man herauszufinden, in welcher Form historische Ereignisse und Entwicklungen auf globaler Ebene oder auch europäischer Ebene auf Gesellschaften und Individuen einwirken.

Wahlmodul: ▶ Kap. 9: Nationalsozialismus und dt. Selbstverständnis

Identität
Die Summe der Eigentümlichkeiten im Wesen eines Menschen, die ihn kennzeichnet und von anderen unterscheidet. Sie kann vielfältig sein und sich verändern: Eine Person kann sich als Angehörige einer Nation fühlen und/oder einer Religion und/oder eines Geschlechts und/oder einer Region, eines Dorfes, eines Vereins usw. Auch ist zwischen objektiv erkennbaren Merkmalen und subjektivem Empfinden dieser Merkmale zu unterscheiden.

Kernmodul: ▶ Kap. 7, S. 116 f., Transnationale Geschichtsschreibung: Patel (M 6), Osterhammel (M 7)

Gegenwärtige Herausforderungen

Leider sind einmal in die Welt getragene Stereotype und Feindbilder schwer zu überwinden. Denn sie sind einfach und eingängig und paaren sich gut mit Vorurteilen und Unwissen. Aber es kann gelingen. Die Beziehungen zwischen Deutschen und Polen haben sich in den letzten Jahren intensiv und vielfältig entwickelt. Sie zeigen, dass mit Begegnungen und dem steigenden Wissen um Kultur, Geschichte und die Ängste des jeweils anderen Feindbilder abgebaut und Konflikte entschärft werden können. Doch gab und gibt es immer wieder Herausforderungen, die sich nicht zuletzt um Deutungen der Geschichte drehen, so z. B. auch beim deutschen **Zentrum gegen Vertreibungen**.
Umbrüche und Zäsuren in der Geschichte werden von Individuen und Gesellschaften unterschiedlich verarbeitet. Vor allem in den östlichen Staaten Europas hat der Systemwechsel von der kommunistischen Diktatur in die liberale, marktwirtschaftliche Demokratie – im Westen bejubelt – die Menschen vor neue Herausforderungen gestellt und verunsichert. Wirtschafts- und Finanzkrisen oder auch die Flüchtlingskrise scheinen das gewohnte Leben zusätzlich durcheinanderzubringen.
Angesichts dieser Veränderungen entdecken viele Menschen die eigene Geschichte bzw. die Geschichte ihres Landes wieder. Aber nicht alle ziehen aus der Geschichte Einsichten zu einem vertieften Verständnis der Wirklichkeit oder zur Gestaltung einer besseren Zukunft. Manche wenden sich der Geschichte zu, weil sie nach Selbstvergewisserung suchten. Die Idee der Nation gewährt ihnen ein Gefühl der Stärke und der Besonderheit. In vielen europäischen Ländern machen populistische Parteien sich dies zunutze, auch in Polen und Deutschland. Mit Vereinfachungen, Stereotypen und dem Beschwören nationaler Größe erhalten sie vor allem in Krisenzeiten größeren Zulauf.
Aus der Beschäftigung mit der Geschichte lassen sich gewiss keine Patentrezepte für ein konfliktfreies Miteinander zweier Staaten ableiten. Aber die Beschäftigung mit der Vergangenheit kann den Blick dafür schärfen,
- dass Nationen aus bestimmten Motiven heraus konstruiert werden,
- dass sie vielfältig und widersprüchlich sind und
- dass man nationale Ideologien nicht verklären, aber nationalpolitisches Denken auch nicht grundsätzlich ablehnen sollte.

▶ **M 4–M 6: Deutsche und Polen heute**

▶ **Kap. 6, S. 102 f., M 19, M 20: Zentrum gegen Vertreibungen**

1 Erläutern Sie die Grundlagen des Nationskonzepts (Darstellung S. 8 und 11). Beziehen Sie die Karikatur M 1, S. 8, mit ein.
2 **Quiz:** Lösen Sie nach der Lektüre der Darstellung das Polen-Quiz (s. Webcode).

Polen-Quiz
cornelsen.de/Webcodes
Code: nisebu

Hinweise zur Arbeit mit den Materialien
Der Einstieg zur Geschichte des deutsch-polnischen Verhältnisses setzt drei Schwerpunkte:
- *M 1–M 3 sind mit dem Thema „Nation und Nationalismus“ dem Kernmodul des Rahmenthemas „Frage nach der deutschen Identität“ gewidmet und ermöglichen einen strukturierten Erstzugriff.*
- *M 4–M 6 bieten sich für einen aktuellen Blick zum Stand der deutsch-polnischen Beziehungen an.*
- *Vertiefung: Ein Vergleich der Nationalhymnen von Deutschland und Polen kann mithilfe von M 7–M 9 erarbeitet werden; ein Webcode führt zu Vertonungen.*

Nation und Nationalismus

M 2 Der Politikwissenschaftler Karl W. Deutsch über Nationenbildung und Nationalstaat (1966)

Eine Nation ist ein Volk im Besitze eines Staates. Um einen Staat in Besitz zu nehmen, müssen einige Mitglieder dieses Volkes den Hauptteil der Führungskräfte dieses Staates stellen, und eine größere Zahl von Volksangehörigen muss sich mit diesem Staat irgendwie identifizieren und ihn unterstützen. Ein Volk wiederum ist ein ausgedehntes Allzweck-Kommunikationsnetz von Menschen. Es ist eine Ansammlung von Individuen, die schnell und effektiv über Distanzen hinweg und über unterschiedliche Themen und Sachverhalte miteinander kommunizieren können. Dazu müssen sie ergänzende Kommunikationsgewohnheiten haben, gewöhnlich eine Sprache und immer eine Kultur als gemeinsamen Bestand von gemeinsamen Bedeutungen und Erinnerungen, der es wahrscheinlich macht, dass diese Individuen in der Gegenwart und in der nahen Zukunft gemeinsame Präferenzen und Wahrnehmungen miteinander teilen. Die Angehörigen ein und desselben Volkes sind in Bezug auf ihre Gewohnheiten und ihre Charakterzüge einander ähnlich und ergänzen einander in Bezug auf andere Gewohnheiten. Wenn ein bedeutender Teil der Angehörigen eines Volkes nach politischer Macht für seine ethnische oder sprachliche Gruppe strebt, können wir es als Nationalität bezeichnen. Wenn solche Macht erlangt worden ist – gewöhnlich mit der Beherrschung eines Staatsapparates –, bezeichnen wir es als Nation.

Karl W. Deutsch, Nationenbildung – Nationalstaat – Integration, hg. von Abraham Ashkenasi, Peter W. Schulze, Übers. Norman Gonzales, VS Verlag für Sozialwissenschaften, Düsseldorf 1972, S. 204.

1 **Partnerarbeit:** Sammeln Sie Merkmale, die Ihrer Meinung nach Kennzeichen einer Nation sind.
2 Nennen Sie anschließend die zentralen Elemente einer Nation, die in M 2 vom Autor aufgeführt werden.
3 **Tabelle:** Erläutern Sie die Merkmale von Nation in M 2, indem Sie in einer Tabelle zu den Merkmalen von Deutsch eigene Beispiele finden.

M 3 Der Historiker Friedrich Meinecke über Typologien von Nationen (1907)

Man wird, trotz aller gleich zu machenden Vorbehalte, die Nationen einteilen können in Kulturnationen und Staatsnationen, in solche, die vorzugsweise auf einem irgendwelchen gemeinsam erlebten Kulturbesitz beruhen, und solche, die vorzugsweise auf der vereinigenden Kraft einer gemeinsamen politischen Geschichte und Verfassung beruhen. Gemeinsprache, gemeinsame Literatur und gemeinsame Religion sind die wichtigsten und wirksamsten Kulturgüter, die eine Kulturnation schaffen und zusammenhalten.

Friedrich Meinecke, Weltbürgertum und Nationalstaat (1907), in: Friedrich Meinecke, Werke, Bd. 5, Oldenbourg, München 1962, S. 10.

1 Erläutern Sie anhand von M 3 die beiden Typen von Nationen, die der Autor unterscheidet.
2 Lesen Sie wiederholend die Darstellung S. 8–11 und stellen Sie anhand der historischen Basisinformationen eine Hypothese zu der Frage auf, ob und ggf. inwieweit Polen eine Staatsnation oder eine Kulturnation ist.
3 **Vertiefung:** In der Geschichtsschreibung wird üblicherweise Frankreich als Paradebeispiel für eine Staatsnation, Deutschland als eine klassische Kulturnation genannt. Überprüfen und diskutieren Sie ausgehend von M 3 und mithilfe eigener Recherchen zur Geschichte beider Länder diese These.
4 **Zusatzaufgabe:** Siehe S. 148.

Das deutsch-polnische Verhältnis heute

M 4 Aus der Studie „Im Osten was Neues? Das Bild Polens und Russlands in Deutschland 2013“

Die Deutschen beurteilen die deutsch-polnischen Beziehungen als sehr gut. Zum ersten Mal ist die Zahl der positiven Antworten so hoch und beträgt 70 %. Das Ergebnis ist auch zum ersten Mal den polnischen Antworten aus der gleichen Zeit sehr ähnlich (73 % der Polen schätzen die Beziehungen positiv ein). […]

Polen und seine Bevölkerung werden vom deutschen Bürger hauptsächlich mit Situationen aus dem Alltag assoziiert, darunter mit der Arbeit (40 % aller Assoziationen). Diese Tendenz verstetigt sich seit Jahren. Ein Großteil der Assoziationen bezieht sich auf Kriminalität (14,5 %). Mit Diebstahl werden die Polen eher in Westdeutschland assoziiert, was darauf hindeutet, dass es sich hier um Stereotype handelt, die in den Neunzigerjahren von den deutschen Medien verbreitet wurden. Die Ostdeutschen dagegen, die vor allem in den Grenzregionen von den Diebstählen betroffen sind, erwähnen die Möglichkeit des billigen Einkaufens in Polen.

Die Deutschen betonen auch die Professionalität polnischer Arbeiter (gute Arbeiter/gute Handwerker) wie auch die Tatsache, dass die Leistungen der Arbeiter aus Polen billiger sind. Eine wachsende assoziative Gruppe stellen die Landschaft, die Regionen und die Städte in Polen dar. Historische Assoziationen mit Polen spielen für die Deutschen eine untergeordnete Rolle. [...]

Aus sieben Bevölkerungsgruppen, nach denen in den Untersuchungen gefragt wurde, empfinden die Deutschen am meisten Sympathie für die Holländer (55 %) und die Franzosen (50 %). In der weiteren Reihenfolge stehen die Amerikaner (43 %) und die Briten (37 %). Den Polen bringen etwa ein Viertel der Deutschen Sympathie entgegen, womit diese auf dem sechsten Platz, dem vorletzten vor Russland (15 %), aber hinter den Griechen (34 %) rangieren. [...]

Die Akzeptanz den Polen gegenüber dominiert in allen untersuchten gesellschaftlichen Rollen deutlich über ihre Ablehnung. Allgemein haben 61 % der Deutschen keine Vorbehalte gegenüber Polen in unterschiedlichen gesellschaftlichen Rollen. Am liebsten sehen die Deutschen einen Polen als Arbeitskollegen (79 %), Nachbarn (77 %) oder als Einwohner in Deutschland (74 %). Unter den Befragten haben 62 % der Deutschen nichts dagegen, wenn ein Pole die deutsche Staatsbürgerschaft erhält. Eine geringere Akzeptanz bezieht sich auf gesellschaftliche Rollen, die mit mehr Nähe verbunden sind, wie Freund (57 %) oder Schwiegersohn/Schwiegertochter (49 %) sowie mit Unterordnung unter einen polnischen Chef (53 %). [...]

Die Wahrnehmung der Charaktereigenschaften der Polen hat seit 2006 eine entschiedene Verbesserung erfahren. Heute meinen die Deutschen viel öfter, dass die Polen freundlich (Anstieg um 33 Prozentpunkte), unternehmerisch (plus 15 Prozentpunkte), gebildet (plus 14 Prozentpunkte), modern (plus 8 Prozentpunkte) oder religiös (plus 7 Prozentpunkte) sind. Die Verbesserung ist jedoch fast bei jedem Merkmal zu sehen. Deutlich weniger Deutsche als im Jahr 2006 empfinden die Polen heute als rückständig, schlecht organisiert, verantwortungslos, intolerant, passiv-abwartend oder unfreundlich. [...]

Die Personen, die in Polen nach dem Jahr 1989 waren oder Kontakte mit den in Deutschland lebenden Polen haben, zeigen ein deutlich besseres Verhältnis zu Polen als jene, die keine persönliche Beziehung zu Polen haben. Es zeigt sich, wie wichtig es für die Verbesserung der Wahrnehmung ist, dass immer mehr Polen und Deutsche in Kontakt treten. [...]

Die Ergebnisse zeigen deutlich, dass die entschiedene Verbesserung des deutschen Polenbildes in den letzten Jahren ein Mythos ist. Die Sicht der deutschen Eliten auf Polen ist positiv, aber in der Gesellschaft herrschen noch immer Stereotype vor, zum Beispiel das Bild des Polen als Autodieb. Wenn man allerdings berücksichtigt, wie verbreitet die antipolnische Rhetorik in Deutschland jahrelang gewesen ist, sind dennoch große Fortschritte sowie positive Tendenzen zu bemerken.

*Jacek Kucharczyk, Agnieszka Łada, Cornelius Ochmann, Łukasz Wenerski, Im Osten was Neues? Das Bild Polens und Russlands in Deutschland 2013. Auszüge und Zusammenfassung der Studie „Im Osten was Neues? Das Bild Polens und Russlands in Deutschland" von J. Kucharczyk, A. Łada, C. Ochmann und Ł. Wenerski, Bertelsmann-Stiftung, Gütersloh 2013, S. 4, 7f. und 10f. Zit. nach: https://www.bertelsmann-stiftung.de/fileadmin/files/BSt/Presse/imported/downloads/xcms_bst_dms_38167_38168_2.pdf (13.08.2018).**

1 **Kursumfrage:** Führen Sie eine Umfrage in Ihrem Kurs durch: Was denken Sie, welche Merkmale von Polen Deutsche am häufigsten nennen, wenn sie in Umfragen zu ihrem Polenbild befragt würden?

2 **Wahlaufgabe:** Bearbeiten Sie entweder Aufgabe a) oder b).
   a) Vergleichen Sie Ihre Ergebnisse aus Ihrer Kursumfrage (Aufgabe 1) mit den Ergebnissen aus der in M 4 zitierten Studie über deutsche Polenbilder.
   b) Entwickeln Sie Thesen zu den Ursachen des Wandels bzw. des Verharrens der deutschen Polenbilder, wie sie in M 4 dargestellt sind.

3 **Vertiefung:** Wiederholen Sie Ihre Umfrage aus Aufgabe 1 noch einmal nach Beendigung Ihrer Kursarbeit zur Geschichte des deutsch-polnischen Verhältnisses.

M 5 Ergebnisse einer Umfrage zum Deutschlandbild der Polen (2010)

Heute ist eine eindeutige Mehrheit in Polen der Meinung, dass die Vereinigung beider deutscher Staaten vorteilhaft sowohl für Europa (79 %) als auch für Polen (74 %) gewesen ist. 77 % sagen, im Ergebnis habe die Wiedervereinigung die polnisch-deutschen Beziehungen verbessert.

68 % der Befragten stimmen der Feststellung zu, dass die deutsche Einheit zur Stabilität der politischen Lage in Europa beigetragen hat; 61 % sind der Meinung, dass die Wiedervereinigung in der Folge den Beitritt Polens und anderer Länder zur Europäischen Union ermöglicht hat.

Die Hälfte der Befragten (50 %) vertritt aber auch die Auffassung, die deutsche Vereinigung habe zu einer politischen und wirtschaftlichen Dominanz Deutschlands in Europa geführt, immerhin etwas mehr als ein Drittel (37 %) unterstützt die These, infolge der Vereinigung seien nationalistische Stimmungen in Deutschland aufgekommen.

Drei Viertel der Polen bewerten die deutsch-polnischen Beziehungen gut (71 %) oder sehr gut (4 %). Nach jahrelang fallender Tendenz (2000: 83 %; 2005: 79 %; 2008: 66 %; 2009: 57 %) ist damit der Prozentsatz der positiven Bewertung deutlich gestiegen. Am geringsten ist die positive Einschätzung übrigens bei den Jüngsten, den 15- bis 19-Jährigen (69 %) […].

Unter den Problemen werden an erster Stelle die Bestrebungen einzelner Vertriebener, ihr ehemaliges Eigentum in Polen zurückzubekommen (44 %) angekreuzt. An zweiter und dritter Position wählen die Befragten die Streitigkeiten um das Gedenken an die Vertreibungen (37 %) sowie die Frage der Rechte der *Polonia*, der in Deutschland lebenden Polen (25 %). Das sind Themen, die im Zusammenhang mit Deutschland häufig in Medien und Politik in Polen verhandelt werden. Als weitere Problemthemen werden genannt: das Misstrauen eines Teils der polnischen öffentlichen Meinung und der Politiker gegen Deutschland (21 %), Unterschiede in der Russlandpolitik sowie fehlende Arbeitnehmerfreizügigkeit für Polen in Deutschland (jeweils 20 %), unterschiedliche Interessen in der Energiepolitik (16 %) sowie ein zu geringes Interesse in Deutschland an Polen (13 %). Nur für 6 % ist noch die polnisch-deutsche Grenze ein Problem. […]

Über die Hälfte der befragten Polen (54 %) meint, dass Deutschland zwar die Erreichung eigener Ziele in der EU anstrebt, allerdings dabei die Interessen anderer Staaten berücksichtigt. […]

Nach Jahren der Krise und des Konflikts in den deutsch-polnischen Beziehungen überraschen und beruhigen die sehr positiven Ergebnisse der Untersuchung. Zu wünschen wäre, dass die Bewertung Polens in Deutschland ebenso freundlich ausfiele, was in zurückliegenden Umfragen aber nicht der Fall war. […]

Angesichts der viel kritischeren Bewertungen Deutschlands in der veröffentlichten Meinung und in Teilen der polnischen Politik drängt sich jedoch der Eindruck einer gewissen Spaltung des Meinungsbildes in Polen zwischen der Bevölkerung einerseits und Medien/Politik andererseits auf. Ein ähnliches Phänomen war in den letzten Jahren in Bezug auf die Europapolitik in Polen zu beobachten. Auch dort gehört Polen nach den Umfragen von Eurostat durchgehend zu den europafreundlichsten Ländern, wogegen in Medien und Politik in Polen oft eine skeptischere Perspektive vorherrschte.

*Konrad Adenauer Stiftung e. V., Auslandsbüro Polen, Länderbericht „20 Jahre nach der Wiedervereinigung: Positives Meinungsbild in Polen über Deutschland, Eine Umfrage im Auftrag der Konrad Adenauer Stifttung", 30. September 2010. Zit. nach: http://www.kas.de/wf/doc/kas_20676-1522-1-30.pdf?100930181923 (13. 08. 2018).**

1 Geben Sie die zentralen Befunde aus der Umfrage in M 5 wieder.
2 Diskutieren Sie über das Ergebnis in M 5, dass es erkennbare Unterschiede zwischen der Bevölkerung und den Medien/der Politik in Polen gibt.
3 **Internetrecherche:** Informieren Sie sich über die aktuelle Wahrnehmung von Deutschen in Polen und stellen Sie diese im Kurs vor.
4 **Zusatzaufgabe:** Zu M 6, siehe S. 148.

M 6 Heutige deutsch-polnische Grenze bei Ahlbeck auf Usedom, Mecklenburg-Vorpommern, Fotografie, ca. 2011

Vertiefung: Nationalhymnen im Vergleich

M7 Nationalhymnen

Eine Nationalhymne ist der feierliche Lobgesang, das Lied oder Musikstück (Hymne), mit dem sich ein Staat zu besonderen Anlässen präsentiert. Diese Staatshymne wird beispielsweise bei Staatsempfängen, internationalen Sportereignissen oder bei besonderen staatlichen Ereignissen gespielt oder gesungen. Hymnen greifen häufig historische Aspekte auf, die für eine Nation und die eigene Identität wichtig sind. Manchmal wechseln Länder in bestimmten historischen Situationen auch ihre Hymnen bzw. Strophen oder andere Textbestandteile.

Originalbeitrag von Robert Quast, Bad Iburg.

M8 „Das Lied der Deutschen"

Text: August Heinrich Hoffmann von Fallersleben, 1841. Melodie: Joseph Haydn, 1796/97 (ursprünglich komponiert für das Lied „Gott erhalte Franz, den Kaiser" zu Ehren von Franz II., Kaiser des Heiligen Römischen Reiches Deutscher Nation). Seit 1991 ist ausschließlich die 3. Strophe die Nationalhymne der Bundesrepublik Deutschland.

Deutschland, Deutschland über alles,
über alles in der Welt,
wenn es stets zu Schutz und Trutze
brüderlich zusammenhält,
von der Maas bis an die Memel,
von der Etsch bis an den Belt –
Deutschland, Deutschland über alles,
über alles in der Welt.

Deutsche Frauen, deutsche Treue,
deutscher Wein und deutscher Sang
sollen in der Welt behalten
ihren alten schönen Klang,
uns zu edler Tat begeistern
unser ganzes Leben lang.
Deutsche Frauen, deutsche Treue,
deutscher Wein und deutscher Sang.

Einigkeit und Recht und Freiheit
für das deutsche Vaterland!
Danach lasst uns alle streben
brüderlich mit Herz und Hand!
Einigkeit und Recht und Freiheit
sind des Glückes Unterpfand.
Blüh im Glanze dieses Glückes,
blühe, deutsches Vaterland.

Text: August Heinrich Hoffmann von Fallersleben, 1841.

M9 *„Mazurek Dąbrowskiego"* (dt. Dabrowski-Masurka)

Das Lied wurde benannt nach dem polnischen General Jan Henryk Dąbrowski. Seit 1796 baute er in Norditalien im Dienste Frankreichs eine Polnische Legion auf, um von dort aus mithilfe Frankreichs Polen zu befreien. Józef Wybicki schrieb 1797 den Text für die Polnische Legion, die Melodie schrieb vermutlich Michael Kleophas Oginski. Das Lied ist seit 1927 Nationalhymne der Republik Polen.

Noch ist Polen nicht verloren,
solange wir leben.
Was uns fremde Übermacht nahm,
werden wir uns mit dem Säbel zurückholen.

Marsch, marsch, Dąbrowski,
Von der italienischen Erde nach Polen.
Unter deiner Führung
vereinen wir uns mit der Nation.

Wir werden Weichsel und Warthe durchschreiten,
Wir werden Polen sein,
Bonaparte gab uns ein Beispiel,
wie wir zu siegen haben.

Marsch, marsch, Dąbrowski ...

Wie Czarniecki bis nach Posen
Nach der schwedischen Besetzung,
Zur Rettung des Vaterlands
kehren wir übers Meer zurück.

Marsch, marsch, Dąbrowski ...

Da spricht schon ein Vater zu seiner Basia
weinend:
„Höre nur, es heißt, dass die Unseren
die Kesselpauken schlagen."

Marsch, marsch, Dąbrowski ...

Text Józef Wybicki, 1797. Zit. nach: Nationalhymnen. Texte und Melodien, Philipp Reclam jun., Stuttgart 1982, S. 132.

1 Ordnen Sie die Entstehung der Texte M8 und M9 historisch ein. Recherchieren Sie weitere Informationen.
2 Vergleichen Sie die Texte beider Lieder in ihren heutigen Funktionen als Nationalhymnen.
3 **Audios:** Vergleichen Sie Ihre Eindrücke von den Vertonungen der Hymnen und diskutieren Sie sie.

Audios: Musik der Nationalhymnen
Deutschland, Polen

cornelsen.de/Webcodes
Code: zumuda

2 Ursprünge und Auflösung des Königreichs Polen

M1 Kolorierter Kupferstich von Johannes Esaias Nilson, Augsburg, nach 1773.

Das Bild wurde vor allem im 19. Jahrhundert in Europa vielfach gedruckt und war in Nachzeichnungen und anderen Varianten weit verbreitet. Die drei Textbanner am oberen Bildrand beginnen alle mit den Worten (lateinisch) „Iura Reg[alia] ...“ (deutsch: königliche Rechte).

966 Herzog Mieszko I. tritt zum Christentum über

1025 Bolesław Chrobry, erster König Polens

900 | 1000 | 1100 | 1200 | 1300

12.–14. Jh. Landesausbau in Osteuropa

Seit dem 6. Jahrhundert interessierten sich griechische und lateinische Autoren in ihren Schriften für die Slawen, die in großen Teilen Mittel- und Osteuropas lebten, also auch in den Gebieten des heutigen Polen. Die Slawen bildeten damals keine feste Einheit und außerhalb von Kriegs- und Krisenzeiten gab es in ihren Kulturen auch keine fest gefügte Fürstenherrschaft. Dies änderte sich in den folgenden Jahrhunderten. Um das Jahr 1000 taucht zum ersten Mal in den Quellen der Name „Polen" (lateinisch Polonia) auf. Im 15. Jahrhundert reichte das europäische Großreich Polen-Litauen von der Ostsee bis zum Schwarzen Meer und war Mitte des 18. Jahrhunderts ungefähr doppelt so groß wie die Bundesrepublik Deutschland heute. Doch nur wenige Jahrzehnte später war das Großreich nach mehreren Teilungen von der europäischen Landkarte verschwunden und seine Existenz 1794 als unabhängiger Staat beendet – und zwar für mehr als ein Jahrhundert.

1 Sammeln Sie selbstständig Informationen über das Bild M 1 und beschreiben Sie es.
2 Erläutern Sie, welche Botschaft das Bild M 1 vermitteln will.
3 **Partnerarbeit:** Entwickeln Sie gemeinsam Fragen, die sich Ihrer Meinung nach aus der Untersuchung des Bildmaterials ergeben. Notieren Sie diese, sodass Sie sie nach Bearbeitung des Kapitels 2 noch einmal aufrufen und bearbeiten können (siehe S. 29, Aufg. 6). Denken Sie bei der Formulierung Ihrer Fragen auch an mögliche Bezüge zu unserer heutigen Zeit.

Zum Kupferstich von Nilson
Webcode
horoju

1386 | Polnisch-litauische Personalunion
1410 | Schlacht bei Tannenberg bzw. Grunwald
1569 | Polnisch-litauische Realunion (Lubliner Union)
1652 | *Liberum veto* des polnischen Adels
1772 | Erste polnische Teilung
1791 | Erste geschriebene Verfassung Polens
1793 | Zweite polnische Teilung
1794 | Kościuszko-Aufstand
1795 | Dritte polnische Teilung

1400 | 1500 | 1600 | 1700 | 1800

2 Ursprünge und Auflösung des Königreichs Polen

In diesem Kapitel geht es um
- *die Ursprünge Polens und den Landesausbau in Osteuropa seit dem Mittelalter,*
- *die Merkmale der Gesellschaft und die politische Entwicklung des Großreichs Polen-Litauen (bis zur Mitte des 18. Jahrhunderts),*
- *die polnischen Teilungen Ende des 18. Jahrhunderts und deren Folgen.*

M1 Gustav Grunenberg, Statue der Hedwig von Andechs (1174–1243), errichtet 1893, Dombrücke Breslau, Foto, 2002

Personalunion
Verbindung zweier getrennter Staaten durch eine Person.

Realunion
Verbindung zweier Staaten, die eine Person als Staatsoberhaupt haben.

Ursprünge Polens

Seit dem Mittelalter sind die Geschichten von Deutschen und Polen eng miteinander verflochten. Als im Jahre 966 Herzog **Mieszko I.** (der erste historisch belegte polnische Herrscher) aus dem Geschlecht der **Piasten** sich taufen ließ und die Christianisierung in seinen Gebieten einleitete, vollzog ein deutscher Bischof die Zeremonie. Später heiratete Mieszko die Tochter aus einem deutschen Fürstengeschlecht. Im Jahr 1000 zeigten sich erstmals engere Beziehungen zum Kaisertum des Heiligen Römischen Reichs Deutscher Nation: Kaiser Otto III. pilgerte nach Polen, um gemeinsam mit dem polnischen Herzog **Bolesław Chrobry,** der sich kurz darauf mit Einverständnis des Papstes zum ersten polnischen König krönte (1025), am Grab des Märtyrers Adalbert von Prag zu beten. Auch die Heirat des polnischen Herzogs Heinrich I. mit **Hedwig von Andechs*** aus Bayern verband die Länder. Hedwig, die Ordensniederlassungen gründete und Arme und Kranke unterstützte, wird bis heute in Polen verehrt. Weil die Piasten eng mit dem Kaisertum im Heiligen Römischen Reich verbunden waren, konnten sie ihren Herrschaftsraum im 12./13. Jahrhundert ausweiten. Doch familiäre Streitigkeiten um die Nachfolgeregelung zersplitterten das Land, das infolgedessen von anderen Mächten bedrängt oder abhängig wurde. Erst 1320 erfolgte die dauerhafte Erhebung zum Königreich. Ludwik I. Wielki (1370–1382) hatte keine Söhne und musste die Zustimmung des polnischen Adels zur Nachfolge der Töchter mit Konzessionen erkaufen: Der Adel bekam weitgehende Steuerfreiheit, er erhielt den politischen Alleinvertretungsanspruch sowie die Mitwirkung an der Königswahl. Allein aus dem Adel sollten die Kron- und Landesbeamten sowie die meisten Bischöfe ernannt werden. Durch die Ehe von Ludwiks Tochter Jadwiga mit dem Großfürsten von Litauen, **Jagiełło,** wurde 1386 eine polnisch-litauische **Personalunion*** begründet. 1569 wurde aus ihr eine **Realunion*.**

Landesausbau
In der Forschung waren früher Begriffe wie „Ostsiedlung“ oder „Ostkolonisation“ gebräuchlich. Sie werden heute aus mehreren Gründen nicht mehr verwendet, unter anderem weil sie den Prozess zu stark aus deutscher Perspektive betrachten.

▶ **M4–M6: Landesausbau**

Der Landesausbau* in Osteuropa

Für die deutsch-polnischen Beziehungen im Mittelalter war der friedliche Landesausbau von großer Bedeutung. Es handelte sich dabei um die von den Territorialherren in Ostmitteleuropa bewusst betriebene Politik, die Wirtschaft und Gesellschaft ihrer Länder zu modernisieren. Die überwiegend aus den deutschen Ländern stammenden Bauern, Handwerker und Kaufleute sollten die riesigen unbesiedelten Flächen östlich der Elbe urbar machen. Auch entstand ein dichtes Netz neuer, nach deutschem Vorbild gegründeter Städte, die sich zu Zentren deutsch-polnischer Begegnung entwickelten. Insgesamt haben sich vom 12. bis 14. Jahrhundert etwa eine halbe Million Menschen Richtung Osteuropa aufgemacht. Um die Ansiedlung in Polen zu befördern, versprachen die polnischen Herrscher den Neusiedlern Privilegien, u. a. Steuerfreiheit und Abgabenbefreiung. Auf diese Weise profitierten beide Seiten. Im Zuge der Siedlungsprozesse bildeten sich neue Sprachgebiete, Sprachgrenzen und neue Stämme, z. B. die Schlesier. Die deutschen Siedler gingen von Polen aus weiter nach Osten und bildeten die Basis für die jahrhundertelangen kulturellen deutschen Einflüsse in Osteuropa.

Der Deutsche Orden in Polen

Der polnische Herzog Konrad I. von Masowien rief im Jahr 1226 die Ritter des christlichen Deutschen Ordens zu Hilfe. Sie sollten ihn bei der Abwehr der Angriffe heidnischer **Prußen*** aus dem Osten unterstützen. Durch seine häufigen Kämpfe mit den heidnischen Prußen wuchs der Deutsche Orden jedoch in Polen nach und nach zu einer eigenständigen Militärmacht heran. Nachdem die Prußen besiegt waren, wurde der Orden für die Fürsten in den nördlichen Gebieten Polens immer gefährlicher. 1309 verlegte der Orden seinen Sitz von Venedig in die zu diesem Zweck errichtete Marienburg an der Nogat. Der Konflikt zwischen Polen und dem Deutschen Orden gipfelte in der Schlacht bei Tannenberg **1410** (in polnischer Tradition: Schlacht von Grunwald). Das Heer des Deutschen Ordens stand einer polnisch-litauischen Armee gegenüber. Die Schlacht endete mit einer verheerenden Niederlage für den Orden, dessen Einfluss danach stark zurückging. Obwohl die Schlacht bei Tannenberg zu den größten des Mittelalters zählte, geriet sie in der Folgezeit schnell in Vergessenheit. Erst im 19. Jahrhundert, im historischen Kontext des europäischen Nationalismus und der preußisch-polnischen bzw. deutsch-polnischen Auseinandersetzungen, wurde aus den Konflikten zwischen dem Deutschen Orden und Polen ein Sinnbild konstruiert, das einen angeblich dauerhaften deutsch-polnischen Gegensatz belegen sollte.

Nach der Auflösung des Ordens 1525 entstand auf dem Restgebiet das Herzogtum **Preußen als polnisches Lehen.** 1657 verzichtete Polen auf diese Lehnshoheit.

Prußen
Westbaltischer Volksstamm zwischen Weichsel und Memel. Wurde nach seiner Niederlage im Zuge der Siedlungsprozesse in Osteuropa assimiliert (= verschmolzen). Er gab jedoch dem Gebiet, das später Ostpreußen hieß, und seinen Bewohnern den Namen. Daraus entwickelte sich die Bezeichnung Preußen.

M2 Die Marienburg an der Nogat, Sitz des Deutschen Ordens im Mittelalter, Foto, 2011

Die Union Polens mit Litauen

Mit der **Lubliner Union 1569** unter Zygmunt II. August, dem polnischen König aus der Dynastie der Jagiellonen, wurde aus der polnisch-litauischen Personalunion eine Realunion, die bis zur Auflösung 1795 bestand. Der neue Großstaat erhielt einen gemeinsamen Reichstag **(Sejm*)**, und auch Außenpolitik und Münzwesen wurden zusammengeführt. Die „Republik der beiden Nationen", so wurde sie fortan genannt, reichte von Danzig bis kurz vor die Krim, von Estland bis in die heutige Slowakei. Tatsächlich lebten hier jedoch viele Nationalitäten und Religionen.

Der Adel (polnisch: *szlachta*), der zwischen 6 % und 10 % der Bevölkerung ausmachte, viel mehr als in anderen Ländern Europas, spielte eine dominierende Rolle, was 1572 zur Errichtung einer Wahlmonarchie führte. Mit der Wahl der Könige konnte der Adel die Königsmacht zugunsten eigener Vorrechte immer stärker aushöhlen (Adelsrepublik*). Einen großen Einfluss auf die Politik gewannen dabei die sogenannten **Magnaten.** Das waren meist hochadlige Besitzer riesiger Ländereien (im Gegensatz zur Masse der kleinen Landadligen), von denen einige sogar Städte gründeten oder sich Privatarmeen hielten, um ihre Interessen durchzusetzen. Seit 1652 galt im Sejm das Recht des ***Liberum veto****. Es besagte, dass eine Gegenstimme ausreichte, um einen Beschluss des polnischen Reichstags zu blockieren. Die Wirkkraft des Vetos ging so weit, dass dadurch auch alle anderen Beschlüsse der jeweiligen Sitzungsperiode aufgehoben waren. Durch dieses Recht wurde die Wahl des Königs von Polen häufig zu einer gesamteuropäischen Angelegenheit. Denn meist standen sich mehrere ausländische Kandidaten gegenüber, die versuchten, eine Mehrheit des Adels auf ihre Seite zu bringen. 1697 bestieg der **sächsische Kurfürst als August II.** den Thron. Es folgten Kriege gegen Schweden, z. B. im Großen Nordischen Krieg 1700–1721, welche die geschwächte Zentralmacht derart strapazierten, dass der König auf fremde Hilfe angewiesen war, vor allem aus dem Zarenreich Russland. Das kriegszerstörte Polen wurde nun zum Spielball der Politik der Großmächte, denn es war innenpolitisch zerrissen zwischen den Einzelinteressen von Magnaten, übrigem Adel und Königshof. Dass die wirtschaftliche Grundlage des Landes, der Getreideexport nach Mittel- und Westeuropa, durch Kriege und sinkende Konkurrenzfähigkeit ins Wanken geriet, kam als weiteres Problem hinzu.

Sejm
War das seit Ende des 15. Jh. regelmäßig tagende Parlament (seine Wurzeln gehen ins 12. Jh. zurück). Es bildete sich aus regionalen Versammlungen und bestand aus zwei Kammern: Abgeordnetenhaus und Senat. Der Sejm kam alle zwei Jahre zusammen, außerplanmäßige Sitzungen waren möglich.

Adelsrepublik
„Republik" bezeichnet eigentlich nicht-monarchische Staatsformen. „Adelsrepublik" meint hingegen eine Form des Ständestaates, in dem Staat und Herrschaft in der Hand des Adels oder (in Städten) in der Hand von reichen Patrizierfamilien liegen und sich vererben.

Liberum veto
(lateinisch: „Ich verbiete."). Da alle Beschlüsse im Sejm einstimmig gefällt werden mussten, konnte ein einzelner Abgeordneter alle Beschlüsse verhindern.

▶ **M 7: Adelsrepublik**

▶ **M 8–M 12: Erste Teilung Polens**

Die erste polnische Teilung (1772)

Unter dem zweiten Sachsenkönig, August III. (1733–1763), wurden die Schwäche des Staats, die Stärke der Magnaten und die zerstörerische Einflussnahme der europäischen Nachbarn sehr bedrohlich. In weiten Kreisen setzte sich die Überzeugung durch, dass in der Adelsrepublik tiefgreifende Reformen notwendig seien.
Unterstützt von König **Stanisław II. August Poniatowski** (1764–1795), dem mit russischer Hilfe auf den Thron gebrachten letzten polnischen König, wurden tatsächlich Reformprojekte in Angriff genommen. Im Vordergrund stand die Modernisierung von Armee und Wirtschaft, des politischen Systems und des Bildungswesens. Doch gingen diese Reformen vielen Gruppen in Polen wie auch den Monarchen der Nachbarmächte bald zu weit. Sie schürten innenpolitische Konflikte und erzwangen 1768 eine teilweise Rücknahme der Beschlüsse. Gegen die offene Interessenpolitik Russlands gab es bald im ganzen Land Aufstände. Mit der Kriegserklärung des Osmanischen Reichs an Russlands 1768 weitete sich der Bürgerkrieg zum europäischen Konflikt. Auf Drängen von **König Friedrich II. von Preußen** wurde Polen 1772 dann zum ersten Mal zwischen Preußen, Russland (unter Zarin Katharina II.) und Österreich (unter Kaiser Joseph II.) geteilt. Das Land musste große Gebiete und 4,5 Millionen Einwohner abtreten.

Die zweite und dritte polnische Teilung (1793, 1795)

▶ M 13: Verfassung 1791

Kernmodul: ▶ Kap. 7, S. 108–112, Nation – Begriff und Mythos: Anderson (M 1), Wehler (M 2), Münkler (M 3)

Für die polnische und die europäische Öffentlichkeit war die **erste Teilung Polens** ein Schock. Sie weckte aber auch neue Reformkräfte und einte die verschiedenen Interessengruppen im Land. Polen erhielt nun rasch beispielhafte Verwaltungs- und Bildungseinrichtungen und weitere Reformen folgten. Der Sejm verabschiedete am 3. Mai 1791 die erste geschriebene **Verfassung Polens**, die zugleich die erste geschriebene Verfassung Europas war. Sie sah unter anderem die Abschaffung der freien Königswahl und des *Liberum veto* vor. Weitere Inhalte wie die Gewaltenteilung zwischen Legislative, Exekutive, Judikative, ein nach dem Mehrheitsprinzip entscheidender Reichstag sowie eine aus Kronrat und Ministern gebildete Regierung waren Kennzeichen einer modernen Staatsverfassung.
Der auf seine Vorrechte bedachte Adel widersetzte sich in Teilen den Reformen. Mithilfe der russischen Zarin Katharina II. gelang es, die Reformpartei 1792 faktisch zur Zurücknahme der Mai-Verfassung zu zwingen. Russland intervenierte mit einer 100 000 Mann starken Armee und ließ sich in der **zweiten Teilung 1793** mit großen Gebieten Polens entschädigen, ebenso das wohlwollend neutrale Preußen (insgesamt verlor Polen 286 000 km² mit 3,5 Millionen Einwohnern). **Tadeusz Kościuszko*** (gesprochen: *tadeusch koschtschjuschko*), der als Offizier im amerikanischen Unabhängigkeitskrieg gekämpft hatte, führte einen Volksaufstand gegen die erneute Teilung an. Dieser brach jedoch im Oktober 1794 zusammen.
Das restliche Polen verschwand nach der **dritten Teilung 1795** als selbstständiger Staat Europas. Polen war eine Nation ohne Staat geworden. Dieser Verlust des eigenen Staates war insbesondere für die polnischen Eliten ein Trauma, das die Nation das gesamte 19. Jahrhundert und darüber hinaus prägen sollte.

M 3 Tadeusz Kościuszko (1746–1817), Kupferstich, 19. Jh.

Podcast „Polnische Teilungen"
Webcode xedoci

1 Beschreiben Sie anhand der Darstellung die Folgen der deutschen Besiedlung Osteuropas im Mittelalter.
2 **Schaubild:** Stellen Sie mithilfe der Darstellung die Ursachen, den Verlauf und die Auswirkungen der polnischen Teilungen in einem Schaubild dar.
Tipp: Siehe Hilfen S. 148.
3 Listen Sie mithilfe der Darstellung deutsch-polnische Berührungspunkte bis Ende des 18. Jahrhunderts auf.

Hinweise zur Arbeit mit den Materialien
Der Materialteil setzt folgende Schwerpunkte:
- *M 4–M 6 thematisieren den* ***Landesausbau*** *in Osteuropa seit dem Mittelalter und die Folgen.*
- *M 7 ist eine Quelle zur polnischen* ***Adelsrepublik****.*
- *M 8–M 12: Mithilfe dieser Materialien können die polnischen Teilungen ausgehend von der ersten Teilung Polens exemplarisch und mehrperspektivisch untersucht und bewertet werden.*
- *M 13, Vertiefung: Als Vertiefung bieten sich die Auszüge aus der polnischen* ***Verfassung vom Mai 1791*** *an, die unter der Frage beurteilt werden kann: Bedeutete die Verfassung 1791 eine Schwächung des polnischen Staates oder zeigte sie einen Weg in eine stabile, moderne politische Zukunft?*
- *Methodentraining: S. 26 f. zu „Geschichtskarten".*

Zur Vernetzung mit dem Kernmodul
- *Kernmodul „Transnationale Geschichtsschreibung": M 6 (Patel), M 7 (Osterhammel)*
- *Kernmodul „Nation: Begriff und Mythos": Anderson (M 1), Wehler (M 2), Münkler (M 3)*

Landesausbau in Osteuropa

M 4 Buchillustration aus dem „Sachsenspiegel" aus der Heidelberger Handschrift, um 1300.
Zu sehen sind unter anderem: ein Leihbrief, ein Grundherr, weitere Personen, Tätigkeiten.

M 5 Der polnische Fürstbischof und Geschichtsschreiber Martin Kromer (1512–1589) schreibt über die Ansiedlung Deutscher in der Zeit Kasimirs des Großen (1333–1370)

Als [Kasimir der Große] Polen [...] teils wegen der vorangegangenen Kriege und Einfälle der Barbaren, teils wegen verheerender Seuchen fast verödet und entvölkert sah, verteilte er Ackerland an Deutsche, die man herbeirief oder die auch von selbst kamen. Von diesen Ansiedlern sind bis zum heutigen Tag nicht geringe Reste in den unterhalb des Gebirges liegenden und an Ungarn grenzenden Gegenden [...] vorhanden. [...] Durch Mühe und Arbeit begann Polen bevölkerter zu werden und von gehobenerer Kultur in den Dörfern und Städten. Sie sind nämlich wirtschaftlicher und umsichtiger in Erwerb und Sicherung ihrer Angelegenheiten, und sie wohnen reinlicher.

Kasimir war auch gegen sie und die übrigen Stadt- und Landbewohner recht freigiebig und nachsichtig. Er duldete nicht, dass sie durch zu harte Arbeit und Abgaben oder durch irgendein Unrecht seiner Amtsträger, der Großen und Adligen, bedrückt wurden, und er strafte alle, die dergleichen wagten. [...] Auch ließ er nicht nur die Deutschen ihr sächsisches oder Magdeburger Recht gebrauchen, sondern gestattete dies auch den Polen mit Ausnahme des Adels.

*Zit. nach: Herbert Helbig, Lorenz Weinrich (Hg.), Urkunden und erzählende Quellen zur deutschen Ostsiedlung im Mittelalter, 2. Teil, Wissenschaftliche Buchgesellschaft, Darmstadt 1970, S. 349–351.**

M 6 Der Historiker Wolfgang Wippermann über die Gesellschaft in Polen-Litauen seit dem Spätmittelalter (1992)

Seit 1466 gehörte halb, seit 1525 ganz Preußen zu Polen. Seine Bewohner sprachen jedoch weiterhin deutsch. Die polnischen Könige störte dies nicht, im Gegenteil, hatten sie doch mit Siedlern aus Deutschland ausgesprochen gute Erfahrungen gemacht. Deutsche und flämische Bauern und Bürger trugen ebenso wie Juden, die Mitte des 14. Jahrhunderts aus Deutschland vertrieben und in Polen mit offenen Armen empfangen wurden, zum wirtschaftlichen Aufbau Polens bei. Einige von ihnen übernahmen die polnische Sprache und wurden polonisiert, andere dagegen behielten ihre deutsche Sprache und Kultur bei. So war es im polnischen Schlesien, wo bald fast ausschließlich deutsch gesprochen wurde, ohne dass dies von den Zeitgenossen als nationales Glück oder Unglück angesehen wurde. [...]

Die Ansiedlung von Deutschen (und Juden) in Polen stellte vielmehr einen ebenso wichtigen wie positiven Wendepunkt in der Geschichte der deutsch-polnischen Beziehungen dar. Seit diesem Zeitpunkt lebten Deutsche und Polen friedlich [...] zusammen. Die polnische Zentralgewalt störte es noch nicht einmal, dass viele dieser Deutschen Protestanten waren. Während in Deutschland blutige Religionskriege tobten, herrschte in Polen religiöse Toleranz. Katholiken und Protestanten lebten hier ebenso friedlich zusammen wie Orthodoxe und Juden.

*Wolfgang Wippermann, Geschichte der deutsch-polnischen Beziehungen. Darstellung und Dokumente, Pädagogisches Zentrum Berlin, Berlin 1992, S. 15 f.**

1 **Partnerarbeit:** Teilen Sie arbeitsteilig die Quellen M 4 und M 5 untereinander auf.
   a) Arbeiten Sie aus Ihrer jeweiligen Quelle Merkmale des Landesausbaus in Osteuropa heraus.
   b) Tragen Sie Ihre Befunde zusammen (Tabelle).
   Tipp: Siehe Hilfen S. 148.
   c) Analysieren Sie Ihre Ergebnisse und präsentieren Sie sie gemeinsam.
2 Charakterisieren Sie ausgehend von M 6 die Gesellschaft in Polen-Litauen zwischen Spätmittelalter und Beginn der Neuzeit.
Kernmodul: ▶ Berücksichtigen Sie auch M 6 und M 7 (S. 116 ff.)
3 **Zusatzaufgabe:** Siehe S. 148.

Die Adelsrepublik Polen-Litauen

M 7 König Friedrich II. über die politischen und gesellschaftlichen Strukturen des Landes (1752)

Die Republik hält an der alten feudalen Regierungsform fest, die alle anderen Mächte Europas schon abgeschafft haben. Ihre Nachbarn sind daran interessiert, die republikanische Monarchie im Zustand der Schwäche zu erhalten, unterstützen die Freiheit und Unabhängigkeit der Großen gegen den Ehrgeiz der Könige. Die Republik wird nur beunruhigt bei Gelegenheit der Königswahl. In zwei mächtige Parteien gespalten ist sie für niemanden gefährlich, und ihre Nachbarn sind beinahe gesichert gegen alles, was sie unternehmen würden, weil nichts leichter ist, als ihre Reichstage zu sprengen.

Zit. nach: Felix Esche, Jürgen Vietig (Hg.), Deutsche und Polen. Eine Chronik. Begleitbuch zur vierteiligen ARD-Fernsehreihe Deutsche und Polen, Nicolai, Berlin 2002, S. 71.

1 Erläutern Sie ausgehend von M 7 und mithilfe der Darstellung (S. 19) die politische Lage der polnisch-litauischen Republik im 18. Jahrhundert.
Tipp: Sammeln Sie zunächst Begriffe, die Sie in diesem Zusammenhang für zentral halten.

Die polnische Teilung 1772

M 8 Aus dem Vertrag zwischen Russland und Preußen vom 25. Juli 1772

Im Namen der Heiligen Dreifaltigkeit. Der Geist des Umsturzes, die Unruhen und der Bürgerkrieg, von denen das Königreich Polen seit vielen Jahren erschüttert wird, [...] lassen zu Recht die völlige Auflösung des Staates befürchten. Ebenso ist zu befürchten, dass die hierdurch berührten Interessen aller Nachbarn Polens gestört werden, dass die gute Eintracht zwischen ihnen verschlechtert und ein allgemeiner Krieg entfacht wird [...].
Und gleichzeitig haben die benachbarten Mächte der Republik ebenso alte wie legitime Ansprüche und Rechte auf polnische Gebiete, die sie niemals haben verwirklichen können. Es besteht die Gefahr, dass sie diese Ansprüche unwiederbringlich verlieren, wenn sie nicht Maßnahmen ergreifen, sie abzusichern und ihre Anerkennung selbst durchzusetzen; und das zugleich mit der Wiederherstellung von Ruhe und Ordnung im Innern der Republik.

*Zit. nach: Friedrich Wilhelm Ghillany, Diplomatisches Handbuch. Sammlung der wichtigsten europäischen Friedensschlüsse, Teil 1, Beck, Nördlingen 1855, S. 201.**

1 Arbeiten Sie aus M 8 die Begründung für die Teilung Polens heraus.
2 **Partnerarbeit:** Überprüfen Sie diese Begründung vor dem Hintergrund des historischen Kontexts in gemeinsamer Partnerarbeit. Beziehen Sie die Darstellung, S. 20, in Ihre Überlegungen mit ein.

M 9 Positionen der Teilungsmächte

a) Aus einem Brief der russischen Zarin Katharina II. an Joseph II., den Sohn der österreichischen Kaiserin Maria Theresia (1774)

In ihrem gemeinsamen Vorgehen gegen Polen haben sich die drei Höfe weniger von Eroberungslust leiten lassen als von großen und praktischen Gesichtspunkten. Sie wollten Ordnung und Ruhe, wie der Wohlstand und die Sicherheit ihrer eigenen Grenzen sie erforderten, in ein Land bringen, das oft genug Wirren, ja der Anarchie ausgesetzt war. Die so herbeigezwungene Teilung hat zu einer wohl abgewogenen Vergrößerung der drei Mächte geführt, der wahrhaft nobelsten und imposantesten Tat, die Europa mit einem solchen Unternehmen überhaupt geschenkt werden konnte.

Zit. nach: Alfred Ritter von Arneth (Hg.), Joseph II. und Katharina von Russland. Ihr Briefwechsel, Braumüller, Wien 1869, S. 3.

b) Der Preußenkönig Friedrich II. über Polen (1772)

Es bedurfte des Zusammentreffens einzigartiger Umstände, um diese Teilung herbeizuführen und die Gemüter dafür zu gewinnen; sie musste erfolgen, um einem allgemeinen Kriege vorzubeugen. Man stand vor der Wahl, Russland im Laufe seiner gewaltigen Eroberungen aufzuhalten, oder, was klüger war, daraus auf geschickte Weise Nutzen zu ziehen. [...] Um das Gleichgewicht zwischen den nordischen Mächten einigermaßen aufrechtzuerhalten, musste sich der König [von Preußen] an dieser Teilung notwendig beteiligen. [...] Er [Friedrich II.] ergriff also die Gelegenheit, die sich darbot, beim Schopfe, und durch Verhandlungen und Ränke gelang es ihm, seine Monarchie durch die Einverleibung Westpreußens für ihre früheren Verluste zu entschädigen. Diese Erwerbung war eine der wichtigsten, die man machen konnte.

*Zit. nach: Gustav Berthold Volz (Hg.), Die Werke Friedrichs des Großen, Bd. V, Hobbing, Berlin 1913, S. 36.**

c) Die österreichische Kaiserin Maria Theresia (1772)

Maria hatte die Verhandlungen über die Teilungen ihrem Sohn und Mitregenten Joseph II. überlassen.

Ich bekenne, dass es mich Opfer kostet, mich über eine Sache zu entscheiden, von deren Gerechtigkeit ich keineswegs versichert bin, selbst wenn sie nutzbringend wäre. [...] Ich begreife nicht die Politik, welche erlaubt, dass, wenn zwei sich ihrer Überlegenheit bedienen, um einen Unschuldigen zu unterdrücken, der Dritte [...] die gleiche Ungerechtigkeit nachahmen und begehen kann und soll; mir scheint dies vielmehr unhaltbar zu sein. [...] Alles, was uns zufallen könnte, wird an Größe und an Zweckmäßigkeit niemals auch nur die Hälfte des Anteils der anderen erreichen; man muss sich also nicht mehr dabei aufhalten und sich nicht ködern lassen durch eine ungleiche Teilung. [...] Ich wage mich noch weiter vor, indem ich sage, es ist nicht eine Handlung der Großmut, sondern nur eine Wirkung echter Grundsätze, niemand Unrecht zu tun. [...] Unsere Monarchie kann verzichten auf eine Vergrößerung dieser Art. [...] Trachten wir doch lieber danach, die Begehren der anderen zu vermindern, statt daran zu denken, mit ihnen auf so ungleiche Bedingungen hin zu teilen. Suchen wir eher für schwach als für unredlich zu gelten.

*Zit. nach: Eberhard Büssem, Michael Neher (Hg.), Arbeitsbuch Geschichte. Neuzeit, Bd. 1: Quellen. utb, München 1977, S. 333ff.**

1 Arbeiten Sie aus M 9 a bis c die Gründe heraus, die die Nachbarmächte für die Teilung Polens angeben.
2 Vergleichen Sie die Argumente der Teilungsmächte miteinander.

M 10 Aus dem Schreiben des polnischen Königs Stanisław II. August an die Höfe von Wien, St. Petersburg und Berlin vom 17. September 1772

Die Besitzrechte der Republik auf alle diese Provinzen sind so fest und authentisch wie nur möglich. [...] Welche Besitztitel können es denn sein, welche die drei Höfe ihnen entgegensetzen könnten? Wenn es Titel sind, welch aus dem Dunkel vergangener Zeiten gezogen werden, jener Zeiten vorübergehender Umwälzungen, die in der kurzen Frist einiger Monate oder Jahre Staaten erhoben und zerstörten, [Gebiete] gaben und nahmen, dann müssten derartige Titel, wenn man sie anerkennen wollte, dazu führen, dass es Polen wäre, das sich Provinzen, die ihm einst gehört haben, angliedern müsste; Provinzen, die eben denselben Mächten gehören, die heute Ansprüche stellen [...].
Solche Besitzansprüche können nicht anerkannt werden, ohne dass nicht die Sicherheit des Besitzes aller Staaten der Welt unsicher, ohne dass nicht die Basis aller Throne erschüttert wird.

*Zit. nach: Hagen Schulze, Ina-Ulrike Paul (Hg.), Europäische Geschichte. Quellen und Materialien, bsv, München 1994, S. 171f.**

1 Arbeiten Sie aus M 10 die Argumente und die Sichtweise des polnischen Königs zu den Positionen der Großmächte (M 9 a–c) heraus.
2 Nehmen Sie Stellung zum letzten Satz (Z. 15–18). Bewerten Sie ihn auch vor dem Hintergrund internationaler politischer Entwicklungen der Gegenwart.
3 **Zusatzaufgabe:** Siehe S. 148.

M 11 Der Historiker Michael G. Müller über Preußen und die Teilung Polens 1772 (2003)

Gewiss, der Teilungsakt war die Folge einer internationalen Krise, die Preußen weder ausgelöst noch in ihrem Ablauf bestimmt hat; desgleichen trifft zu, dass die Bereitschaft aller drei Beteiligten, Polen als eine Art Verfügungsmasse für die Bewältigung ihrer Konflikte zu behandeln, offenbar groß war. Doch allein für Preußen stellte die Herbeiführung der Teilung im Krisenverlauf einen Zweck an sich dar; erst der massive Einsatz der preußischen Diplomatie hat die Krise in dieser Richtung kanalisiert [...]. So weit nun, von 1772 aus betrachtet, der Weg zur zweiten und dritten Teilung Polens und zur Auflösung des Reiches noch gewesen sein mag – in der Rückschau erkennen wir doch klar, dass die Entwicklung seitdem in eigener Dynamik darauf zutrieb. Allzu groß war das preußische Interesse an weiteren Annexionen und allzu stark die von 1772 ausgehende Rivalität zwischen den drei Teilungsmächten, als dass die amputierte polnische Republik sich in diesem Staatensystem hätte behaupten können.

*Michael G. Müller, Das Ende zweier Republiken. Die Teilungen Polens und die Auflösung des alten Reiches, in: Andreas Lawaty, Hubert Orlowski (Hg.), Deutsche und Polen. Geschichte – Kultur – Politik, C. H. Beck, München 2003, S. 51.**

1 Erörtern Sie inwiefern innen- oder außenpolitische Faktoren für die Teilung hauptverantwortlich waren.
Tipp: Siehe die Formulierungshilfen für eine historische Erörterung, S. 29.

M 12 Tadeusz Reytan protestiert gegen den Teilungsvertrag des Sejm (in der Sitzungsperiode 1773–1776), Ölgemälde von Jan Matejko (1838–1893), 1866.
Der Sejm war eingesetzt worden, um die erste polnische Teilung zu legalisieren. Tadeusz Reytan war Mitglied des Sejm und stellte sich den Abgeordneten beim Verlassen des Hauses aus Protest gegen den Vertrag in den Weg. Er wurde zu einer Gefängnisstrafe verurteilt, erhielt aber schließlich freies Geleit. Er wurde später zum Symbol für die Unabhängigkeit Polens. – Jan Matejko war der bedeutendste Historienmaler Polens.

1 Bild M 12 entstand rund hundert Jahre nach den polnischen Teilungen. Analysieren Sie es unter der Überschrift „Das polnische Teilungstrauma".
Tipp: Recherchieren Sie für die Bildanalyse auch Informationen im Internet.

Vertiefung

M 13 Aus der polnischen Verfassung vom 3. Mai 1791 – der ersten schriftlichen Verfassung Europas

Im Namen Gottes des Allmächtigen!
Stanislaus August, von Gottes Gnaden und kraft des Willens der Nation König von Polen, Großherzog von Litauen […], gemeinschaftlich mit den konföderierten Ständen, die in gedoppelter Zahl versammelt sind, die polnische Nation zu repräsentieren.

Da wir überzeugt sind, dass unser aller gemeinschaftliches Schicksal einzig und allein von der Gründung und Vervollkommnung der Nationalverfassung abhängt, und durch eine lange Erfahrung die verjährten Fehler unserer Regierungsverfassung kennengelernt haben; da wir die Lage, worin sich Europa befindet, und den zu Ende eilenden Augenblick, der uns wieder zu uns selbst gebracht hat, zu benutzen wünschen; da wir frei von den schändenden Befehlen auswärtiger Übermacht, die äußere Unabhängigkeit und innere Freiheit der Nation, deren Schicksal unsern Händen anvertraut ist, höher schätzen als unser Leben und unsere persönliche Glückseligkeit; da wir uns zu gleicher Zeit auch die Segnungen und die Dankbarkeit unserer Zeitgenossen und der künftigen Geschlechter zu verdienen wünschen; so beschließen wir, ungeachtet der Hindernisse, welche bei uns selbst Leidenschaft entgegenstellen könnte, der allgemeinen Wohlfahrt wegen, zur Gründung der Freiheit, zur Erhaltung unseres Vaterlandes und seiner Grenzen, mit der festesten Entschlossenheit unseres Geistes gegenwärtige Verfassung, und erklären sie durchaus für heilig und unverletzbar, bis die Nation in der gesetzlich vorgeschriebenen Zeit, durch ihre ausdrückliche Willenserklärung, die Abänderung dieses oder jenes Artikels für notwendig erachten wird. Eben dieser Verfassung sollen auch alle ferneren Beschlüsse des jetzigen Reichstages in jeder Rücksicht angemessen sein.

I. Herrschende Religion.

Die herrschende Nationalreligion ist und bleibt der heilige römisch-katholische Glaube mit allen seinen Rechten. Der Übergang von dem herrschenden Glauben zu irgendeiner anderen Konfession wird bei den Strafen der Apostasie[1] untersagt. [...] Wir [sichern] hiermit, unseren Landesbeschlüssen gemäß, die Freiheit aller religiösen Gebräuche und Bekenntnisse in den polnischen Landen.

II. Edelleute, Landadel.

Mit Hochachtung des Andenkens unserer Vorfahren, der Stifter unseres freien Staates, sichern wir dem Adelstande aufs feierlichste alle seine Gerechtsame[2], Freiheiten und Prärogativen[3], und den Vorrang im Privatleben und öffentlichen Leben. [Wir] verehren, verbürgen und bestätigen [...] die persönliche Sicherheit und alles irgendjemandem rechtmäßig zukommende Eigentum, als das wahrhafte Band der Gesellschaft, als den Augapfel der bürgerlichen Freiheit. [...]

IV. Bauern, Landleute.

Das Landvolk, unter dessen Händen die fruchtbarste Quelle der Reichtümer des Landes hervorfließt [...], nehmen wir [...] unter den Schutz des Gesetzes und der Landesregierung. [...]

V. Regierung [...].

Jede Gewalt in der menschlichen Gesellschaft entspringt aus dem Willen der Nation. Um nun die bürgerliche Freiheit, die Ordnung in der Gesellschaft und die Verletzlichkeit der Staaten der Republik auf immer sicherzustellen, soll die Regierungsform der polnischen Nation aus drei Gewalten [...] bestehen, nämlich: aus der gesetzgebenden Gewalt, bei den versammelten Ständen; aus der höchsten vollziehenden Gewalt, beim Könige und dem Staatsrat, und aus der richterlichen Gewalt, bei den zu diesem Ende niedergesetzten oder noch niederzusetzenden Gerichtsstellen.

*Karl Heinrich Ludwig Politz, Die europäischen Verfassungen seit dem Jahre 1789, 3. Bd., F. A. Brockhaus, Leipzig 1833, o. S. Zit. nach: www.verfassungen.eu/pl/verf91.htm (19. April 2018).**

1 *die Apostasie (griechisch):* Abfall, Wegtreten von einer Gruppe. Der Begriff stammt aus der christlichen Tradition (vor allem der katholischen Kirche). Er bedeutet den Abfall von einer Religions- bzw. Konfessionsgruppe oder deren vollständige Ablehnung (meist mit Kirchenausschluss geahndet).

2 *der Gerechtsame:* im 18./19. Jh. gebräuchliches Wort für Rechte oder Vorrechte.

3 *die Prärogative (lat.):* Vorrechte und Privilegien im Sinne einer ausschließlichen Zuständigkeit.

1 Partnerarbeit: Erarbeiten Sie die Aufgaben a) bis d) gemeinsam.

a) Gliedern Sie die Auszüge aus der polnischen Verfassung von 1791 (M 13) in Abschnitte und benennen Sie wichtige Inhalte in Stichpunkten.

b) Ordnen Sie die Verfassung M 13 mithilfe der Zeitleiste (S. 16 f.) und der Darstellung (S. 18 ff.) in den historischen Kontext ein.

c) Analysieren Sie das Herrschaftsverständnis, welches insbesondere in der Präambel deutlich wird.

d) Erklären Sie Ihre Befunde aus Aufgabe 1 c.

2 Wahlaufgabe: Bearbeiten Sie Aufgabe a) oder b).

a) Überprüfen Sie, inwiefern die Verfassung ein Zeichen für die Modernisierung der polnischen Gesellschaft war. Klären Sie dabei zunächst, welche Merkmale eine moderne Gesellschaft kennzeichnen.

Tipp: Siehe im Begriffslexikon die Erläuterungen zu „Moderne"/„Modernisierung"

b) **Eine Rede verfassen:** Stellen Sie sich vor, sie müssten anlässlich eines historische Gedenkjahres in Polen oder Deutschland eine Rede schreiben, in der Sie die Verfassung von 1791 aus Ihrer persönlichen heutigen Sicht bewerten.

Kernmodul: ► „Nation: Begriff und Mythos", S. 108–112, M 1–M 3

Vollständiger Text der Verfassung

cornelsen.de/Webcodes
Code: xanova

Geschichtskarten und historische Karten interpretieren

M1 Aus dem Leben von Franciszek Smuglewicz, polnisch-litauischer Maler

1745 geboren in Warschau
1763 Übersiedlung nach Rom
1784 Rückkehr von Rom nach Warschau
1797 Übersiedlung nach Wilna
1800 Einladung von Zar Paul I. nach Petersburg
1807 gestorben in Wilna

Karten gehören zu unserem Alltag – ob in der alten Form als Straßenkarten oder digital in Navigationsgeräten oder im Internet wie bei Google Maps, OpenStreetMap. Meist werden dort aktuelle geografische Verhältnisse gezeigt, die im Alltag helfen: Wo finde ich meine Sporthalle? Wie komme ich von A nach B?
Für die Darstellung historischer Phänomene und Entwicklungen haben Karten eine andere wichtige Funktion: Sie können Raumbeziehungen visuell (= bildlich) darstellen. Auf diese Weise verdeutlichen sie den Zusammenhang zwischen räumlichen Bedingungen (Lage von Staaten, Grenzen, Verkehrswegen) und historischen Prozessen und Zuständen aus Politik, Wirtschaft, Gesellschaft, Kultur oder Religion. Daher finden sich solche Karten in Schulbüchern, aber auch in wissenschaftlicher und populärer Literatur oder in historischen TV-Dokumentationen.
Begrifflich und inhaltlich zu unterscheiden sind Geschichtskarten und historische Karten. **Geschichtskarten** wollen (heute) ein Phänomen aus der Vergangenheit behandeln, schauen also aus der Perspektive von heute in kartografischer Form zurück. **Historische Karten** dagegen stammen aus der Vergangenheit selbst. Sie stellen – aus damaliger Perspektive – entweder die damalige Gegenwart oder eine Vergangenheit dar, manchmal sogar, wie z. B. in M 1, S. 16, in karikierender Absicht. Für die Geschichtswissenschaft sind historische Karten Quellen, Geschichtskarten dagegen Darstellungen.
Allerdings können Geschichtskarten mit der Zeit historische Karten werden – ein Geschichtsatlas aus den 1950er-Jahren z. B. ist heute eine historische Quelle, die es erlaubt, das Geschichtsverständnis dieser Zeit zu rekonstruieren.
Für die Darstellung von Geschichte in kartografischer Form gibt es bekannte Konventionen und Elemente, die für die **Darstellungsabsicht** eingesetzt werden können: Kartentitel, Legende, Farbgebung, verwendete Symbole und Zeichen, Schrift usw.
Bei der **kritischen Analyse** geht es nicht so sehr darum, die dargestellten Informationen einer Karte zu ermitteln, sondern vor allem um ihre Aussageabsicht. Hierfür ist vor allem der Zusammenhang (= Kontext) wichtig, in dem sie erschienen ist.

Mögliche Arbeitsschritte für die Analyse

Leitfrage
- Welche (historischen oder gegenwärtigen) Aussagen will die Karte dem Betrachter vermitteln?

Analyse
- Erster Eindruck/Wirkung der Karte auf den Betrachter
- Analyse der wichtigsten Kartenelemente: Titel, Maßstab, Legende, Farbgebung, verwendete Symbole, Schrift etc.
- Ermittlung des Sachverhalts, also der Informationen, die die Karte liefert
- Recherche der Kartenverfasser, Auftraggeber etc.
- Analyse des Kontextes, in dem die Karte verwendet wird (Wer hat die Karte entworfen bzw. in Auftrag gegeben? In welchem Zusammenhang ist sie erschienen? An wen richtet sie sich?)
- Ggf. Vergleich mit anderen Karten zum gleichen Thema

Beurteilung
- Welche Schwerpunktsetzungen, expliziten und/oder impliziten Wertungen sind erkennbar?

Übungsbeispiel

M2 **Die polnischen Teilungen im 18. Jahrhundert**

1 Stellen Sie zunächst fest, ob es sich bei M 2 um eine historische oder eine Geschichtskarte handelt, und geben Sie eine kurze Begründung für Ihre Zuordnung.

2 Analysieren Sie anschließend Karte M 2 mithilfe der systematischen Arbeitsschritte S. 26.

3 Franciszek Smuglewicz (M 1), ein polnisch-litauischer Maler und Zeichner, lebte in der zweiten Hälfte des 18. Jahrhunderts. Beschreiben Sie mithilfe der Karte M 2, inwieweit die in M 1 genannten Stationen/Orte seines Lebens von den Teilungen berührt worden sind.

▶ Lösungshinweise finden Sie auf S. 152.

Anwenden

Anwendung

M 1 Aus dem Geheimartikel des Vertrags zwischen Russland, Österreich und Preußen vom 15./26. Januar 1797

Da die beiden kaiserlichen Höfe ebenso wie Seine Majestät der König von Preußen es für notwendig erachten, alles zu zerstören, was die Erinnerung an die Existenz des Königreichs Polen zurückrufen könnte, […] kommen die Hohen Vertragsschließenden Parteien überein und verpflichten sich, niemals in Ihre Titel die Benennung oder die Zusatzbezeichnung „Königreich Polen" aufzunehmen, eine Bezeichnung, die von jetzt an und für immer unterdrückt bleiben muss; gleichwohl sind sie frei, Nebentitel anzunehmen, die zu Ihrer Herrschaft gehören, bzw. den Titel des Oberhaupts verschiedener Provinzen dieses Königreichs, die unter Ihre Herrschaft gekommen sind.
Der Vorliegende Artikel hat die gleiche Kraft und Geltung, als wenn er wortwörtlich in den Vertrag eingebunden wäre […].

*Zit. nach: Frédéric de Martens, Recueil des Traités et Conventions conclus par la Russie avec les Puissances étrangères, Bd. 2, A. Dvrient, St. Petersbourg 1875, S. 303 f. Übers. Zeile 1–10: Hans Henning Hahn, in: Hilke Günther-Arndt u. a. (Hg.), Geschichtsbuch Oberstufe, Bd. 1, Cornelsen, Berlin 2006, S. 381. Übers. Zeile 11–18: Robert Quast, Bad Iburg.**

1 Analysieren Sie die Quelle M 1.
Tipp: Siehe wiederholend die Arbeitsschritte S. 46 zur systematischen Analyse schriftlicher Quellen.
2 Ordnen Sie M 1 in den historischen Kontext ein.
3 **Zusatzaufgabe:** Siehe S. 148.
4 **Flugblatt:** Verfassen Sie ausgehend von M 1 und aufgrund Ihrer Kenntnisse zu den polnischen Teilungen einen Text für ein Flugblatt aus der Sicht eines/einer polnischen Aufständigen, der/die seinerzeit gegen die Teilung kämpfte.

Präsentation

Ein Panoramagemälde als Teil der Erinnerungskultur:

Das Panorama der Schlacht von Racławice 1784, erstellt 1894 zum 100. Jahrestag

1 Halten Sie ein kurzes Referat über die historischen Hintergründe der Schlacht von Racławice und des Panoramabildes zum gleichnamigen Ereignis, das einen der wichtigsten Orte polnischer Erinnerungskultur darstellt. Das 114 Meter lange Bild wird in Breslau ausgestellt und jährlich von zahlreichen Schulklassen besucht. Stellen Sie die Entstehungsgeschichte des Bildes dar und präsentieren Sie zentrale Ausschnitte.

Internettipps

Website des Panorama-Museums.
Fachaufsatz Erinnerungskultur Polen.

cornelsen.de/Webcodes
Code: voyobo

M 2 Schülerinnen vor dem Panoramagemälde von Racławice, Breslau, Foto, 2015

Wiederholen

M 3 ***The Polish plumb-cake*** **(engl. *plumb* = Lot, Blei), Karikatur von John Lodge, veröffentlich in einer englischen Zeitschrift, London, 1. September 1774**

Zentrale Begriffe

Landesausbau
Personal- und Realunion
Lubliner Union 1569
Adelsrepublik
Sejm
Liberum veto
Polnische Teilungen
Teilungsmächte
Mai-Verfassung 1791
Kościuszko-Aufstand
„Polnisches Teilungstrauma“

1 Beschreiben Sie die Ursprünge Polens und Merkmale seiner Gesellschaft in der Frühen Neuzeit.

2 **Gruppenarbeit:** Recherchieren Sie in kleinen Gruppen biografische Informationen zu folgenden Personen. Erstellen Sie ein begründetes Ranking, und zwar aus der Perspektive ihrer jeweiligen Bedeutung für die Geschichte Polens bis Ende des 18. Jahrhunderts. Ergänzen Sie ggf. Personen.

Mieszko I.	Martin Kromer	Hedwig von Andechs
Kurfürst August II.	Friedrich II.	Maria Theresia
Stanisław II.	Tadeusz Reytan	Tadeusz Kościuszko

3 Beschreiben Sie M 3 und analysieren Sie das Bild im Hinblick auf seine Aussage. **Tipp:** Siehe die Hilfen S. 148.

4 **Wahlaufgabe:** Bearbeiten Sie Aufgabe a) oder b).

a) **Flugblatt:** Erstellen Sie ein zeitgenössisches Flugblatt zur Teilung Polens 1792 aus polnischer Sicht.

b) Erörtern Sie, inwieweit der polnische Staat aufgrund innenpolitischer Schwächen hauptverantwortlich für seine endgültige Aufteilung war.

5 **Vertiefung:** Beurteilen Sie den Versuch des polnischen Königs, mit der Verfassung von 1791 das Land seinerzeit zu sichern und zu stabilisieren.

6 Gehen Sie auf Ihre Fragen von der Einstiegsseite ein (siehe S. 17): Halten Sie Ihre Antworten in Stichpunkten fest. Klären Sie noch offene Aspekte.

Formulierungshilfen für eine historische Erörterung

- Einerseits … andererseits …
- Im Gegensatz zu …
- Zentrale Merkmale waren …
- Eine wichtige/untergeordnete Rolle spielte …
- langfristige Ursachen/kurzfristige Auslöser
- etwas leitet eine (positive/negative) Entwicklung ein
- etwas fördert/verstärkt/hemmt einen Prozess
- etwas vergrößert/verkleinert den Handlungsspielraum
- etwas hat Auswirkungen auf
- kurzfristige Effekte/langfristige Folgen

3 Nationalismus und Nationalstaatsbildung im 19. Jahrhundert: Deutschland und Polen im Vergleich

M1 *Finis Poloniae* **(Das Ende Polens) 1831, Gemälde von Dietrich von Monten, 1832.**
Im Hintergrund u. a. ein Grenzstein mit der Aufschrift „Finis Poloniae". *Das Bildmotiv fand sich im 19. Jh. auch auf Gebrauchsgegenständen wie Tabakdosen oder Tabakpfeifenköpfen.*

1807 | Herzogtum Warschau

1814/15 | Wiener Kongress, Deutscher Bund, Königreich Polen („Kongresspolen") unter russischer Herrschaft

1817 | Wartburgfest

1819 | Karlsbader Beschlüsse

1830 | Julirevolution in Frankreich, Novemberaufstand in „Kongresspolen"

1832 | Hambacher Fest

1834 | Deutscher Zollverein

1810 | 1820 | 1830 | 1840

Nationalismus und Nationalstaatsentwicklungen sind keine natürlichen Gegebenheiten, sondern Ergebnisse historischer Entwicklungen. Sie sind von Menschen gedacht und gemacht, insbesondere seit der Amerikanischen und der Französischen Revolution. In Europa haben sich Nationalstaaten nicht nur auf unterschiedliche Weise, sondern auch zu verschiedenen Zeiten gebildet: in Deutschland z. B. 1870/71, in Polen 1918.
Die Bedeutung von Nationen kann abnehmen, wie z. B. im Zuge der europäischen Einigung im 20. Jahrhundert. Ihre Bedeutung kann aber auch steigen und mit aggressiven Formen der Ab- und Ausgrenzung einhergehen – insbesondere in Umbruchsituationen, die Menschen als krisenhaft empfinden und in denen Politiker und Politikerinnen, soziale Gruppen und andere einen aggressiven Nationalismus propagieren.

M2 Die Proklamierung des deutschen Kaiserreiches am 18. Januar 1871 im Spiegelsaal von Versailles, Gemälde von Anton von Werner, 1885.
Das Gemälde war ein Geschenk Kaiser Wilhelms I. (oben auf dem Podest) an Bismarck (in weißer Uniform, die er aber tatsächlich nicht getragen hatte).

1 Vergleichen Sie die Bilder M 1 und M 2 und sammeln Sie selbstständig Informationen zu den dargestellten Ereignissen.
2 **Partnerarbeit:** Entwickeln Sie gemeinsam Vermutungen zur polnischen und deutschen Geschichte des 19. Jahrhunderts, die sich Ihrer Meinung nach aus der Untersuchung des Bildmaterials ergeben. Notieren Sie diese, sodass Sie sie nach Bearbeitung des Kapitels 3 noch einmal aufrufen und bearbeiten können.

Internetseiten zu den Bildern „Kaiserproklamation“ und „*Finis Poloniae*“
cornelsen.de/Webcodes
Code: xowehi

1848/49 | Revolutionen in Europa
1863 | Januaraufstand im russischen Teilungsgebiet Polens
1864 | Deutsch-Dänischer Krieg
1866 | Österreichisch-Preußischer Krieg, Norddeutscher Bund
1870/71 | Deutsch-Französischer Krieg
Jan. 1871: Gründung des Deutschen Kaiserreichs
ab 1871: „Kulturkampf“
1878 | Sozialistengesetze

1850 | 1860 | 1870 | 1880

3 Nationalismus und Nationalstaatsbildung im 19. Jahrhundert: Deutschland und Polen im Vergleich

In diesem Kapitel geht es um
- *die nationale Einheitsbewegung in Deutschland und ihren Versuch, einen liberalen und demokratischen Verfassungsstaat zu erstreiten*
- *die Gründung des Deutschen Reiches 1871 und seine Merkmale als Nationalstaat*
- *Versuche der Polen, sich im 19. Jahrhundert ihren Nationalstaat zu erkämpfen.*

Nationalbewusstsein und Nationalbewegung in Deutschland im frühen 19. Jahrhundert

Kernmodul: ▶ Kap. 7, S. 108–112 Nation – Begriff und Mythos: Anderson (M 1), Wehler (M 2), Münkler (M 3)

Die Geschichte der modernen deutschen Nation begann bereits Ende des 18. Jahrhunderts. Das **Heilige Römische Reich Deutscher Nation** war damals in viele Staaten, Fürstentümer, Reichsstädte, kleinste weltliche und kirchliche Herrschaften zerteilt. 1806 wurde es im Zuge der Herrschaft Napoleons in Europa aufgelöst. Das Bewusstsein einer nationalen Zusammengehörigkeit der vielen Herrschaften entstand zuerst in einer Bildungselite der Städte. Hier traten die Bindungen an Stadt oder Region allmählich in den Hintergrund, die Identifikation mit der Nation wurde wichtiger. Wenn das gebildete Bürgertum in Deutschland von Nation sprach, dachte es an eine **Kulturnation**, die in gemeinsamer Sprache und Geschichte wurzelte.

Um 1800 strahlte die Französische Revolution auch auf Deutschland aus. Sie bewirkte eine allmähliche Umwandlung des kulturellen Nationalbewusstseins in einen **politischen Nationalismus**. Das Ziel war noch nicht die Schaffung eines Nationalstaates. Vielmehr ging es zunächst um eine grundlegende politische Reform der Einzelstaaten im **Deutschen Bund***, der nach dem Ende des Heiligen Römischen Reiches auf dem Wiener Kongress 1815 gegründet worden war. Ähnlich wie in Frankreich sollte die Herrschaft der Monarchen eingeschränkt, die politischen und sozialen Privilegien des Adels beschnitten und die Nation an den politischen Entscheidungen beteiligt werden. Die Nation, das war die Gemeinschaft der rechtlich gleichgestellten Staatsbürger. Diese Idee gewann nun in der Bevölkerung immer breitere Unterstützung. Ein starker Motor des nationalen Gedankens waren die **Befreiungskriege 1813/14** gegen Napoleon: In einer „nationalen Erhebung" sollte die französische Armee besiegt und die Fremdherrschaft beenden werden.

Deutscher Bund
Auf dem Wiener Kongress 1814/15 gegründeter deutscher Staatenbund, der ab 1815 die bestehenden monarchischen politischen Verhältnisse in Deutschland sichern sollte.

Um dieses nationale Gefühl in politische Partizipation (d. h. Teilhabe) umzusetzen, entstand im frühen 19. Jahrhundert eine organisierte Nationalbewegung. Sänger und Turner, Studenten und Professoren, Landwirte und Industrielle knüpften ein immer dichteres Netz von Personen und Organisationen über die Einzelstaaten des Deutschen Bundes hinweg. Sie erweiterten ihre Forderungen nach nationaler Mitbestimmung und Freiheit zunehmend durch die Forderung nach nationaler Einheit.

Diese Ziele wurden von den studentischen Burschenschaften auf dem **Wartburgfest 1817** in Eisenach formuliert. Es wurde anlässlich des dreihundertjährigen Gedenkens an die Reformation Martin Luthers und des vierjährigen Jubiläums der Völkerschlacht bei Leipzig ausgerichtet. Die auf dem Fest formulierten Ziele stießen jedoch auf Widerstand der Obrigkeit. Nach dem Mord des Studenten Karl Ludwig Sand an dem Schriftsteller August Kotzebue, der sich kritisch gegenüber den Burschenschaften und der Einheitsidee geäußert hatte, wurden im Deutschen Bund mit den **Karlsbader Beschlüssen*** strenge Überwachungs- und Zensurmaßnahmen verabschiedet.

Karlsbader Beschlüsse
Initiiert von dem österreichischen Kanzler Klemens Wenzel Fürst von Metternich, verabschiedet am 20. Sept. 1819. Inhalte waren:
- Presse-/Literaturzensur,
- Burschenschaftsverbot,
- Überwachung der Universitäten, Berufsverbote für liberale Professoren,
- Verbot der Turnvereine.

Liberalismus und Nationalismus in Deutschland im „Vormärz“

Der Nationalismus schöpfte in den 1830er- und 1840er-Jahren seine Kraft wesentlich daraus, dass seine nationalen Aktivitäten politisch meist mit liberalen oder radikal-demokratischen Zielen verknüpft waren und durch vielfältige kulturnationale Bestrebungen gestützt wurden. Als nach der französischen **Julirevolution 1830** in einigen deutschen Klein- und Mittelstaaten Verfassungsforderungen des Bürgertums und sozialer Protest der Unterschichten politische Unruhen hervorriefen, war die deutsche Einheit sofort wieder im Gespräch.

▶ M 4–M 5: „Vormärz“

Die gestärkte nationalliberale Bewegung versammelte im Mai 1832 etwa 30 000 Menschen auf einer Burgruine in der Pfalz zum **Hambacher Fest**. Stürmisch forderten die zahlreichen Redner nationale Einheit, Pressefreiheit und vereinzelt auch Demokratie für Deutschland. Nachdem sich die Hoffnungen der nationalliberalen Bewegung nicht erfüllten, die sie 1840 an die Thronbesteigung Friedrich Wilhelms IV. von Preußen geknüpft hatten, belebte Frankreichs Besitzanspruch auf das linke Rheinufer im selben Jahr die nationalen Gefühle in Deutschland. In zahlreichen Liedern wurde in dieser **„Rheinkrise“** beschworen, der Rhein sei „Deutschlands Strom, nicht Deutschlands Grenze“. Ähnlich wie in den Befreiungskriegen 1813/14 entwickelte die deutsche Nationalbewegung in dieser Zeit eine starke antifranzösische Stoßrichtung. Obwohl in dieser Fremdenfeindlichkeit eine Tendenz zur Verabsolutierung der eigenen Nation angelegt war, behielt der deutsche Nationalismus bis zur Reichsgründung 1871 aber im Wesent-

M 1 Deutschland von 1834 bis 1871

lichen seine freiheitliche Ausrichtung. Diese drückte sich in der Formel „Einheit *und* Freiheit" aus.
Der 1834 gegründete **Deutsche Zollverein** förderte zusätzlich die wirtschaftliche Integration zwischen verschiedenen Regionen und Ländern. Landwirte, Kaufleute und Industrielle schufen Netzwerke über die 39 souveränen Einzelstaaten des Deutschen Bundes hinweg. Außerdem erweiterten sie ihre Forderungen nach wirtschaftlicher und politischer Freiheit zunehmend durch die Forderung nach nationaler Einheit. Aber auch das Engagement der deutschen Nationalbewegung trug entscheidend dazu bei, dass die deutsche Nation lange vor der Reichsgründung in den Köpfen einer immer größeren Zahl von Menschen existierte. War diese Bewegung bis zur Revolution 1848/49 vornehmlich eine städtische Bewegung, nahm danach die Zahl der Vereine auf dem Land und in kleinen Landstädten deutlich zu. Über solche Vereine fand die ländliche Bevölkerung Anschluss an die Nationalbewegung.

Die Revolution 1848/49 in Deutschland

Die 1840er-Jahre waren durch Wirtschaftskrisen, Hungersnöte und eine fortdauernde Unterdrückung der nationalen und liberalen Bewegungen geprägt. Dies führte 1848 in vielen Ländern Europas zur Revolution. In Deutschland war es das erste Mal, dass die unteren Schichten und das Bürgertum eine demokratische Abstimmung über die Zukunft Deutschlands erkämpften. Die **Nationalversammlung**, das erste demokratisch gewählte Parlament in der deutschen Geschichte, trat am 18. Mai 1848 in der **Frankfurter Paulskirche** erstmals zusammen, um über die politische Zukunft Deutschlands zu debattieren. Die Beratungen zeigten, dass die Mehrheit der Abgeordneten an eine **großdeutsche Lösung*** dachte, das hieß: ein mächtiges Reich unter Einschluss des Vielvölkerstaates Österreich und damit auch nicht-deutscher Völker. Daraus ergaben sich allerdings unübersehbare Probleme für den Gedanken eines deutschen Nationalstaates. Die Anhänger der **kleindeutschen Lösung***, die ein Deutschland ohne Österreich wünschten, war für die Deutsch-Österreicher undenkbar. Ein Kompromiss hätte in einer losen Föderation der deutschen Staaten mit Österreich bestehen können, etwa in einem Staatenbund. Diesen lehnte aber die Mehrheit der Parlamentarier in der Paulskirche ab.
Die Frage, ob der deutsche Nationalstaat als **Monarchie** oder **Republik** verfasst sein sollte, war dagegen praktisch vorentschieden. Die Liberalen wollten keinen Nationalstaat ohne die Mitwirkung der Fürsten, und selbst die äußerste Linke dachte bei Republik an eine parlamentarische Monarchie, in der der Monarch als Präsident nur repräsentative Aufgaben besitzt. Offen war, ob das künftige Deutschland ein Erbkaisertum oder ein Wahlkaisertum wie im Mittelalter haben sollte.
Am 27./28. Oktober 1848 verabschiedete die Nationalversammlung vorab die **Grundrechte.** Die Staatsorganisation im Verfassungswerk, das am 28. März 1849 verkündet wurde, stellte einen Kompromiss zwischen Monarchie und Republik, zwischen **Zentralismus*** und **Föderalismus*** dar. Der deutsche Nationalstaat sollte einen Erbkaiser an der Spitze haben, dem nur ein aufschiebendes Veto zustand. Gegenüber der **Regierung** besaß damit das Parlament, also der **Reichstag,** das Übergewicht. In einer äußerst knappen Abstimmung entschieden sich die Abgeordneten für die kleindeutsche Lösung. Folgerichtig wählte die Nationalversammlung den preußischen König **Friedrich Wilhelm IV.** zum Kaiser der Deutschen.
Zwar scheiterte die deutsche Nationalbewegung in der Revolution 1848/49 bei dem Versuch, einen demokratisch-parlamentarischen Nationalstaat zu gründen. Der preußische König lehnte Anfang April 1849 die Annahme der Kaiserkrone aus der Hand der Parlamentarier ab. Die Revolution zeigte aber, dass sich der Nationalismus mit seinem Bestreben, einen Nationalstaat zu schaffen, nicht mehr unterdrücken ließ.

Kleindeutsche/großdeutsche Lösung
Im Entstehungsprozess des deutschen Nationalstaats wurde die Frage diskutiert, ob Österreich einbezogen („großdeutsch") oder ausgeschlossen sein sollte („kleindeutsch"). Die kleindeutsche Lösung mit Preußen als Führungsmacht setzte sich durch.

Zentralismus
Konzentration aller staatlichen Macht bei einer zentralen Instanz.

Föderalismus
Verteilung staatlicher Macht zwischen Zentralinstanz und Bundesländern.

Audio: Gedenkveranstaltung 1948 zur Revolution 1848
cornelsen.de/Webcodes
Code: hipuyi

▶ **M 6–M 9: Revolution und Nation 1848/49**

Die Reichseinigungskriege und die deutsche Reichsgründung 1870/71

Die um 1850 zunehmende wirtschaftliche und gesellschaftliche Integration mündete nicht automatisch in einen Nationalstaat. Die Entscheidung für die kleindeutsche Lösung wurde vor allem durch mehrere militärische Siege Preußens bestimmt: zunächst 1864 im **Deutsch-Dänischen Krieg,** dann 1866 im **Österreichisch-Preußischen Krieg** und schließlich 1870/71 im **Deutsch-Französischen Krieg.** Eine herausragende Bedeutung bei der Entstehung und politischen Gestaltung des Deutschen Reiches kam dem preußischen Ministerpräsidenten **Otto von Bismarck*** zu. Auf seine Politik ist es zurückzuführen, dass das Deutsche Reich kein freiheitlich-parlamentarischer Nationalstaat, sondern ein autoritärer Macht-, Obrigkeits- und Militärstaat wurde. Damit blieben liberale Strömungen außen vor, wie z. B. im Deutschen Nationalverein, der sich 1859 nach dem Vorbild der italienischen *„Società nationale"* gegründet hatte und bis 1867 (dem Gründungsjahr des **Norddeutschen Bundes)** bestand. Weil sie Freiheit *und* Einheit angestrebt hatten, waren viele aus der Nationalbewegung enttäuscht über das **Deutsche Kaiserreich.** Nach der Reichsgründung mussten die verschiedenen Rechts- und Wirtschaftsordnungen vereinheitlicht werden. Dabei konnte Bismarck auf die vom Zollverein und Norddeutschen Bund geleisteten Vorarbeiten aufbauen.

Das Kaiserreich war eine konstitutionelle Monarchie mit dem **Monarchen** als alleinigem Inhaber der Souveränität. Der **Kanzler** als oberster Beamter musste zwar die kaiserlichen Anordnungen gegenzeichnen, war aber gänzlich vom Kaiser abhängig und leitete die Reichspolitik fast nur im zivilen Bereich. Der **Reichstag** wurde nach einem gleichen, geheimen, direkten Mehrheitswahlrecht für Männer über 25 Jahre gewählt. Die Volksvertretung nahm in der Verfassung nur eine schwache Stellung ein. Wenn der Kaiser zustimmte, konnte der aus den Bevollmächtigten der Bundesstaaten zusammengesetzte **Bundesrat** den Reichstag auflösen. Der Bundesrat musste den Gesetzen zustimmen, die der Reichstag aufgrund seines Gesetzesinitiativrechtes verabschiedete.

Der Reichstag besaß das Recht der jährlichen Haushaltsbewilligung. Allerdings konnte er nicht über alle Einnahmen und Ausgaben, besonders nicht über den Militäretat, frei verfügen. Der Kanzler war dem Reichstag nur theoretisch verpflichtet, in der Praxis musste er lediglich einer Auskunftspflicht genügen. Der Reichstag durfte ihm nicht das Misstrauen aussprechen. Bei auswärtigen Verträgen hatte er nur ein Mitwirkungsrecht

▶ M 10–M 11: Reichsgründung

M2 Otto von Bismarck, Ölgemälde von Franz Lenbach, 1880

Bismarck entstammte einer adligen Ritterguts- und Offiziersfamilie. Konservativer Abgeordneter im Preußischen Landtag, Gegner der Revolution 1848. 1862–1890 preußischer Ministerpräsident, 1871–1890 deutscher Reichskanzler.

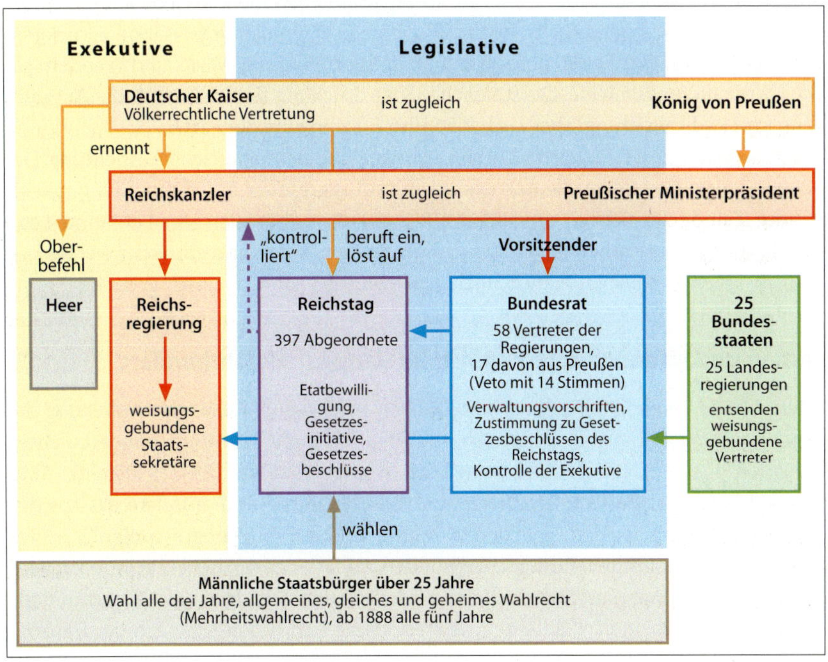

M3 Die Verfassung des Deutschen Reichs von 1871

bezüglich Handel, Verkehr und Zöllen. Selbst Kriegserklärungen waren allein Sache des Kaisers und des Bundesrates. Auch der Einzelne war gegenüber dem Staat durch das **Fehlen von Grundrechten** in einer schwachen Position. Auch kannte die Verfassung (anders als der Entwurf von 1848) keinen Schutz nationaler Minderheiten, z. B. für die Elsässer, Lothringer, Dänen oder die 2,4 Millionen Polen.

Kampf gegen „Reichsfeinde" im Deutschen Kaiserreich

Nach der Reichsgründung bekämpfte Reichskanzler Bismarck von ihm zu „Reichsfeinden" erklärte Gruppen und Menschen, die mit ihren Ansichten und Aktivitäten angeblich die „nationale Einheit" gefährdeten. Zunächst wandte er sich gegen die **Katholiken** und ihre politische Vertretung, die **Zentrumspartei**. Er fand Unterstützung bei den Liberalen, die im Zentrum die Gegenaufklärung und den Sachwalter des Papstes sahen. Die Machtprobe mit dem Katholizismus (**„Kulturkampf"**) beinhaltete Folgendes:
- Mithilfe des alten preußischen Kanzelparagrafen wurde das Behandeln staatlicher Angelegenheiten „in einer den öffentlichen Frieden gefährdenden Weise" im geistlichen Amt zum Straftatbestand erhoben.
- 1871 wurde der Jesuitenorden in Deutschland verboten.
- 1875 wurde die obligatorische Zivilehe eingeführt.
- Oppositionelle Geistliche konnten aus dem Reich verbannt werden.

Dieser Machtkampf geriet jedoch zu einer Niederlage für Bismarck. In den Landtags- und Reichstagswahlen 1873/74 konnte das Zentrum seine Sitze verdoppeln und war 1881 sogar stärkste Partei im Reichstag. 1879/80 gab es einen Kompromiss: Die Kirchengesetze wurden gemildert, Kanzelparagraf und Zivilehe blieben erhalten.

Bismarck'sche Sozialgesetzgebung
Das Gesetzespaket umfasste:
- Krankenversicherung (1883),
- Unfallversicherung (1884),
- Invaliditäts- und Altersversicherung (1889).

Das Ziel war, die Auswüchse der Industrialisierung zurückzudrängen (z. B. Einschränkung der Kinderarbeit) und die politische Radikalisierung der Arbeiter einzudämmen. Ungewollt wurde sie langfristig zum Vorbild für die Entwicklung eines modernen Sozialstaats.

▶ M 12–M 14: Kampf gegen „Reichsfeinde"

Beim Kampf gegen die **Sozialdemokratie** setzte Bismarck auf zweierlei: einerseits auf seine neue **Sozialgesetzgebung***. Er wollte damit die Anhänger der Partei mit dem Staat versöhnen und in die Gesellschaft integrieren. Andererseits erließ er die **„Sozialistengesetze"**: Er verbot darin nicht nur sozialistische Organisationen und Propaganda, sondern er ermöglichte auch die Ausweisung sozialistischer Agitatoren und verschärfte polizeiliche Kontrollen. Das Gesetz hatte allerdings Lücken: Es berührte weder das aktive noch das passive Wahlrecht. Die Sozialdemokratie konnte daher ihre Kandidaten legal zur Wahl stellen – und die Zahl ihrer Wähler stieg stetig an. Mit 1 427 000 Stimmen erhielt die Sozialdemokratie bei der Reichstagswahl 1890 mehr als jede andere Partei. Bei der Parteiarbeit musste sie jedoch auf andere Formen der Organisation zurückgreifen: Ausweichmöglichkeiten boten Vereine für Sport, Bildung, Musik und Wandern sowie Unterstützungsvereine. Die staatliche Unterdrückung förderte damit die Ausgrenzung und Radikalisierung, aber auch die Selbstausgrenzung der Partei.

Der Nationalismus verlor nach 1871 seine liberale und demokratische Ausrichtung. Der neue **Reichsnationalismus** wurde exklusiver und aggressiver. Er richtete sich gegen ernannte „Feinde der Nation" von außen, z. B. Frankreich, aber auch gegen ernannte Feinde im Inneren, wie Katholiken und Sozialdemokraten, Juden und ethnische Minderheiten, wie Polen und Dänen. Nation und Einheit wurden „ohne Freiheit" gedacht.

Nation und Nationalismus in Polen im „langen" 19. Jahrhundert

Kernmodul: ▶ Kap. 7, S. 108–112
Nation – Begriff und Mythos: Anderson (M 1), Wehler (M 2), Münkler (M 3)

Nach dem Untergang der polnisch-litauischen Adelsrepublik und der Aufteilung des Landes zwischen Russland, Österreich und Preußen Ende des 18. Jahrhunderts lebten die Polen in einer **„Nation ohne Staat"**. Der Wiener Kongress 1814/15 löste das 1807 von Napoleon geschaffene Großherzogtum Warschau auf und gründete das aus den polnischen Zentralgebieten gebildete **Königreich Polen (= „Kongresspolen")**. Es war durch Personalunion mit Russland verbunden, sodass der russische Zar nun zugleich König von Polen war. Dass sich die Polen weder mit den Teilungen des 18. Jahrhunderts noch mit „Kongresspolen" abfinden wollten, zeigte sich besonders nach der französi-

schen Julirevolution 1830, die der Nationalbewegung neuen Auftrieb gab. Der polnische **Novemberaufstand 1830** wurde getragen von Offizieren und Intellektuellen. Nach anfänglichen militärischen Erfolgen erreichten sie den Abzug der russischen Truppen und erklärten das Ende der Herrschaft der Zarenfamilie Romanov in Polen. Russland eroberte jedoch 1831 Warschau zurück, schlug – mit Unterstützung Preußens – den Aufstand nieder und gliederte Polen ins Zarenreich ein. Tausende von Freiheitskämpfern starben, viele gingen ins Exil. Die **„Große Emigration"** führte über Deutschland nach Frankreich, wo Paris für Jahrzehnte zur heimlichen Hauptstadt Polens aufstieg.
Obwohl die preußische Regierung die russische Politik unterstützte, stieß der polnische Aufstand in Deutschland auf positive Resonanz, weil auch die Deutschen Restauration und Kleinstaaterei überwinden und die nationale Einigung Deutschlands erreichen wollten. Zahlreiche Menschen in den deutschen Staaten empfingen die polnischen Emigranten mit großer Begeisterung **(Polenbegeisterung).** Von Dresden bis Freiburg entstanden Hunderte von Polenvereinen, die Geld- und Kleidersammlungen durchführten. Broschüren und andere Veröffentlichungen feierten die „geschlagenen Helden". Auf dem Hambacher Fest wehte 1832 auch die Fahne Polens; mehrfach wurde die polnische Nationalhymne gesungen: „Noch ist Polen nicht verloren."
Fand der **polnische Aufstand 1846 in der preußischen Provinz Posen** (siehe Karte, S. 27), wo 60 % Polen, 34 % Deutsche und 6 % Einwohner jüdischen Glaubens lebten, noch viele Unterstützer in deutschen Ländern, wurden 1848/49 aus ursprünglich gemeinsamen nationalen Zielen konkurrierende Bestrebungen. Dem wachsenden deutschen Nationalgefühl im Frankfurter Paulskirchenparlament war die polnische Unabhängigkeitsbewegung ein Dorn im Auge. Die Abgeordneten diskutierten die Frage: Sollte die preußische Provinz Posen zum neuen Deutschland oder zu einem neuen polnischen Staat gehören? In der **„Posendebatte"** im Juli 1848 stimmte am Ende nur noch eine Minderheit radikal-demokratischer Abgeordneter für eine Solidaritätsresolution mit den nationalen Zielen der Polen.

Nationalstaat Deutschland 19. Jh.
cornelsen.de/Webcodes
Code: toyibe

▶ **M 4–M 5: Deutschland und Polen im „Vormärz"**

▶ **M 6–M 7: Posendebatte**

Der Nationalismus in Polen bis zum Anfang des 20. Jahrhunderts

Auch andere polnische Aufstände wurden blutig niedergeschlagen (1846 in Galizien, 1848 in weiteren österreichischen und preußischen Teilungsgebieten). Der **polnische Aufstand 1863/64*** gegen die russische Besatzung war noch aussichtsloser als der von 1830/31. Obwohl die polnische Unabhängigkeit nun nicht mehr mit Waffengewalt zu erringen war, konnten die Polen ihr Nationalbewusstsein lebendig halten – nicht zuletzt durch eine Strategie der begrenzten Kooperation mit den Besatzungsmächten, die man nach den Erfahrungen der vergeblichen Aufstände anwandte. Die **katholische Kirche** spielte beim Fortleben der nationalen Ideen eine zentrale Rolle, weil sie den Zusammenhalt aufrechterhielt. Auch Teile des höheren und niederen Adels, die Intelligenz und die mit der Industrialisierung auch in Polen erstarkenden sozialistischen Parteien kämpften weiter. Ein **unabhängiger polnischer Staat** entstand jedoch erst Ende des Ersten Weltkriegs **1918** mithilfe der westlichen Siegermächte.

Nationalismus Polen 19. Jh.
cornelsen.de/Webcodes
Code: vugusa

▶ **M 15–M 18: Polnischer Nationalismus 19. Jh.**

1 Zeigen Sie mithilfe der Darstellung, dass die Geschichte der modernen deutschen Nation nicht erst mit der Gründung des Deutschen Reiches 1870/71 begann.
2 **Schaubild:** Erstellen Sie ein Schaubild, in dem Sie politische Interessenskonflikte in Deutschland im 19. Jahrhundert anhand der Darstellung aufzeigen.
Tipp: Siehe Hilfen S. 149.
3 **Wahlaufgabe:** Bearbeiten Sie Aufgabe a) oder b).
a) **Digitale Zeittafel:** Erstellen Sie mithilfe der Darstellung eine digitale Zeittafel zum polnischen Nationalismus im 19. Jahrhundert.
b) **Mindmap:** Erstellen Sie mithilfe der Darstellung eine Mindmap zum Thema „Nationalismus und Nationalstaat im 19. Jahrhundert".

Hinweise zur Arbeit mit den Materialien
Der Materialteil setzt folgende Arbeitsschwerpunkte:
- *M 4–M 5: nehmen Deutschland und Polen im **„Vormärz"** in den Blick.*

Die folgenden drei Schwerpunkte beziehen sich auf Deutschland:
- *M 6–M 9 Nationalismus und Nationalstaat in der Zeit der **Revolution 1848/49.***
- *M 10, M 11 widmen sich den **Reichseinigungskriegen** und der **Reichsgründung 1870/71.***
- *M 12–M 14 ermöglichen die Bewertung des deutschen **Nationalismus in der Kaiserzeit.***
- *M 15–M 18 behandeln den **polnischen Nationalismus.***
- *Vertiefung: Eine Untersuchung der Frage, auf welche Weise sich der Nationalismus im 19. Jahrhundert in Deutschland verändert hat und welche Gründe es für diese **Transformation** gab (s. auch S. 48).*
- *Methodentraining: S. 46 f. zu „Schriftlichen Quellen".*

Vernetzung mit dem Kernmodul:
- *Kernmodul **„Nation – Begriff und Mythos"**: Theorie-Materialien, S. 108–112, M 1 (Anderson), M 2 (Wehler), M3 (Münkler)*
- *Kernmodul **„Deutungen des deutschen Selbstverständnisses": Sonderwegsdebatte:** Theorie-Materialien, S. 113–115, M 4 (Bracher), M 5 (Winkler).*

Nationen im „Vormärz": Deutschland und Polen

M 4 Aus der Rede des Journalisten Philipp Jakob Siebenpfeiffer auf dem Hambacher Fest (1832)

Und es wird kommen der Tag, der Tag des edelsten Siegstolzes, wo der Deutsche vom Alpengebirg und der Nordsee, vom Rhein, der Donau und der Elbe den Bruder im Bruder umarmt [...], wo alle Hoheitszeichen der Trennung und Hemmung und Bedrückung verschwinden samt den Konstitutiönchen, die man etlichen mürrischen Kindern der großen Familie als Spielzeug verlieh; wo freie Straßen und freie Ströme den freien Umschwung aller Nationalkräfte und Säfte bezeugen; wo die Fürsten die bunten Hermeline feudalistischer Gottstatthalterschaft mit der männlichen Toga deutscher Nationalwürde vertauschen und der Beamte, der Krieger, statt mit der Bedientenjacke des Herrn und Meisters mit der Volksbinde sich schmückt. [...] [Wo] jeder Stamm, im Innern frei und selbstständig, zu bürgerlicher Freiheit sich entwickelt und ein starkes selbst gewobenes Bruderband alle umschließt zu politischer Einheit und Kraft [...].

[W]o das deutsche Weib, nicht mehr die dienstpflichtige Magd des herrschenden Mannes, sondern die freie Genossin des freien Bürgers, unsern Söhnen und Töchtern schon als stammelnden Säuglingen die Freiheit einflößt. [...]

[W]o der Bürger nicht in höriger Untertänigkeit den Launen des Herrschers, [...] sondern dem Gesetze gehorcht und auf den Tafeln des Gesetzes den eigenen Willen liest und im Richter den frei erwählten Mann seines Vertrauens erblickt; [...] es lebe das freie, das einige Deutschland! Hoch leben die Polen, der Deutschen Verbündete! [...]

Hoch lebe jedes Volk, das seine Ketten bricht und mit uns den Bund der Freiheit schwört! Vaterland – Volkshoheit – Völkerbund hoch!

*Das Nationalfest der Deutschen zu Hambach, beschrieben von Johann Georg August Wirth, Philipp Christmann, Neustadt 1832, S. 34 ff.**

1 Geben Sie die zentralen Aussagen von M 4 aus der Zeit des „Vormärz" wieder.
Tipp: Zum Begriff „Vormärz" siehe das Begriffslexikon im Anhang.
2 Arbeiten Sie die von Siebenpfeiffer entworfenen politischen Ziele heraus.
3 Überprüfen Sie, aus welchen Motiven der Redner die Polen als „Verbündete" bezeichnet.

M 5 Aus dem Tagebuch von Jozef Alfons Potrykowski vom 21. Januar 1832

Potrykowski war Teilnehmer des polnischen Aufstands 1830/31 und später Aktivist in der Pariser Emigration.

Drei Meilen nach Eilenburg überschritten wir die preußische Grenze, d.h. die Grenze, die der Wiener Kongress zwischen Sachsen und Preußen gezogen hat und damit Sachsen Gebiete weggenommen und sie Preußen gegeben hat. Kaum hatten wir die neue Grenze Sachsens überschritten, als wir eine große Anzahl sächsischer Jugend, Arbeiter, vor allem aber Studenten und Schüler vorfanden, die uns entgegenkamen. Rufe: „Es leben die Polen. Es lebe Polen!" hallten zum ersten Mal um unsere Ohren, und diese Rufe waren so zahlreich, so beständig, dass wir unsere eigene Unterhaltung nicht mehr vernehmen konnten. In dem Maße, wie wir uns der Stadt näherten, vergrößerte sich die Volksmenge und wurde schließlich so zahlreich, dass wir mit unseren Fuhrwerken keinen Schritt mehr weiterfahren konnten, die Hochrufe wurden aber zu einem einzigen unablässigen Ruf. [...] Hier wurden plötzlich aus allen Fuhrwerken die Pferde ausgespannt, und die Jugend, zum größten Teil die akademische Jugend, bei ihnen aber auch sehr hübsch gekleidete Damen, Fräuleins, dazu Handwerker und Bürger unterschiedlichen Standes und Alters zogen unsere Wagen, wobei sie niemandem von uns erlaubten auszusteigen. Man kann ohne die kleinste Übertreibung sagen, dass die ganze Stadt uns entgegenkam, uns hochleben ließ und uns Kusshände zuwarf. [...] Am besten gefiel mir ein Transparent, das eine Deutsche darstellte, die Polen die Ketten herunterriss und zerbrach, mit der Aufschrift „Noch ist Polen nicht verloren, und es wird nicht verloren sein, solange Deutschland lebt."

*Zit. nach: Hilke Günther-Arndt u. a. (Hg.), Geschichtsbuch Oberstufe, Bd. 1, Cornelsen, Berlin 1995, S. 382. Übers. Hans-Henning Hahn.**

1 Fassen Sie die Reaktionen der deutschen Bevölkerung zusammen (M 5).
2 Erläutern Sie diese Redaktion vor dem Hintergrund der „Vormärz"-Zeit.
3 **Internetrecherche:** Finden Sie weitere Beispiele für die in M 9 geschilderten Haltungen zu Polen.
Kernmodul: ▶ Kap. 7, S. 108–112, M 1–M 3

Die Posendebatte in der Frankfurter Paulskirche

M 6 Wilhelm Jordan, Rede in der Nationalversammlung vom 24. Juli 1848

Ich sage, die Politik, die uns zuruft: gebt Polen frei, es koste, was es wolle, ist eine kurzsichtige, eine selbstvergessene Politik, eine Politik der Schwäche [...]. Es ist hohe Zeit für uns, endlich einmal zu erwachen, aus jener träumerischen Selbstvergessenheit, in der wir schwärmten für alle möglichen Nationalitäten, während wir selbst in schmachvoller Unfreiheit darniederlagen und von aller Welt mit Füßen getreten wurden, zu erwachen zu einem gesunden Volksegoismus, um das Wort einmal gerade heraus zu sagen, welcher die Wohlfahrt und Ehre des Vaterlandes in allen Fragen obenanstellt. [...] [I]ch gebe es ohne Winkelzüge zu: Unser Recht ist kein anderes als das Recht des Stärkeren, das Recht der Eroberung. Ja, wir haben erobert. Die Deutschen haben polnische Länder erobert, aber diese Eroberungen sind auf einem Wege, auf eine Weise geschehen, dass sie nicht mehr zurückgegeben werden können. Es sind, wie man es schon so oft gesagt hat, nicht sowohl Eroberungen des Schwertes, als Eroberungen der Pflugschar. [...] Der letzte Akt dieser Eroberung, die viel verschrieene Teilung Polens war nicht, wie man sie genannt hat, ein Völkermord, sondern weiter nichts als die Proklamation eines bereits erfolgten Todes, nichts als die Bestattung einer längst in der Auflösung begriffenen Leiche. [...] Es war lediglich der Polen eigene Schuld, wenn sie ihr Land in deutsche Hände kommen ließen, und es wäre eine eigentümliche Gerechtigkeit, wenn wir das auf diese Weise und auf dem rechtlichsten Wege erworbene Land nun auf einmal aus kosmopolitischer Großmut samt den Deutschen, die darauf sitzen, in fremde Untertänigkeit hinausgeben wollten.

*Zit. nach: Franz Wigard (Hg.), Stenographische Berichte über die Verhandlungen der deutschen constituierenden Nationalversammlung zu Frankfurt/Main 1848, Johannes David Sauerländer Verlag, Frankfurt/Main 1848, S. 1123ff.**

M 7 Protestnote zum Polen-Entscheid, 1848

Deutsches Volk, das Unglaubliche ist geschehen! Die Mehrheit Deiner Vertreter hat die Revolution verleugnet und die teuersten Sympathien freier Völker verscherzt! Sie hat eine neue Teilung Polens ohne sichere Ermittlung der dortigen Bevölkerungsverhältnisse vorgenommen und die alten Theilungen für immer genehmigt [...]. Das ist der Sinn ihres heutigen Beschlusses in der Polensache. [...] Dies ist ein unerhörtes Unglück, welches uns den Herzen unserer polnischen Brüder entfremdet, Misstrauen zwischen ihnen und uns gesät [...] hat [...].
Die Mehrheit der Nationalversammlung hat keinen Sinn und kein Herz für die Befreiung unserer Nachbarvölker gezeigt. Sie hat kein Wort des Friedens für Italien, keine Silbe des Mitgefühls für Polen gehabt. Es hat sich vielmehr ein brutaler Völkeregoismus erhoben, [...] der die polnische Nation für immer aus der Reihe der Völker ausstreichen und die Slaven in Österreich zu keiner freien und eignen Gestaltung ihrer Angelegenheiten kommen lassen will. [...]
331 Stimmen gegen 101 Stimmen haben die Erklärung der Teilung Polens für ein schmachvolles Unrecht und die Anerkenntnis der heiligen Pflicht des deutschen Volkes zur Wiederherstellung eines selbstständigen Polens mitzuwirken verweigert. Und diese 331 sind zu einem Theile dieselben Leute, welche im Vorparlament jene schönen Beschlüsse fassten! [...]
Wir, die wir der Minderheit der Nationalversammlung angehören, wir erklären feierlich, vor aller Welt [...]: Das Ende Polens wäre das Ende Deutschlands, die Teilung Polens durch die deutsche Nation teilt Deutschland zwischen Russland und Frankreich, zwischen Republik und Despotie, zwischen französische Freiheit und russische Knute, Deutsche, rettet Deutschland.
Die radical-demokratische Partei der constituirenden deutschen Nationalversammlung

Frankfurt am Main, den 27. Juli 1848

*Zit. nach: Walter Grab (Hg.), Die Revolution von 1848/49, Reclam, Stuttgart 1998, S. 106ff.**

1 Stellen Sie mithilfe der Darstellung, S. 37, die zentralen Aspekte der Posendebatte vor.
2 Vergleichen Sie die Argumentationen in der Rede M 6 und der Protestnote M 7.
3 Stellen Sie die Haltung der Nationalversammlung zu Polen von 1848 der Haltung im „Vormärz" gegenüber.
4 **Zusatzaufgabe:** Siehe S. 149.
5 Analysieren Sie Bild M 8 vor dem Hintergrund des Nationalismus im 19. Jahrhundert.
Tipp: Siehe Hilfe S. 149.
6 Vergleichen Sie die Botschaft des Bildes mit Positionen der Posendebatte (M 6–M 8).

M 8 Die universale demokratische und soziale Republik. Der Pakt, Lithografie von Frédéric Sorrieu, 1848

M 9 Der Historiker Hans-Werner Hahn zur Bedeutung der Revolution 1848/49 in Deutschland (2010)

Die neuere Forschung relativiert daher die ältere Auffassung von der „gescheiterten Revolution" und rückt auch Erfolge und langfristige Wirkungen der Jahre 1848/49 deutlicher ins Blickfeld. Zu den Erfolgen gehörte nicht nur der in vielen einzelstaatlichen Gesetzen vollzogene Abbau feudaler Lasten und ständischer Vorrechte. Auch die gescheiterte Paulskirchenverfassung hat nicht zuletzt durch den Grundrechtekatalog Maßstäbe für eine von Gleichheit und Freiheit geprägte Ordnung gesetzt, die auch unter obrigkeitsstaatlichen Strukturen fortwirkten und in den späteren deutschen Verfassungen und Gesetzen ihren Niederschlag finden sollten. In der Geschichte der deutschen Parteien und Parlamente hat die Revolution von 1848/49 ebenfalls wichtige und nachhaltige Traditionen begründet. Sie hat in Deutschland eine nationale Öffentlichkeit geschaffen, die es in dieser Form vorher nicht gab, und den Politisierungsprozess der Gesellschaft vorangetrieben. Für die Formierung der großen Parteirichtungen vom Liberalismus über die Arbeiterbewegung, den politischen Katholizismus bis hin zu den Konservativen und das Entstehen großer nationaler Verbände waren die Organisationsbestrebungen der Revolutionsmonate eine wichtige Grunderfahrung. [...]
Die Revolution von 1848/49 hat den gesellschaftlichen und wirtschaftlichen Modernisierungsprozess durch die Fortschritte bei der Agrarreform und zahlreiche andere Gesellschafts- und Wirtschaftsreformen nachhaltig gefördert. Sie hat Hemmnisse der kapitalistischen Entwicklung beseitigt und die Regierungen veranlasst, auch aus Gründen der Revolutionsprävention den wirtschaftlichen Wandel nachhaltiger zu fördern und die vormärzliche Pauperismuskrise [Armutskrise] zu überwinden.

*Hans-Werner Hahn, Helmut Berding, Reformen, Restauration und Revolution 1806–1848/49, 10. Aufl., Klett-Cotta, Stuttgart 2010, S. 467 f. (= Gebhardt. Handbuch der deutschen Geschichte 14).**

1 Arbeiten Sie die Positionen Hahns aus M 9 heraus.
2 **Wahlaufgabe:** Bearbeiten Sie Aufgabe a) oder b).
  a) Beurteilen Sie ausgehend von M 6 bis M 9, inwiefern die Revolution 1848/49 in Deutschland „erfolgreich" war oder „gescheitert" ist.
  b) **Fernsehkommentar:** „Was hat die Revolution 1848/49 heute mit uns zu tun?" Verfassen Sie einen Kommentar für einen Fernsehsender, der anlässlich eines Jahrestages zu 1848/49 einen Beitrag von Ihnen zur oben genannten Fragestellung wünscht.

Die Gründung des Deutschen Reiches 1870/71

M 10 Der Historiker Jörg Fisch über die Reichseinigungskriege und die Reichsgründung (2002)

Die einzigartige Stellung Otto von Bismarcks [...] in der Geschichte der nationalen Einigung Deutschlands ergab sich daraus, dass er die Lehren aus den Vorgängen in Italien und den Erfahrungen mit dem preußisch-österreichischen Dualismus zog und die Frage der Einigung konsequent als Machtfrage behandelte. Zunächst gelang es ihm, den Deutschen Bund, und mit ihm Österreich, 1864 in einen Krieg gegen Dänemark hineinzuziehen, der sich eine nationale Interpretation lieh. Dänemark versuchte, das überwiegend deutschsprachige Schleswig-Holstein (Holstein gehörte zum Deutschen Bund) stärker zu integrieren und verletzte dadurch internationale Vereinbarungen.

Der Deutsche Bund errang einen raschen Sieg und eroberte Schleswig-Holstein. Über der Frage der Behandlung der eroberten Gebiete provozierte Bismarck 1866 den Bruch zwischen Preußen und Österreich. Der Dualismus, der die deutsche Frage so lange blockiert hatte, sollte nun gewaltsam aufgelöst werden. Die Entscheidung fiel weit rascher und eindeutiger, als irgendjemand erwartet hatte. Die kleineren norddeutschen Staaten schlossen sich überwiegend Preußen an; die mittelgroßen norddeutschen und die süddeutschen Staaten hielten zu Österreich. Preußen warf die feindlichen norddeutschen Staaten nach Kriegsbeginn (15. Juni) in kürzester Zeit nieder und konzentrierte sich dann auf Österreich, dessen Heer es [...] eine kriegsentscheidende Niederlage beibrachte. [...] Je länger die Auseinandersetzungen dauerten und je umfangreicher die Machtverschiebungen zugunsten Preußens wurden, umso größer wurde die Wahrscheinlichkeit eines Eingreifens der Großmächte, insbesondere Frankreichs, das traditionell Wert auf ein zersplittertes Deutschland legte. Bismarck setzte deshalb, gegen heftigen Widerstand König Wilhelms I. und der Militärs, einen geradezu blitzartigen Friedensschluss mit Österreich durch, um Frankreich jeden Vorwand für eine Einmischung zu entziehen. [...]

Bismarck verzichtete darauf, die kleindeutsche Einigung konsequent zu Ende zu führen. Ein Zusammenschluss unter preußischen Vorzeichen wäre im Süden wenig populär gewesen und hätte, mehr oder weniger erzwungen, zu ähnlichen Problemen wie im italienischen Süden führen können. Nördlich des Mains annektierte Preußen mit Hannover, Kurhessen, Nassau und Frankfurt einen Teil der unterworfenen Staaten. Die übrigen sowie die Bundesgenossen schloss es im von ihm dominierten Norddeutschen Bund zusammen, der nun nicht mehr wie der Deutsche Bund staatenbündisch, sondern bundesstaatlich aufgebaut war und einen wirklichen Nationalstaat bildete, ohne dessen Namen zu führen.

Die Staaten südlich des Mains blieben selbstständig. Doch sie wurden so eng an den Norddeutschen Bund gekettet, dass die Weichen in Richtung Anschluss unwiderruflich gestellt waren. Bayern, Württemberg, Baden und Hessen-Darmstadt mussten mit Preußen Militärbündnisse abschließen. Sie waren außerdem Mitglieder des Zollvereins, der zentralisiert wurde und politische Strukturen in Form eines Parlaments und einer Exekutive erhielt. [...]

Es war klar, dass Napoleon III. [aus Frankreich] für seine Zustimmung zu einem deutschen Nationalstaat einen Preis verlangen würde [...]. Die Wahrscheinlichkeit einer gewaltsamen Lösung [war] groß. Dazu kam es im Zusammenhang der spanischen Thronfolgekrise von 1870. Die regierenden spanischen Generäle boten dem Erbprinzen Leopold von Hohenzollern-Sigmaringen, dem Angehörigen einer katholischen Seitenlinie der preußischen Dynastie, den Thron an. Bismarck förderte die Kandidatur unter der Hand. Trotzdem lehnte Leopold schließlich ab. Doch Frankreich verlangte nun einen förmlichen preußischen Verzicht auf alle Zeiten – ein Ansinnen, das Preußen von sich wies. Das führte am 19. Juli zur französischen Kriegserklärung. Die Frage, in welchem Umfang Bismarck Frankreich bewusst zum Krieg provoziert hat, ist bis heute umstritten. 1870 aber war in den Augen der Welt Frankreich der Angreifer. Das machte ein Eingreifen Großbritanniens und Russlands gegen Preußen weniger wahrscheinlich, und es bewog die süddeutschen Staaten zum sofortigen Kriegseintritt an Preußens Seite. Die preußisch-deutsche Armee zeigte sich erneut überlegen. [...] In dieser Zeit [bis Febr. 1871] erfolgte, durch den Beitritt der süddeutschen Staaten, die Ausweitung des Norddeutschen Bundes zum Deutschen Reich, das am 18. Januar 1871 in Versailles gewissermaßen von außen ausgerufen wurde. Die kleindeutsche Einigung war zu ihrem Abschluss gelangt. Sie hatte sich durch zwei Besonderheiten ausgezeichnet.

1. Die Einigung war das Resultat von drei Kriegen. Damit war sie in der Tat nach Bismarcks berühmtem Ausspruch mit „Eisen und Blut" herbeigeführt worden. [...]

2. An der Wiege des deutschen Nationalstaats stand keine Einigung, sondern eine potenzielle Teilung: der Ausschluss Österreichs und damit vor allem der deutschsprachigen österreichischen Gebiete vom Nationalstaat, obwohl deren Bewohner sich bislang

in nicht geringerem Maße als Deutsche verstanden hatten als die Deutschen des neuen Reiches. [...] Unter außenpolitischen Gesichtspunkten war die kleindeutsche Lösung wahrscheinlich die einzige, die einige Aussicht auf Duldung seitens der Großmächte hatte.

*Jörg Fisch, Europa zwischen Wachstum und Gleichheit 1850–1914, UTB, Stuttgart 2002, S. 80–82.**

1 **Schaubild:** Erstellen Sie ein Schaubild mit den wichtigsten Phasen des Reichsgründungsprozesses anhand von M 10.
Tipp: Notieren Sie für jede Phase zentrale Ereignisse, Entscheidungen, Personen und Vorgänge.

2 „Nicht durch Reden und Mehrheitsbeschlüsse" würden die großen Fragen der Zeit entschieden, sondern „durch Eisen und Blut", erklärte Bismarck am 30. September 1862 vor der Budgetkommission des preußischen Abgeordnetenhauses.
Wahlaufgabe: Bearbeiten Sie Aufgabe a) oder b).
a) Zeigen Sie Chancen und Risiken dieses politischen Bekenntnisses vor dem Hintergrund der Entstehung des Deutschen Reiches auf.
b) **Referat:** Untersuchen Sie, ob dieses Zitat die Persönlichkeit und Politik Bismarcks in der Reichsgründungszeit charakterisiert. Ziehen Sie weitere Literatur hinzu.
Tipp: Siehe Hilfen S. 149.

M 11 Der Historiker Dieter Langewiesche über die deutsche Reichsgründung 1870/71 (1989)

Die politische Nationalbewegung war eingebunden in den ökonomischen und den sozialkulturellen Nationsbildungsprozess, ohne den sie die Massen nicht hätte bewegen können. Die Idee der Nation stiftete eine neue Ordnungsvorstellung, die [...] der immer stärker großräumig organisierten Gesellschaft angemessenere Bezugspunkte bot als das alte, langsam zerfasernde Geflecht lokaler Bindungen.
Vor dem Hintergrund dieser grundlegenden gesellschaftlichen Entwicklungen lässt sich nun Bismarcks nationalpolitischer Ort in der deutschen Geschichte sozialgeschichtlich bestimmen: Erst der weit vorangeschrittene Prozess der inneren Nationsbildung erlaubte es der preußischen Politik, die Einigungskriege zu führen. Es waren keine Eroberungskriege alter Art mehr, keine dynastischen Kriege, sondern nationale Einigungskriege. Damit wird nicht behauptet, Bismarck habe die Kriege als Einigungskriege geplant. Es kommt hier nur auf die Wirkung dieser Kriege an. Die Kriege gegen Dänemark, dann gegen Österreich und schließlich gegen Frankreich konnten zu Einigungskriegen werden, weil der Prozess der gesellschaftlichen Nationsbildung weit genug vorangeschritten war. Diese Möglichkeit gesehen und genutzt zu haben, ist die große historische Leistung Bismarcks, sein Anteil an der Revolutionierung der staatlichen Ordnung zwischen 1866 und 1871. [...]
Bismarcks Diplomatie hat die Gefahr des europäischen Krieges vermieden, und sein – begrenztes – Zusammenwirken mit der nationalen Bewegung hat es ermöglicht, aus den Staatenkriegen Reichseinigungskriege werden zu lassen. [...]
Dieser hohe Anteil Bismarcks und der preußischen Politik an der Nationalstaatsgründung rechtfertigt es, mit den Zeitgenossen von einer Revolution von oben zu sprechen, aber – noch einmal – sie wurde nur möglich aufgrund des vorangegangenen Prozesses der inneren Nationsbildung. Insofern ist die Reichsgründung als eine Symbiose zwischen der von Bismarck geführten Revolution von oben und den gesellschaftlichen Bewegungen zu verstehen. [...]
Dieser innere Ausbau wurde [...] vorangetrieben [...] von der Gesellschaft, die im Parlament ihren politischen Wirkungsort besaß. Dieses gesellschaftliche Fundament der Gründung und des Ausbaus des deutschen Nationalstaats gehört unbedingt mit zum Begriff der „Revolution von oben", sonst würde man ihn missverstehen als eine unangebrachte Heroisierung der in der Tat großen nationalpolitischen Leistung Bismarcks. Der Begriff „Revolution von oben", bezogen auf die Reichsgründung, scheint mir dann sinnvoll zu sein, wenn er in doppelter Weise als Einschränkung verstanden wird: Er begrenzt Bismarcks individuellen Anteil und den des Krieges an der Nationsbildung, indem er auf die gesellschaftlichen Voraussetzungen der als Revolution verstandenen Nationalstaatsgründung verweist; und der Begriff schärft zugleich den Blick für die Grenzen, die den gesellschaftlichen Mitwirkungschancen, und damit auch den Parlamentarisierungs- und Demokratisierungschancen, durch diese Form der deutschen Nationalstaatsgründung gezogen wurden. In dieser Präzisierung halte ich es für sinnvoll, die Reichsgründung als eine Revolution von oben zu bezeichnen.

*Dieter Langewiesche, „Revolution von oben"? Krieg und Nationalstaatsgründung in Deutschland, in: ders. (Hg.), Revolution und Krieg, Schöningh, Paderborn 1989, S. 128–133.**

1 **Partnerarbeit:**
a) Arbeiten Sie jeder für sich die Argumente heraus, mit denen Langewiesche die Reichsgründung charakterisiert (M 11).
b) Diskutieren Sie gemeinsam seine These.
c) Halten Sie Ihre Ergebnisse fest.

2 **Zusatzaufgabe:** Siehe S. 149.

Nationalismus im Deutschen Kaiserreich: Der Kampf gegen „Reichsfeinde"

1 **Wahlaufgabe:** Bearbeiten Sie Aufgabe a), b) oder c):
  a) M 12 a bis d zur Situation der Katholiken;
  b) M 13 zur Situation der Juden;
  c) M 14 zur Lage der Sozialisten.
  Kernmodul: ▶ Kap. 7, S. 108–112, M 1–M 3

M 12 Aus den „Kulturkampfgesetzen"

a) Ergänzung des Strafgesetzbuchs vom 10. Dezember 1871 des Deutschen Reiches (Auszug)

Ein Geistlicher oder anderer Religionsdiener, welcher in Ausübung […] seines Berufes öffentlich vor einer Menschenmenge, oder welcher in einer Kirche oder an einem andern zu religiösen Versammlungen bestimmten Orte vor mehreren Angelegenheiten des Staates in einer den öffentlichen Frieden gefährdenden Weise zum Gegenstande einer Verkündigung oder Erörterung macht, wird mit Gefängnis oder Festungshaft bis zu zwei Jahren bestraft.

b) Gesetz über die Vorbildung und Anstellung der Geistlichen vom 11. Mai 1873 in Preußen

§ 1. Ein geistliches Amt darf in einer der christlichen Kirchen nur einem Deutschen übertragen werden, welcher seine wissenschaftliche Vorbildung nach den Vorschriften dieses Gesetzes dargetan hat, und gegen dessen Anstellung kein Einspruch von der Staatsregierung erhoben worden ist. […] § 4. Zur Bekleidung eines geistlichen Amts ist die Ablegung der Entlassungsprüfung auf einem deutschen Gymnasium, die Zurücklegung eines dreijährigen theologischen Studiums auf einer deutschen Staatsuniversität, sowie die Ablegung einer wissenschaftlichen Staatsprüfung erforderlich. […] § 8. Die Staatsprüfung […] wird darauf gerichtet, ob der Kandidat sich die für seinen Beruf erforderliche allgemeine wissenschaftliche Bildung, insbesondere auf dem Gebiet der Philosophie, der Geschichte und der deutschen Literatur erworben habe.

c) Gesetz, betreffend die Beaufsichtigung des Unterrichts- und Erziehungswesens, vom 11. März 1872 (preußisches Schulaufsichtsgesetz)

Unter Aufhebung aller in einzelnen Landesteilen entgegenstehenden Bestimmungen steht die Aufsicht über alle öffentlichen und Privat-Unterrichts- und Erziehungsanstalten dem Staate zu. […]
Die Ernennung der Lokal- und Kreisschulinspektoren und die Abgrenzung ihrer Aufsichtsbezirke gebührt dem Staate allein.

d) Gesetz, betreffend den Orden der Gesellschaft Jesu, vom 4. Juli 1872

§ 1. Der Orden der Gesellschaft Jesu und die ihm verwandten Orden und ordensähnlichen Kongregationen sind vom Gebiete des Deutschen Reiches ausgeschlossen. […] § 2. Die Angehörigen des Ordens der Gesellschaft Jesu […] können, wenn sie Ausländer sind, aus dem Bundesgebiete ausgewiesen werden; wenn sie Inländer sind, kann ihnen der Aufenthalt in bestimmten Bezirken oder Orten versagt oder angewiesen werden.

*M 16 a–d zit. nach: Johannes B. Kißling, Geschichte des Kulturkampfes im Deutschen Reiche, Bd. 2, Herder, Freiburg 1911, S. 460 ff.**

1 Arbeiten Sie aus M 12 a–d die Motive der Maßnahmen gegen den Katholizismus in Deutschland heraus.
2 Überprüfen Sie mithilfe der Darstellung, S. 36, und einer Internetrecherche, inwiefern die Maßnahmen gegen den Katholizismus erfolgreich waren.

M 13 Postkarte von 1879

1 Bewerten Sie ausgehend von M 14 und unter Einbeziehung der Darstellung, S. 36, den Umgang mit Minderheiten im Kaiserreich.
Tipp: Siehe auch Hilfen S. 149.

M 14 Aus den Memoiren August Bebels über die Wirkungen des „Sozialistengesetzes“ (1910)

Binnen wenigen Tagen war die gesamte Parteipresse mit Ausnahme des Offenbacher Tageblatts und der Fränkischen Tagespost in Nürnberg unterdrückt. Das gleiche Schicksal teilte die Gewerkschaftspresse mit Ausnahme des Organs des Buchdruckerverbandes, des „Korrespondenten“. Auch war der Verband der Buchdrucker, abgesehen von den Hirsch-Dunckerschen Vereinen, die einzige Gewerkschaftsorganisation, die von der Auflösung verschont blieb. Alle übrigen fielen dem Gesetz zum Opfer. Ebenso verfielen der Auflösung die zahlreichen lokalen sozialdemokratischen Arbeitervereine, nicht minder die Bildungs-, Gesang- und Turnvereine, an deren Spitze Sozialdemokraten standen. [...] Das Trümmerfeld des Zerstörten wurde erweitert durch die Verbote der nicht periodisch erscheinenden Literatur. [...]

[A]m 29. November [1878 wurden wir] mit der Nachricht überrascht, dass am Abend zuvor der „Reichsanzeiger“ eine Proklamation des Ministeriums veröffentlichte, wonach der kleine Belagerungszustand über Berlin verhängt wurde. Dieser Hiobsbotschaft folgte am nächsten Tage die Mitteilung, dass 67 unserer bekanntesten Parteigenossen, darunter J. Auer, Heinrich Rackow, F. W. Fritzsche, Fischer, bis auf einen sämtliche Familienväter, ausgewiesen worden seien. Einige mussten binnen 24 Stunden die Stadt verlassen, die meisten anderen binnen 48 Stunden, einigen wenigen räumte man eine Frist von drei Tagen ein. [...]

Damals gingen die Gerichte noch nicht so weit, Sammlungen für die Ausgewiesenen zu bestrafen, später aber, als die Behörden solche Sammlungen ausdrücklich aufgrund des Sozialistengesetzes verboten, wurde die Rechtsprechung eine andere. [...]

Die fortgesetzten Ausweisungen und die Schikanierung der Ausgewiesenen durch die Polizei hatten aber einen Erfolg, den unsere Staatsretter nicht vorausgesehen. Durch die Verfolgungen aufs Äußerste erbittert, zogen sie von Stadt zu Stadt, suchten überall die Parteigenossen auf, die sie mit offenen Armen aufnahmen, und übertrugen jetzt ihren Zorn und ihre Erbitterung auf ihre Gastgeber, die sie zum Zusammenschluss und zum Handeln anfeuerten.

*Zit. nach: August Bebel, Aus meinem Leben, Dietz Verlag, Berlin (Ost) 1961, S. 626 ff.**

1 Beschreiben Sie die Wirkungen des Sozialistengesetzes auf SPD-Organisationen und ihre Mitglieder.

2 Nehmen Sie Stellung zur Verfolgung der Sozialdemokraten im Kaiserreich.
Tipp: siehe dazu auch Darstellung, S. 36.

Polnischer Nationalismus im 19. Jahrhundert

M 15 Adam Mickiewicz über sein Land (1832)

Denn das polnische Volk ist nicht gestorben; sein Körper liegt im Grabe, und seine Seele wanderte aus der Erde, d. h. dem öffentlichen Leben der Völker, in die Hölle, d. h. dem Alltagsleben der Völker, die Sklaverei leiden im eigenen Lande und außerhalb, um ihre Leiden zu sehen. Aber am dritten Tage kehrt die Seele wieder zurück in ihren Körper, und das Volk wird auferstehen und alle Völker Europas von der Sklaverei befreien. [...] Und so wie mit der Auferstehung Christi auf der ganzen Erde die Blutopfer aufhörten, so werden mit der Auferstehung des polnischen Volkes in der Christenheit die Kriege aufhören.

*Zit. nach: Die Bücher des polnischen Volkes, in: Adam Mickiewicz, Dichtung und Prosa. Ein Lesebuch von Karl Dedecius, Suhrkamp, Frankfurt/M. 1994, S. 316. Übers. Manfred Mack.**

M 16 Der polnische Dichter Kazimierz Brodzínski vor der „Warschauer Gesellschaft der Freunde der Wissenschaft“ über Nationen, 3. Juni 1831

Eine Nation ist eine eingeborene Idee, die von allen denen, die sie vereint, verwirklicht wird. Sie ist eine Familie mit eigenem Schicksal und eigener Mission. Ist sie nicht wie ein Mensch, dessen Wünsche, Vorstellungen und Fühlen ihn vorantreiben? Die Rückschläge formen ihren Charakter. Gott schuf die Völker als getrennte Individuen wie die Menschen, damit sie als seine Instrumente die ganze Menschheit beeinflussen und die notwendige Harmonie der Welt errichten könnten [...]. Der Unterschied zwischen einem Volk und einem Menschen liegt darin, dass ein Mensch für sein Volk sterben kann, nicht aber das Volk für die Menschheit, solange es sich seiner selbst bewusst ist und sich als Volk fühlt. Darüber hinaus wird in einer reifen Nation jedermann bereit sein, sein Leben zu opfern, damit die Nation für die Menschheit lebe [...]. Es ist die Idee der polnischen Nation, unter der Sonne der Religion den Baum der Freiheit und Brüderlichkeit zu hegen; die Rechte von Thron und Volk auf einer Waage zu wägen, die vom Himmel selber stammt; der großen Zeit gemäß zu wachsen und am Werk der Menschheit mitzuwirken. In allen Stürmen hat sie die Grenze bewacht, die Barbarei und Kultur trennt. Wunderbar wird sie sich aus dem Grab erheben und von dem Verbrechen gegen die Freiheit der Völker künden, das Unrecht, das ihr zugefügt wurde, bezeugen und so der Welt als warnendes Beispiel dienen.

*Zit. nach: Peter Alter (Hg.), Nationalismus. Piper, München 1994, S. 135 f.**

1 **Partnerarbeit:** Arbeiten Sie arbeitsteilig zentrale Merkmale des polnischen Nationalismus aus M 15 und M 16 heraus.
2 Erklären Sie gemeinsam die Entstehung dieser Auffassungen im historischen Kontext.
Tipp: Siehe auch die Darstellung in Kapitel 2.

M 17 Aus dem Artikel „Und was hier tun?“ der „*Gazeta Polska*“, einer Zeitung aus dem preußischen Teilungsgebiet (1848)

O, wir alle, die wir rufen: „Und was hier tun?“ – schauen wir uns um, und wenn wir nicht alles sehen, was uns fehlt, wenn wir nicht verstehen, dass nur durch stetige, emsige Arbeit, durch ständiges und unermüdliches Verbessern der in einem Augenblick zerstörten langjährigen Arbeit wir die moralischen und materiellen Reserven sammeln können, die einst das Vaterland fordern wird. [...] Lernen wir also und erkennen wir, bis wir gelernt haben und wissen werden: Dass es nicht reicht, dass jeder seine Bereitschaft zeigt, im Rat zu sitzen und in den Krieg zu gehen [...], dass jede Nation zu ihrer Existenz, und besonders eine, die wieder von den Toten auferstehen will, moralische und materielle Kräfte benötigt, und zwar reale, grundlegende. [...] Und die einen werden sich den politischen Wissenschaften widmen, der schwierigen Kunst des Regierens, andere werden die Verwaltung öffentlicher Gelder erlernen, andere werden sich der Erziehung der Jugend widmen; diese werden sich vorbereiten darauf, musterhafte Kapläne zu werden, jene werden sich mit dem gründlichen Studium verschiedener Wissenschaften und Fähigkeiten befassen, von denen jede der Gesellschaft nützlich sein wird. Denn das Vaterland wird einst rufen: „Gebt mir Ratsleute, gebt mir Finanziers, gebt mir Pädagogen, gebt mir christliche Hirten, gebt mir Gesetzgeber und Richter, gebt mir Spezialisten und Ärzte und Mathematiker und Physiker und Bauleute und Mechaniker und Verwalter.“ [...] Und diejenigen, die in den Dörfern leben, werden Tag und Nacht mit Tat und Wort arbeiten, um noch ungebildete, unaufgeklärte Brüder zu bilden, sie aufzurichten und dahin zu führen, dass sie sich selbst und die Gemeinschaft eines einzigen Vaterlandes erkennen [...]. Und zu dieser Arbeit benötigt man nicht schlaue und gebildete Köpfe, sondern vor allem ein christliches und polnisches Herz. [...] Und alle, wo das nur möglich sein wird, werden sich um dieses oder jenes [...] Ziel vereinigen, werden sich klug und stark organisieren.

*Zit. nach: Hilke Günther-Arndt u. a. (Hg.), Geschichtsbuch Oberstufe, Bd. 1, Cornelsen, Berlin 1995, S. 383 f. übers. Hans-Henning Hahn.**

1 Geben Sie die zentralen Aussagen von M 17 wieder.
2 Erklären Sie die Ursachen für diese Strategie der polnischen Nationalisten.

M 18 Aus dem Manifest des „Nationalen Zentralkomitees“ anlässlich des „Januaraufstandes“ im russischen Teilungsgebiet vom 22. Januar 1863

Polen will und kann sich nicht widerstandslos dieser schändlichen Gewalt unterwerfen; es muss energischen Widerstand leisten, will es nicht vor der Nachwelt schmachvoll dastehen. Die Schar der tapferen, opferwilligen Jugend [...] hat geschworen, das verfluchte Joch abzuwerfen oder unterzugehen. Ihr nach, polnische Nation, ihr nach! Nach der schrecklichen Schmach der Unfreiheit, nach unerhörten Qualen der Unterdrückung ruft das Nationale Zentralkomitee, jetzt deine einzige legale Nationalregierung, dich auf zur schon letzten Schlacht, auf das Feld des Ruhms und des Sieges. [...] Ja, du wirst deine Freiheit, deine Unabhängigkeit mit so großer Tapferkeit, so heiligem Opfermut erringen, wie noch kein Volk es in der Geschichte vermochte. Dem wiedererstehenden Vaterland gibst du ohne Bedauern, Schwachheit oder Zögern dein Blut, dein Leben und deine gesamte Habe, die es benötigt. Dafür gibt dir das Nationale Zentralkomitee die Zusage, dass die Energien deiner Tapferkeit nicht vertan werden, dass dein Opfer nicht umsonst sein wird. [...] Sofort am ersten Tag seines öffentlichen Auftretens, als ersten Akt des heiligen Kampfes erklärt das Nationale Zentralkomitee alle Söhne Polens ohne Unterschied des Glaubens und des Stammes, der Herkunft und des Standes zu freien und gleichen Bürgern des Landes. Der Boden, den das ackerbauende Volk bisher als Zinsbauer oder Fronbauer bearbeitete, wird von diesem Augenblick an sein bedingungsloses Eigentum mit dem Recht ewiger Erblichkeit sein. [...] Denn die Stunde der gemeinsamen Befreiung hat schon geschlagen, das alte Schwert ist gezogen.

*Zit. nach: Hilke Günther-Arndt u. a. (Hg.), Geschichtsbuch Oberstufe, Bd. 1, Cornelsen, Berlin 1995, S. 384. übers. Hans-Henning Hahn.**

1 Erarbeiten Sie aus M 18 Ziele und Strategie der polnischen Nationalisten.
2 **Partnerarbeit:** Vergleichen Sie gemeinsam die beiden Strategien in M 17 und M 18 miteinander.
3 Beurteilen Sie, welches Konzept der polnischen Nationalisten erfolgversprechender war.
Kernmodul: ▶ Kap. 7, S. 108–112, M 1–M 3

Schriftliche Quellen interpretieren

M 1 Rudolf von Bennigsen (1824 bis 1902), Stich, o.J.

Der Vorsitzende der Nationalliberalen war Mitunterzeichner von M 2. Er unterstützte Bismarcks Außenpolitik, geriet innenpolitisch oft in Konflikt mit ihm, bis er 1883 die Politik verließ.

In der Gegenwart zeigt sich die Geschichte in Form von Quellen. Sie bilden die Grundlage unserer historischen Kenntnisse. Doch nicht die Quellen selbst stellen das Wissen dar, erst ihre systematische Analyse ermöglicht eine adäquate Rekonstruktion und Deutung von Geschichte. Daher gehört es zu den grundlegenden Kompetenzen im Geschichtsunterricht, Quellen angemessen erschließen und interpretieren zu können. Zu den Quellen zählen konkrete Sachzeugnisse wie Bauwerke, Münzen, Schmuck oder Gebrauchsgegenstände und abstrakte Zeugnisse wie Sprache oder historische Landschaften.

Die bedeutsamsten Quellen sind schriftliche Zeugnisse. Sie werden unterteilt in **erzählende Quellen,** die zum Zweck der Überlieferung verfasst wurden, z. B. Chroniken, Geschichtsepen, Monografien und Biografien, sowie in **dokumentarische Quellen,** z. B. Urkunden, Akten, Gesetzestexte und Zeitungen, die gesellschaftliche und private Ereignisse und Prozesse unmittelbar und meist unkommentiert wiedergeben.

Bei der Untersuchung schriftlicher Quellen kommt es darauf an, zunächst eine **Leitfrage (1)** zu stellen, unter der man die Quelle untersuchen will. Zusätzlich zur Analyse **formaler** und **inhaltlicher Aspekte (2)** bedarf es einer Einordnung in den historischen **Kontext (3),** um abschließend den Aussagegehalt der Quelle kritisch zu **beurteilen (4).** Nur wenn man bei der Interpretation Tatsachen und Meinungen unterscheidet, ist das Ergebnis der Quellenarbeit eine weitgehende Annäherung an die historische Wirklichkeit.

Arbeitsschritte für die Analyse

1. Leitfrage
- Welche Fragestellung bestimmt die Untersuchung der Quelle?

2. Analyse

Formale Aspekte
- Wer ist der Autor (ggf. Amt, Stellung, Funktion, soziale Schicht)?
- Wann und wo ist der Text entstanden bzw. veröffentlicht worden?
- Um welche Textart handelt es sich (z. B. Brief, Rede, Vertrag)?
- Was ist das Thema des Textes?
- An wen ist der Text gerichtet (z. B. Privatperson, Institution, Machthaber, Öffentlichkeit, Nachwelt)?

Inhaltliche Aspekte
- Was sind die wesentlichen Textaussagen (z. B. anhand des gedanklichen Aufbaus bzw. einzelner Abschnitte)?
- Welche Begriffe sind von zentraler Bedeutung (Schlüsselbegriffe)?
- Wie ist die Textsprache (z. B. sachlich, emotional, appellativ, informativ, argumentativ, manipulierend, ggf. rhetorische Mittel)?

3. Historischer Kontext
- In welchen historischen Zusammenhang (Ereignis, Epoche, Prozess bzw. Konflikt) lässt sich die Quelle einordnen?

4. Urteil

Sachurteil (es erfolgt aus der Sicht des historischen Gegenstands der damaligen Zeit)
- Welchen politisch-ideologischen Standpunkt nimmt der Autor ein?
- Welche Intention verfolgt der Verfasser des Textes?
- Inwieweit ist der Text glaubwürdig? Enthält er Widersprüche?
- Welche Wirkung sollte der Text bei den Adressaten erzielen?

Werturteil
- Wie lässt sich der Text im Hinblick auf die Leitfrage aus heutiger Sicht, nach unseren Maßstäben und Normen bewerten?

Übungsbeispiel

M2 Aus einer Erklärung des Deutschen Nationalvereins vom 19. Juli 1859

Der Text entstand 1859 bei einem Treffen von Liberalen in Hannover. Die Erklärung trug 25 Unterschriften, davon stammten 20 von liberalen Abgeordneten der Zweiten Hannoverschen Kammer. Zu den Unterzeichnern gehörten führende deutsche liberale Politiker, z. B. Rudolf von Bennigsen (1824–1902).

Das Verlangen nach einer mehr einheitlichen Verfassung Deutschlands unter Betheiligung von Vertretern des deutschen Volks an der Leitung seiner Geschicke musste daher immer größer werden. Nur eine größere Concentrirung der militairischen und politischen Gewalt, verbunden mit einem deutschen Parlament, wird eine Befriedigung des politischen Geistes in Deutschland, eine reiche Entwickelung seiner inneren Kräfte, und eine kräftige Vertretung und Vertheidigung seiner Interessen gegen äußere Mächte herbeiführen können. Solange das deutsche Volk an einer Reform seiner Verfassung noch nicht verzweifelt und nicht allein von einer revolutionären Erhebung Rettung vor inneren und äußeren Gefahren sucht, ist der natürlichste Weg, dass eine der beiden großen deutschen Regierungen die Reform unserer Bundesverfassung ins Leben zu führen unternimmt.

Oesterreich ist dazu außer Stande. Seine Interessen sind keine rein deutschen, können es auch niemals werden. Daneben wird die neuerdings selbst von der Regierung als nothwendig anerkannte Reform seiner inneren Zustände Oesterreichs volle Aufmerksamkeit auf lange Jahre in Anspruch nehmen. [...]

Unsere Hoffnung richten wir daher auf Preußens Regierung, welche durch den im vorigen Jahre aus freiem Antriebe eingeführten Systemwechsel ihrem Volke und ganz Deutschland gezeigt hat, dass sie als ihre Aufgabe erkannt hat, ihre Interessen und die ihres Landes in Uebereinstimmung zu bringen. [...]

Die Ziele der preußischen Politik fallen mit denen Deutschlands im Wesentlichen zusammen. Wir dürfen hoffen, dass die preußische Regierung immer mehr in der Erkenntnis wachsen wird, dass eine Trennung Preußens von Deutschland und die Verfolgung angeblich rein preußischer Großmachtzwecke nur zu Preußens Ruin führen kann. Und das deutsche Volk hat in den letzten Wochen in den meisten Theilen unsers Vaterlandes mit Einmüthigkeit zu erkennen gegeben, dass für die Zeiten der Gefahr und des Krieges die Vertretung unserer Interessen und die Leitung unserer militairischen Kräfte vertrauensvoll in Preußens Hände gelegt werden solle, sobald nur klare Ziele, eine feste Leitung, und ein entschiedenes Handeln von Preußen zu erwarten ist. [...]

Ein großer Theil von Deutschland – und wir mit ihm – hegt daher die Erwartung, dass Preußen in der Zeit der Ruhe und Vorbereitung, welche uns jetzt vielleicht nur für kurze Zeit gewährt ist, die Initiative für eine möglichst rasche Einführung einer einheitlichen und freien Bundesverfassung ergreift. [...]

Die deutschen Bundesregierungen werden freilich dem Ganzen Opfer bringen müssen, wenn eine mehr concentrirte Verfassung in Deutschland eingeführt werden soll. Schwerlich werden sie aber angesichts der bevorstehenden Krisen sich lange der Überzeugung verschließen, dass für die Interessen des Vaterlandes nicht allein, sondern auch für ihre eigenen eine einheitlichere Gewalt in Deutschland eine Nothwendigkeit ist. Umgeben von autokratisch regierten, stark centralisirten Militairstaaten können in Mitteleuropa nur straffer organisirte Völker und Staaten ihre Unabhängigkeit und Existenz auf die Dauer retten. Und besser ist es doch, einen Theil seiner Regierungsbefugnisse auf eine deutsche Bundesgewalt zu übertragen, als sie ganz an Frankreich oder Rußland zu verlieren.

Groß sind die Gefahren für Europa und Deutschland. Nur rasche Entschlüsse können Hülfe bringen. Möge daher Preußen nicht länger zögern, möge es offen an den patriotischen Sinn der Regierungen und den nationalen Geist des Volkes sich wenden, und schon in nächster Zeit Schritte thun, welche die Einberufung eines deutschen Parlaments und die mehr einheitliche Organisation der militairischen und politischen Kräfte Deutschlands herbeiführen, ehe neue Kämpfe in Europa ausbrechen und ein unvorbereitetes und zersplittertes Deutschland mit schweren Gefahren bedrohen.

*Zit. nach: Hagen Schulze, Der Weg zum Nationalstaat. Die deutsche Nationalbewegung vom 18. Jahrhundert bis zur Reichsgründung, dtv, München 1985, S. 165–167.**

1. Stellen Sie zunächst fest, ob es sich bei M 2 um eine dokumentarische oder eine erzählende schriftliche Quelle handelt, und geben Sie eine kurze Begründung für Ihre Zuordnung.
2. Analysieren Sie anschließend die schriftliche Quelle M 2 mithilfe der systematischen Arbeitsschritte S. 46 und der Darstellung S. 35.
3. **Zusatzaufgabe:** Siehe S. 149.
   ▶ Lösungshinweise finden Sie auf S. 152.

Anwenden

M1 Der Historiker Hans-Ulrich Wehler zum deutschen Nationalismus (2006 und 2001)

a) Der deutsche Nationalismus blieb rund achtzig Jahre lang primär eine liberale Oppositions- und Emanzipationsideologie. Sie richtete sich gegen den Status quo der Staaten im Deutschen Bund, denn sie sollten ja in einen gesamtdeutschen konstitutionellen Nationalstaat eingeschmolzen werden.

Sie wendete sich auch gegen die antiquierte Sozialhierarchie im Inneren der Staaten, denn die Reformidee der liberalen „bürgerlichen Gesellschaft" war aufs Engste mit dem nationalen Ziel verschwistert. [...]

So wie zahlreiche Modernisierungsphänomene ihre schwarze Kehrseite besitzen, besaß auch der deutsche Nationalismus von Anfang an [...] seine Schattenseite [...], da die aggressive Wendung gegen die äußeren und inneren Feinde der Nation zu den existenziellen Bestandteilen des Nationalismus gehörte, zumal seine Anhänger frühzeitig den sozialpsychischen Mechanismus erkannt hatten, dass die *„In-group"* durch die Bekämpfung von *„Out-groups"* zusammengeschweißt wurde. Mit diesem Kernbestand an strukturprägenden Elementen hielt sich [...] der Liberalnationalismus der deutschen Nationalbewegung bis zur Reichsgründung.

*Hans-Ulrich Wehler, Deutsche Gesellschaftsgeschichte, Bd. 3, 2. Aufl., C. H. Beck, München 2006, S. 945.**

b) Das Ziel eines deutschen Nationalstaats war 1871 erreicht worden, der Einigungsnationalismus hatte sich damit erschöpft. Das neue Reich hatte aber nicht die Volkssouveränität als Legitimitätsspender in seiner Verfassung verankert, vielmehr beruhte es auf einer Legitimationsbasis, die ganz und gar nicht den Vorstellungen des älteren Liberalnationalismus entsprach. Zu diesem Fundament gehörte die erfolgreich stabilisierte Fürstenherrschaft, die der Kaiser als „Reichsmonarch" symbolisch repräsentierte. Dazu gehörten die blendenden Erfolge des Militärs, dessen Nimbus auch für den neuen Reichsnationalismus, wie der internationale Vergleich lehrt, eine exklusive Bedeutung gewann. Dazu gehörte schließlich das Element der charismatischen Herrschaft Bismarcks als einer einzigartigen Führungsfigur – der Nationalstaat galt geradezu als das „Werk" des „Reichsgründers".

Zugleich aber erfuhr der Begriff der Nation eine folgenschwere Verengung. Denn nach den äußeren folgten die inneren Einigungskriege Bismarcks und seiner Alliierten: erst gegen die katholische Bevölkerung, dann gegen die Sozialdemokratie. Beide wurden jahrelang als vermeintliche „Reichsfeinde" aus dem sakrosankten Tempelbereich der Nation ausgrenzt. [...] Der viel beschworenen Einheit der Nation wurden dadurch Verletzungen zugefügt, die selbst bis zur Mitte des nächsten Jahrhunderts noch nicht völlig ausgeheilt waren. [...]

Als noch folgenschwerer erwies sich der Versuch des neuen politischen, rassistisch aufgeladenen Antisemitismus, die jüdischen Deutschen durch eine biologistische Stigmatisierung ebenfalls aus der Nation zu verbannen. Zwar stemmte sich noch entschlossener Widerstand diesem Aberwitz entgegen, auch kamen die verschiedenen Antisemitenparteien nie über maximal 350 000 Wähler hinaus. Aber dieses radikale Exklusionsdenken, das sich durchaus als Spielart des Reichsnationalismus mit seinem Ideal der purifizierten Nation entpuppte, fraß sich dennoch heimlich in die konservativen Parteien und Verbände, in das akademische Milieu, in die damalige rechtsliberale Mitte immer tiefer ein.

*Hans-Ulrich Wehler, Nationalismus, München, C. H. Beck, 2001, S. 62 ff.**

1 Ordnen Sie die von Wehler (M 1 a und b) dargestellte Entwicklung des deutschen Nationalismus in groben Zügen in die Geschichte des 19. Jahrhunderts ein.

2 Beurteilen Sie Wehlers These, dass der deutsche demokratische Einheitsnationalismus als Impulsgeber für den späteren Reichsnationalismus gedient habe.

Tipp:

a) Klären Sie nach der Lektüre von M 1 zunächst fremde Begriffe; siehe Hilfen S. 149.

b) Geben Sie anschließend Wehlers Thesen, Argumente und Schlussfolgerungen mit eigenen Worten wieder.

Wiederholen

M2 Die Eröffnung des Deutschen Reichstages im Weißen Saal des Berliner Stadtschlosses durch Kaiser Wilhelm II. am 25. Juni 1888, Ölgemälde von Anton von Werner, 1893

1 Interpretieren Sie Gemälde M 2 im Kontext der deutschen Nationalstaatsbildung des 19. Jahrhunderts.

2 Stellen Sie ausgehend von Ihren Ergebnissen auf Aufgabe 1 die politischen Konfliktlinien des 19. Jahrhunderts in Deutschland dar.

3 **Wahlaufgabe:** Bearbeiten Sie entweder Aufgabe a) oder b).
  a) Erstellen Sie einen fiktiven Tagebucheintrag eines Teilnehmers/einer Teilnehmerin des polnischen Aufstandes von 1863.
  b) **Flugblatt:** Entwerfen Sie ein Flugblatt (print oder digital), das sich kritisch mit den „Sozialistengesetzen", dem „Kulturkampf" oder dem Antisemitismus im Kaiserreich auseinandersetzt.

4 Untersuchen Sie Möglichkeiten und Grenzen der deutschen und der polnischen Nationalbewegung im 19. Jahrhundert.
Tipp: Erstellen Sie zunächst eine Tabelle mit Stichworten.

5 **Vertiefung:** Vergleichen Sie zusammenfassend die deutsche mit der polnischen Nationalgeschichte im 19. Jahrhundert. Gehen Sie dabei kriterienorientiert vor (betrachten Sie z. B. Nationskonzepte, Träger der Nation, Realisierungsversuche zur Nationalstaatsbildung).
Tipp: Siehe auch die Formulierungshilfen.

6 Gehen Sie auf Ihre Hypothesen und Fragen von der Einstiegsseite ein (siehe S. 31). Halten Sie Ihre Antworten in Stichpunkten fest und klären Sie noch offene Aspekte.

Zentrale Begriffe

Nation
Polnischer Unabhängigkeits- und Freiheitskampf
„Kongresspolen"
Liberalismus
Nationalismus
Nationalbewegung
Nationalstaat
Deutscher Bund
Hambacher Fest
Deutscher Zollverein
Revolution 1848/49
Frankfurter Paulskirche
Otto von Bismarck
Reichseinigungskriege
Reichsnationalismus
„Kulturkampf"
„Sozialistengesetze"
Antisemitismus

Formulierungshilfen für einen historischen Vergleich
- Wenn man ... und ... vergleicht, kann man feststellen, dass ...
- Trotz zahlreicher Gemeinsamkeiten gibt es auch Unterschiede ...
- Unterschiede sind ...
- betont stärker/weniger
- in einem Punkt (fast) identisch sein/ identische Ziele verfolgen
- Während ... eine Gemeinsamkeit darstellt, ist ... unterschiedlich
- Es gibt (viele/kaum) Parallelen zwischen ... und ...

4 Konfliktfeld Nationalstaat: Deutschland und Polen von 1871 bis in die 1920er-Jahre

M1 Jan Matejko, Schlacht bei Grunwald, Ölgemälde, 1878.
Matejko schuf dieses Historiengemälde zwischen 1872 und 1878. Es prägte in Polen die Vorstellung vieler Generationen über die Schlacht bei Grunwald 1410 (s. Kap. 2, S. 19). Heute hängt das Bild im Nationalmuseum Polens in Warschau.

1873 | Deutsch als Unterrichtssprache in Posen

1876 | Deutsch als Amtssprache in den Ostprovinzen

1886 | Ansiedlungsgesetz des Preußischen Landtags für Posen und Westpreußen

1894 | Ostmarkenverein in Deutschland gegründet

1870 | 1880 | 1890 | 1900

1871–1918 Deutsches Kaiserreich

Wer sich mit dem deutsch-polnischen Verhältnis in der Zeit von 1871 bis in die 1920er-Jahre beschäftigt, sollte einen Schritt zurücktreten und mit einem Blick auf Europa beginnen. Europa um 1900 – das war eine Welt im Umbruch, wie wir sie auch im 21. Jahrhundert mit Digitalisierung, Globalisierung und wachsendem Populismus erleben. In den Industrieländern wuchs die Bevölkerung in bis dahin unbekannte Höhen: in Europa 1850 bis 1913 von 266 auf 401 Millionen. Die Eisenbahn erreichte erstmals auch entlegene Regionen, und neue Verkehrsmittel wie Omnibus und Pkw, Ozeanriesen und Luftschiffe kündeten ein mobiles Zeitalter an. Gleichzeitig begann die Massenkommunikation – mit Unterseekabeln, Telefon und Kino sowie Satz- und Rotationsmaschinen für riesige Zeitungsauflagen.

Die Menschen wurden räumlich mobiler und auch politisch mobil. Überall gründeten sie Vereine und Parteien. Werbung in Politik und Wirtschaft, „Propaganda" genannt, Sensationsmeldungen und neue Bilderwelten veränderten die Kommunikation – und damit auch die „Köpfe" und das Verhalten der Menschen. Die Reaktionen auf die Umbrüche waren teilweise extrem: Fortschrittsoptimisten auf der einen Seite, auf der anderen Seite Pessimisten und Kulturkritiker. Ein aggressiver Nationalismus griff um sich. „Nationale Mythen" (wie z. B. in Gemälde M 1), Überhöhungen der „eigenen" Nation und stereotype Bilder von „den anderen" waren weit verbreitet. Und es gab Krieg. Im Zuge des Imperialismus eroberten die großen Industrienationen fremde Länder und beuteten sie aus. Der Erste Weltkrieg (1914–1918) kostete Millionen Menschen das Leben. An seinem Ende fegte er in Europa die alten Monarchien hinweg. Überall auf der Welt entstanden neue Grenzen, wie in Deutschland, und neue Staaten, wie Polen.

1 Recherchieren Sie im Internet Informationen zu Gemälde M 1 und beschreiben Sie das Bild.

2 **Wahlaufgabe:** Bearbeiten Sie Aufgabe a) oder b).
Tipp: Siehe auch die Formulierungshilfen.
 a) Stellen Sie Vermutungen an, warum Gemälde M 1 eine solch große Bedeutung für die Polen gehabt haben könnte.
 b) Stellen Sie Vermutungen zu den Beweggründen des Künstlers an, ein solches Bild zu malen.

3 Formulieren Sie anhand dieser Doppelseite Fragen oder Hypothesen zum deutsch-polnischen Verhältnis im Zeitraum 1871–1920er-Jahre.

Internetseiten zum Gemälde „Schlacht bei Grunwald"
cornelsen.de/Webcodes
Code: howife

Formulierungshilfen „Vermutungen formulieren"
- Vielleicht war ... ein Symbol für
- Eventuell stand ... für ...
- Möglicherweise stellte ... dar
- Bei ... handelte es sich wahrscheinlich um ...
- Seine Motive/Gründe waren möglicherweise ...
- Mit Blick auf seine Biografie könnte ...
- Vermutlich bedeutete es seinerzeit ...
- Es ging dem Künstler vielleicht um .../darum .../nicht darum ...
- Vor dem Hintergrund der zeitgenössischen ..., wollte er/sie eventuell ...

906 | Wreschener Schulstreik
1908 | Enteignungsgesetz in Deutschland
1914 | Deutscher Sieg über Russland bei Tannenberg
1918 | Siegreicher polnischer Aufstand in Posen, Piłsudski erster Staatspräsident Polens
1919 | Minderheitenschutzvertrag zwischen den Alliierten und Polen
1921 | Volksabstimmung in Oberschlesien, Verfassung der Zweiten Polnischen Republik
1926 | Autoritäre Herrschaft Piłsudskis in Polen
1927 | Einweihung des Tannenberg-Denkmals in Deutschland
1934 | Beisetzung von Präsident Hindenburg im Tannenberg-Denkmal

1910 | 1920 | 1930 | 1940

1918–1933 Weimarer Republik
ab 1933 NS-Diktatur in Deutschland
1914–1918 Erster Weltkrieg
1918–1939 Zweite Polnische Republik

4 Konfliktfeld Nationalstaat: Deutschland und Polen von 1871 bis in die 1920er-Jahre

In diesem Kapitel geht es um
- *den Umgang mit Polen als Minderheit im 1871 gegründeten deutschen Kaiserreich,*
- *die Gründung der Zweiten Republik Polen am Ende des Ersten Weltkriegs 1918 und den Umgang mit Deutschen als Minderheit in der neuen Republik Polen,*
- *Bilder und Stereotype über die jeweils „andere" Nation,*
- *die Rolle nationaler Mythen im deutsch-polnischen Verhältnis am Beispiel des Mythos von Tannenberg bzw. Grunwald.*
- *Das Kapitel insgesamt ist im Sinne transnationaler Geschichtsschreibung angelegt.*

Kernmodul: ▶ „Transnationale Geschichte", S. 116 f., M 6 (Patel), M 7 (Osterhammel)

Umgang mit nationalen Minderheiten: Sprachenpolitik im Kaiserreich

Nach dem Ende des Deutsch-Französischen Krieges wurde 1871 das Deutsche Kaiserreich gegründet. Hierbei kam es zur „kleindeutschen Lösung" mit Preußen als starker Macht und ohne den Vielvölkerstaat Österreich. Aber auch ohne Österreich gab es im neuen deutschen Nationalstaat Bevölkerungsgruppen unterschiedlicher Herkunft:
- die französischstämmigen Elsässer und Lothringer im Südwesten,
- die Dänen in Schleswig und Holstein im Norden sowie
- die polnische Minderheit in Posen und Westpreußen im Osten des Reiches, die seit 1793 zu Preußen gehörten.

Anders als die 1849 in der Frankfurter Paulskirche beschlossene Verfassung gewährte die **Reichsverfassung 1871 keinen nationalen Minderheitenschutz.** In der Kaiserzeit, in der in Deutschland die Nation immer stärker zum absoluten Wert geriet, sah man nationale Minderheiten als Problem bei der Entwicklung einer deutschen Identität. Eine deutsche Identität mithilfe der deutschen Sprache auf kultureller Ebene zu gestalten, wurde gleich zu Beginn des Kaiserreichs vorangetrieben. Diese Maßnahmen betrafen auch die 2,4 Millionen in Preußen lebenden Polen, deren Identität stärker auf das Dorf, die Stadt oder die Region ausgerichtet war. Sie fühlten sich eher als Preußen, weniger als Deutsche. Durch den starken Anpassungsdruck entstand bei ihnen ein Misstrauen gegenüber dem neuen deutschen Nationalstaat. Gesteigert wurde es dadurch, dass deutsche Nationalverbände und die politische Führung unter Reichskanzler **Otto von Bismarck** (Reg. 1871–1890) eine Politik verfolgten, die sich gegen die national-kulturellen Eigenarten der Polen richtete. Im Prinzip wurde damit weitergeführt, was Preußen seit den 1840er-Jahren gegenüber den Menschen in seiner polnischen Erwerbung Posen betrieben hatte. Dazu gehörten z. B. **Ausweisungen** oder die Einführung des Deutschen als **Amtssprache**. Die Durchsetzung der deutschen Amtssprache wurde ab 1876 intensiviert. Per Gesetz musste alles, was in den Behörden bearbeitet und in denselben eingereicht wurde, in Deutsch sein. Das bedeutete mit der Verabschiedung des Vereinsgesetzes 1908 z. B. auch, dass die Polen bei der Gründung von Vereinen Anträge und Satzungen in Deutsch einreichen mussten.

▶ **„Kulturkampf": siehe S. 36**
▶ **M 7–M 10: Germanisierungspolitik**

Da der polnische Nationalismus eng mit der katholischen Kirche verbunden war, verfolgte Reichskanzler Bismarck (der im **„Kulturkampf"** die katholische Kirche insgesamt als „Reichsfeind" bekämpfte) seine **Germanisierungspolitik** auch und vor allem gegen die Polen. Ausgehend von der Sprache, richtete sie sich gegen alle Eigenarten mit dem Ziel, den autoritären preußisch-deutschen Staatsanspruch durchzusetzen.

Schulpolitik im Kaiserreich

Mit dem **Schulaufsichtsgesetz von 1872** und dem Erlass des Oberpräsidenten von Posen zur Anwendung der deutschen Sprache im Unterricht von 1873 wurde die in den 1840er-Jahren begonnene Verdrängung der polnischen Sprache aus dem öffentlichen Leben fortgesetzt. Das Ziel des Gesetzes bestand darin, der zukünftigen Generation ihre polnische Identität zu nehmen. Der Gedanke, der dahintersteckte, war: Wenn es gelang, bei den Kindern die Entwicklung der polnischen Sprache einzuschränken oder zu verhindern, dann konnte die Bindung zum polnischen Nationalismus und dem national gesinnten polnischen Adel gelockert oder sogar gelöst werden. Dieses Ansinnen wurde im Kontext des „Kulturkampfes" durch eine weitere Maßnahme unterstützt: Die katholischen Würdenträger, die in der preußischen Provinz die Schulaufsicht führten, wurden von staatlichen Schulinspektoren abgelöst. Lediglich das Fach Religion dufte in polnischer Sprache unterrichtet werden – allerdings nur dort, wo die polnischen Schüler in Posen und Westpreußen nicht genug Deutsch konnten. Eine Verschärfung dieser Regelung erfolgte unter Reichskanzler Bernhard von Bülow (Reg. 1900–1909), der in Personalunion als Reichskanzler und preußischer Ministerpräsident eine „Neuauflage" der Germanisierungspolitik betrieb. 1901 wurde der Gebrauch der polnischen Sprache auch im Religionsunterricht verboten. Eine Wiederholung dieses Verbots erfolgte 1906, da es zuvor nicht durchzusetzen war. Die Folge war allerdings ein **Schulstreik in Wreschen**, der sich im selben Jahr von dort aus über die gesamte Provinz Posen ausdehnte. Er wurde auf deutscher Seite durch die Lehrer und die Beamten des Schulsystems rigide bekämpft und am Ende niedergeschlagen.

▶ **M 8: Wreschener Schulstreik**

Freizügigkeit und Agrarrecht im Kaiserreich

Die Verfassung des Kaiserreichs gewährte den Bürgern ein Recht auf Freizügigkeit. Das bedeutet, dass die Menschen sich dort niederlassen konnten, wo sie wollten. Für die polnische Minderheit galt dies aber immer weniger. Sie wurde vertrieben oder enteignet oder ihr Besitz wurde aufgekauft. Die **Vertreibung** von Polen begann 1885, als die preußische Regierung 32 000 nicht eingebürgerte Polen aus Berlin und den östlichen Provinzen ausweisen ließ. Ergänzend zur Ausweisung wurde 1886 für die Provinzen Posen und Westpreußen ein **Ansiedlungsgesetz** vom Preußischen Landtag verabschiedet, um deutsche Bürger (Bauern und Arbeiter) dort anzusiedeln. Zu diesem Zweck sollten Grundstücke von Polen erworben und an deutsche Siedler verkauft werden. Die dafür gegründete **„Königlich Preußische Ansiedlungskommission"** verfügte über 100 Millionen Mark. Das Geld nutzte allerdings wenig, da ein polnischer Bauernverband sowie ein damit verbundenes System von Banken und Genossenschaften die preußischen Bemühungen unterliefen. Dazu gehörte z. B. der Aufkauf und die Teilung von Gütern sowie deren Verkauf an polnische Kleinbauern. 1904 versuchte der Preußische Landtag per Gesetz einzuschreiten: Er erlaubte den preußischen Beamten vor Ort, die Teilung und eine Baugenehmigung für neue Bauernhäuser der Polen zu verweigern, wenn es dadurch zu einer Behinderung der Arbeit der Ansiedlungskommission kommen sollte. Verschärft wurde das Vorgehen durch das **Enteignungsgesetz 1908.** Dadurch war es möglich, „zur Stärkung des Deutschtums" polnischen Besitz bis zu siebzigtausend Hektar gegen Entschädigung zu enteignen.

▶ **M 10: Preußisches Enteignungsgesetz**

▶ **S. 66 f.: Methode „Karikaturen"**

Auswirkungen der Germanisierungspolitik für die Polen im Kaiserreich

Kernmodul: ▶ Kap. 7, S. 108–112, Nation – Begriff und Mythos: Anderson (M 1), Wehler (M 2), Münkler (M 3)

Die Germanisierungspolitik führte bei den Polen einerseits zu Verbitterung und Widerstand, andererseits aber auch zu Maßnahmen, die den Zusammenhalt unter Polen und die Abgrenzung zum Kaiserreich stärken sollten. Letzteres ist heute unter dem Begriff **„Politik der organischen Arbeit"** bekannt. Hierbei handelt es sich um ein Konzept der

▶ **M 9: „Politik der organischen Arbeit"**

M1 Józef Piłsudski (1867 bis 1935), Marschall und erster Ministerpräsident Polens, Fotografie, um 1916

polnischen Minderheit, das die Bildung von polnischen Organisationen im kulturellen, wirtschaftlichen und wissenschaftlichen Bereich umfasste. Das Ziel der Organisationen bestand darin, die „nationale Einheit" der Polen auch unter der Fremdherrschaft zu bewahren und der Germanisierungspolitik entgegenzuwirken. Durch die zahlreichen polnischen Organisationen entwickelte sich unter diesen Vorzeichen eine polnische Parallelgesellschaft mit eigenen Vereinen, Verbänden, Banken, Genossenschaften und Parteien. Sichtbar wurde dies besonders in der Stadt Posen, die ein Zentrum des „Polentums" darstellte und in der es zu jeder deutschen Organisation eine entsprechende polnische gab. Das galt auch für den polnischen **„Westmarkenverband"**, der antideutsch ausgerichtet war und der an die Größe Polens im Mittelalter anknüpfen wollte, als Polen seine größte territoriale Ausdehnung besaß. Auf deutscher Seite bestand als Gegenstück der **„Ostmarkenverein"**, der Posen als „Hauptstadt des deutschen Ostens" betrachtete und entsprechend propagandistisch auftrat. Der „Ostmarkenverein" wurde im Kontext der Germanisierungsmaßnahmen 1894 gegründet. Er wollte diese unterstützen, insbesondere durch Mitglieder wie Lehrer, leitende Angestellte oder auch Unternehmer, die als gesellschaftliche Multiplikatoren wirken konnten.

Der polnischen Minderheit gelang es, mit der Gründung ihrer eigenen Organisationen einige der diskriminierenden Maßnahmen zu umgehen. Das zeigte sich z. B. bei der Tätigkeit der preußischen Ansiedlungskommission, die polnische Güter aufkaufen sollte. War z. B. ein polnischer Bürger in eine finanzielle Notlage geraten, konnte er durch eine von Polen gegründete Bank unterstützt werden; sein Land musste er nicht mehr an die Ansiedlungskommission verkaufen. Beim Versuch, die polnische Sprache bei der nachwachsenden Generation in Vergessenheit zu bringen, versagten die Maßnahmen jedoch. Es wurden mancherorts polnische Schulen gegründet oder geheimer Unterricht gegeben, um vor allem die polnische Unterschicht zu bilden.

Germanisierungspolitik
cornelsen.de/Webcodes
Code: husofa

Insgesamt verfehlte die Germanisierungspolitik das Ziel, dass sich die Polen mit Deutschland identifizierten. Im Gegenteil: Der vom polnischen Adel getragene Nationalismus erfasste jetzt auch weite Teile der polnischen Unterschichten und förderte den Zusammenhalt und die Selbstabgrenzung der polnischen Minderheit.

Neue Grenzen am Ende des Ersten Weltkriegs: Die Gründung der Zweiten Polnischen Republik

M2 Roman Dmowski (1864 bis 1939), polnischer Politiker und Publizist, Fotografie, vor 1936

Die Pariser Friedenskonferenzen veränderten nach dem Weltkrieg nicht nur die Grenzen Deutschlands, das den Krieg verloren hatte, sondern auch die Landkarte Ost- und Südosteuropas. Die Allianz der Siegermächte (Frankreich, Großbritannien, USA) löste die Vielvölkerstaaten Österreich-Ungarn und das Osmanische Reich auf und gliederte aus dem alten Russland Teile aus. Aus den Territorien der Verliererstaaten entstanden neue Staaten, so auch Polen. Mit entscheidend war die Haltung des amerikanischen Präsidenten Woodrow Wilson: Er war überzeugt, dass die Durchsetzung des **nationalen Selbstbestimmungsrechts** für mehr Gerechtigkeit und Frieden sorgen werde.

Seit Beginn des Weltkrieges hatten die Polen wieder Hoffnung auf die Gründung eines eigenen Staates geschöpft. Jedoch existierten unter den Polen zwei Strömungen, wie ein neuer Staat aussehen und welches Territorium er umfassen sollte. Auf der einen Seite stand der Sozialist **Józef Piłsudski** (M 1) mit seinen Anhängern. Im von Österreich beherrschten Teil Polens (Galizien) hatte er eine Armee ausgehoben und Österreich im Kampf gegen Russland während des Weltkriegs unterstützt. Sein Ziel war es, ein polnisches Staatsgebiet wie zur Zeit der Jagiellonen-Herrscher (14.–16. Jh.) zu gründen, d. h. ein Gebiet, das überwiegend nach Osten ausgerichtet war und sich gegen Russland gewendet hätte **(„jagiellonische Staatsidee")**. Politisch plädierte er für einen föderalistischen Staat, der auch Minderheiten den Schutz ihrer Kultur, Sprache und Religion gewähren sollte. Dem stand auf der anderen Seite der Publizist und Politiker **Roman Dmowski** (M 2) mit seinen Gefolgsleuten gegenüber. Sie favorisierten ein polnisches

Staatsterritorium, das eher nach Westen ausgerichtet war und sich so gegen Deutschland gewendet hätte. Mit ihrem Ansatz zielten sie auf ein Staatsterritorium aus der Zeit der Piasten-Herrscher (10.–14. Jh.): Polen sollte auf Kosten Deutschlands auch Danzig, Westpreußen, Schlesien und Posen umfassen; im Osten sollten die Gebiete, in denen viele Ukrainer und Weißrussen wohnten, den Russen überlassen bleiben **(„piastische Staatsidee“).** Politisch strebte Dmowski eine zentralistische und ethnisch einheitliche Republik an. Tatsächlich wurde das neue Polen 1918 staatspolitisch und territorial ein Kompromiss. Personell konnte sich Piłsudski durchsetzen, der als erster Staatspräsident Polen 1918 bis 1922 regierte.

Bei der Festlegung der **Ostgrenze Polens** hatten die Alliierten nur vage Empfehlungen gegeben. Tatsächlich kam es zu mehreren militärischen Konflikten mit der Roten Armee Russlands sowie mit den litauischen, weißrussischen und ukrainischen Unabhängigkeitsbewegungen. Polen konnte hier nur Teilerfolge erzielen.

An **Polens Westgrenze** gab es Kompromisslösungen, bei denen Deutschland im Rahmen des Versailler Vertrags Gebietsabtretungen hinnehmen musste. So gehörten die Provinz Posen, Teile West- und Ostpreußens sowie Teile Niederschlesiens zum neuen polnischen Staatsgebiet. **Danzig** wurde zur freien Stadt unter **Völkerbundmandat** gestellt. In Gebieten West- und Ostpreußens wurde per Volksabstimmung über die staatliche Zugehörigkeit der Gebiete entschieden; dabei votierte die Bevölkerung überwiegend für eine Zugehörigkeit zu Deutschland. Mit den Abstimmungen kehrte allerdings keine Ruhe ein, sondern es entstanden teils gewaltsame Auseinandersetzungen zwischen Polen und Deutschen, so auch 1919 bis 1921 in Oberschlesien. Nach der **Volksabstimmung in Oberschlesien am 20. März 1921** wurde die Region durch Beschluss des Völkerbunds im Oktober 1921 geteilt.

M3 Polen in der Zwischenkriegszeit

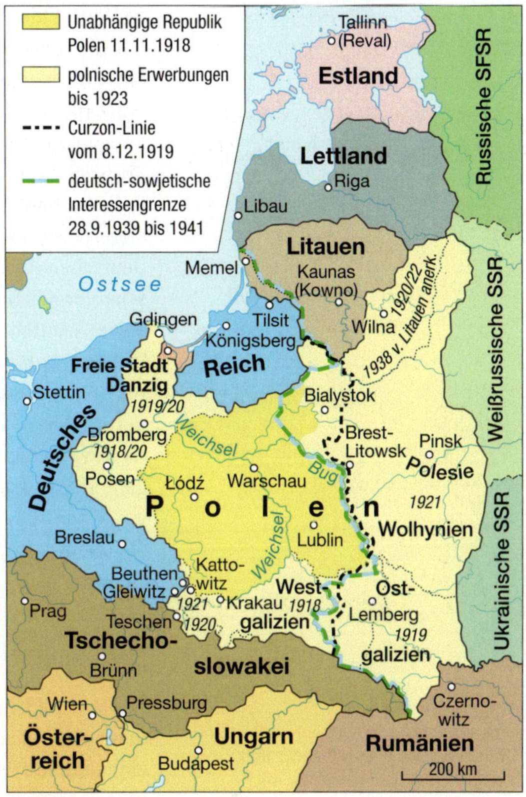

In der Weimarer Republik wurden die Gebietsabtretungen an Polen von deutscher Seite zwar formal anerkannt, aber bis in die Regierungsspitze nie wirklich akzeptiert. Eine gegen die **deutsche Ostgrenze** gerichtete Rhetorik durchzog die politischen Debatten. Auch hat es mit Blick auf die östlichen Grenzen nie ein Pedant zum Vertrag von Locarno gegeben (in dem man 1925 die deutsche Westgrenze anerkannte). In der Zeit der NS-Diktatur gingen die stetigen Revisionsbemühungen an der deutschen Ostgrenze in eine Propaganda zur „Heimholung“ der u.a. in Polen lebenden deutschen Minderheit ins Reich über. 1939 überfiel das nationalsozialistische Deutschland Polen und entfesselte damit den Zweiten Weltkrieg.

► **M 17: Gustav Stresemann 1927 zur deutschen Ostgrenze**

Umgang mit nationalen Minderheiten: Deutsche in der Zweiten Polnischen Republik

Die **deutsche Minderheit in Polen** war nur eine von mehreren Minderheiten im neu entstandenen Polen. Denn das neue polnische Staatsgebiet umfasste neben den ehemals deutschen Gebieten auch solche von Österreich und Russland. Polen war daher gezwungen, die einzelnen nationalen Minderheiten in den Staat zu integrieren und darüber hinaus die unterschiedlichen Rechts-, Verwaltungs- und Bildungssysteme anzupassen.

► **M 11–M 14: Polonisierungspolitik**

Polen hatte die Rechte seiner Minoritäten zunächst in dem zum Versailler Vertrag gehörenden **Minderheitenschutzvertrag 1919** garantieren müssen. Doch die Polen und die Siegermächte entwerten diesen Schutz alsbald mit einer Serie von Handlungen und Verordnungen, die sich gegen die Minderheiten richteten. Seitens der Polen waren sie

teilweise eine Reaktion auf die Gemanisierungspolitik der Kaiserzeit sowie auf die Russifizierung durch die Russen.
Für die deutsche Minderheit verband sich die **Polonisierungspolitik** mit erheblichen Einschränkungen. Es kam zu **Entlassungen** aus den staatlichen Einrichtungen, zur **Enteignung** von Grund und Boden durch die **Agrarreform 1925** sowie zu einer Einschränkung des deutschsprachigen Unterrichts durch die **Schulreform.** Ferner gab es **Sonderabgaben** und **Verbote des Landerwerbs** für Deutsche. Ziel der Politik war es, die Besitzverhältnisse im westlichen Polen zugunsten der polnischen Bevölkerung zu verändern. Bis 1926 ging der deutsche Besitzstand in Polen um 35 Prozent zurück. Die deutschen Revisionsbemühungen bezüglich der Ostgrenze wirkten sich auf das polnische Vorgehen gegen deutsche Industriebetriebe aus, die von den Polen allmählich enteignet wurden.
Die von polnischer Seite durchgeführten Maßnahmen sorgten unterdessen für eine massenhafte Ausreise von Angehörigen der deutschen Minderheit. Die Ausreisen wiederum wirkten sich negativ auf den Minderheitenschutzvertrag aus. Dieser besagte, dass in Polen in den ehemaligen deutschen Gebieten deutschsprachige Volksschulen zu garantieren seien. Ein polnisches Gesetz vom März 1920 schrieb indes eine Mindestzahl von über 40 Schülerinnen und Schülern vor, was aufgrund der Ausreisen deutscher Staatsbürger zunehmend schwieriger wurde. Reichte die Schülerzahl zwei Jahre hintereinander nicht, konnte die Schule ganz geschlossen werden.

Nationale Stereotype* im deutsch-polnischen Verhältnis

Nationale Stereotype
Stereotype sind schematisierte Selbst- und Fremdbilder. In vereinfachender und verallgemeinernder Weise und mit (emotional) wertender Tendenz sprechen sie einer Gruppe von Personen bestimmte Eigenschaften oder Verhaltensweisen zu oder ab bzw. betrachten diese als angeboren. Stereotype Bilder werden nicht aufgrund eigener Erfahrung erworben, sondern über Erziehung, Sozialisation und öffentliche Meinung vermittelt und angenommen.

Kernmodul: ▶ Kap. 7, S. 108–112, Nation – Begriff und Mythos: Anderson (M 1), Wehler (M 2), Münkler (M 3)

Das Weltbild, das in der Kaiserzeit hinter der Germanisierung und den Ideen von einer deutschen Identität stand, war von der Vorstellung einer ethnisch homogenen (d. h. einheitlichen) Nation geprägt, der gewisse Eigenschaften zugesprochen wurden.
In weiten Kreisen der kaiserzeitlichen Gesellschaft verbreiteten sich Vorstellungen von „deutschen Tugenden" – ein **Selbstbild** des 19. Jahrhunderts, in denen sich Deutsche als ordentlich, fleißig und sparsam darstellten. Vor dem Hintergrund dieses Selbstbildes kamen in Deutschland **Fremdbilder** über Polen auf, die ganz anders ausfielen als zu Zeiten der Polenbegeisterung in der ersten Hälfte des 19. Jahrhunderts. Es entwickelte sich die Vorstellung, dass die Polen unordentlich, faul und verschwendungssüchtig wären. Diese **Stereotype** vertieften sich im Verlauf des 19. Jahrhunderts und wurden durch den Gebrauch von Sammelausdrücken wie „polnische Wirtschaft" negativ verstärkt. Eine Verschärfung erfuhren diese Bilder auch durch die Literatur. Schriftsteller wie z. B. Ernst Moritz Arndt (1769–1860) bezeichneten seit Mitte des 19. Jahrhunderts die Polen und die östlichen slawischen Stämme als „minderwertig". Im Zuge der Germanisierungsmaßnahmen erfuhren solche Bilder vor allem in der Kaiserzeit eine rassistische Aufladung. Andere Dichter, wie z. B. Georg Herwegh (1817–1875), die über die Politik des neuen Kaiserreichs besorgt waren, blieben in der Minderheit.

▶ **M 5–M 6: Nationale Stereotype**

▶ **S. 66 f. und 68 f.: Karikaturen und politische Plakate**

Weniger drastisch waren die Bilder von Polen über Deutsche. Deutsche wurden seit dem 18. Jahrhundert in erster Linie als Lutheraner wahrgenommen – im Gegensatz zum weitgehend katholischen Glauben der Polen. Jedoch waren auch diese Stereotype negativ aufgeladen. Durch die Germanisierungspolitik wurde das Deutschenbild unter Polen am Ende des 19. Jahrhunderts immer negativer. Je näher der Erste Weltkrieg (1914 bis 1918) rückte, desto mehr wurden aus Stereotypen **Feindbilder,** die die Bereitschaft erhöhten, Krieg zu führen. Massive **Feindbildpropaganda** auf allen Seiten der kriegführenden Parteien vertiefte in Europa die Gräben zwischen den Nationen. Nach dem Ersten Weltkrieg, in der Weimarer Republik, setzte sich das Denken in Stereotypen fort. Nach den Gebietsabtretungen Deutschlands und der Gründung Polens 1918 entstanden Bilder, die Polen als militant und aggressiv darstellten und den neuen Staat als „Saison- und Räuberstaat" titulierten.

Nationale Mythen im Umfeld des Ersten Weltkriegs: Der Mythos von Grunwald bzw. Tannenberg

Die Ausbildung nationaler Identitäten war in den Jahrzehnten vor und nach dem Ersten Weltkrieg auch mit der Begründung und Belebung nationaler Mythen verbunden. Im deutsch-polnischen Verhältnis waren dies z.B. zwei Schlachten, die 1410 und 1914 in derselben Region Ostpreußens stattgefunden hatten und die als **Mythos von Grunwald** (so die örtliche Lokalisierung in der polnischen Tradition) bzw. **von Tannenberg** (so die örtliche Lokalisierung in der deutschen Tradition) „gepflegt" wurden. 1410 war es die Schlacht zwischen dem Deutschen Orden und der am Ende siegreichen polnisch-litauischen Armee (s. S. 19). Im August 1914 war es, umgekehrt, der Sieg einer deutschen Armee in einer Schlacht gegen Russland am Beginn des Ersten Weltkriegs.
Nach der letzten polnischen Teilung 1795, als die Polen keinen eigenen Nationalstaat mehr besaßen, geriet die Schlacht von 1410 für Polen zum Symbol der ehemaligen Einheit der Nation. Nur diese Einheit – so der zugeschriebene Grundgedanke – habe die Größe und den Sieg der Polen über den Deutschen Orden seinerzeit ermöglicht. Die zunehmende Bedeutung dieses Mythos für den polnischen Nationalismus zeigte sich in der 1902 zum ersten Mal durchgeführten **Gedenkfeier.** 1910 kamen zur Feier aus Anlass des 500. Jahrestages sogar über 100 000 Polen zusammen. Auch Künstler thematisierten die Schlacht in **Grunwald-Denkmälern** und **-Historiengemälden.** Der Maler **Jan Matejko** hat mit einem riesigen Ölgemälde von 1878 die Vorstellungen vieler Polen über dieses Ereignis geprägt. In der Zweiten Polnischen Republik fand der Mythos als Einheitssymbol auch Eingang in polnische Schullehrpläne.
In der deutschen **Geschichts- und Erinnerungskultur*** war das Ereignis von 1410 jahrhundertlang nur eine Randnotiz. Vor dem Hintergrund des wachsenden Nationalismus im 19. Jahrhundert jedoch verkehrte man die Niederlage allmählich in ein heldenhaftes Opferbild. In der Kaiserzeit wurde der Deutsche Orden unter rassistischen Vorzeichen zur „Speerspitze des Kampfes gegen das Slawentum" stilisiert.
Während die Schlacht 1410 für die Deutschen nicht zu verherrlichen war, war dies bei der Schlacht vom August 1914 anders. Unter den Generälen Paul von Hindenburg (1847–1934; Oberbefehlshaber) und Erich Ludendorff (1865–1937) hatte die deutsche Armee die von General Alexander Samsonow (1859–1914) kommandierte russische Armee geschlagen. Nach dem Sieg sprachen sich die beiden deutschen Befehlshaber dafür aus, der Schlacht den Namen Tannenberg zu geben und eine Verbindung zu der rund 500 Jahre zuvor erlittenen Niederlage herzustellen.
Der Tannenberg-Mythos wurde auch in der Weimarer Republik befördert. 1927 wurde ein **Denkmal in Tannenberg** errichtet, das architektonisch an eine mittelalterliche Ordensburg erinnerte und einem Heldenkult dienen sollte. Die Nationalsozialisten verstärkten diesen Kult, als sie den 1934 verstorbenen Hindenburg (Reichspräsident 1925 bis 1934) im Tannenberg-Denkmal beisetzen ließen. Erst nach der NS-Zeit verblasste der Mythos in Deutschland. In Polen hat er bis heute eine gewisse Präsenz.

1 Stellen Sie mithilfe der Darstellung Merkmale der Germanisierungspolitik und der Polonisierungspolitik gegenüber.
Tipp: Nutzen Sie eine Tabelle. Berücksichtigen Sie Gemeinsamkeiten und Unterschiede sowie Ziele, Maßnahmen und Reaktionen.
2 **Schaubild:** Skizzieren Sie in einem Schaubild anhand der Darstellung Hintergründe, Verlauf und Folgen der Staatsgründung Polens 1918.
3 Erläutern Sie den Begriff „Nationale Stereotype" und ziehen Sie anhand der Darstellung Beispiele aus dem deutsch-polnischen Verhältnis heran.
Tipp: Gliedern Sie Ihre Beispiele nach Nationalität und Zeit.
4 Erläutern Sie die jeweiligen Erinnerungsformen an die Schlachten von Tannenberg bzw. Grunwald von 1410 und 1914 in Polen und Deutschland.

M4 Eröffnung der Feier zur Grunwald-Schlacht am Denkmal in Grunwald, Polen, Fotografie, Juli 2017

Seit 1998 findet in Grunwald jährlich im Juli eine mehrtägige Feier mit einer Inszenierung der Schlacht von 1410 statt.

▶ **Grunwald-Gemälde von Matejko: siehe S. 50, M 1**

Geschichtskultur, Erinnerungskultur
Geschichtskultur meint alle Formen des historischen Lernens, des historischen Wissens und der historischen Produktionen in einer Gesellschaft: von der Geschichtswissenschaft über Denkmäler und Historienbilder, historische Märkte und Filme bis hin zu kommerzieller Werbung oder der Arbeit von Geschichtslehrer/-innen und -schüler/-innen.
Erinnerungskultur meint hingegen Formen des Geschichtswissens, die für eine Gruppe, z. B. eine Nation, Werte darstellen und als soziale Verpflichtung gelten. Sie sollen die Identität der Gruppe und ihr gemeinsames Handeln stärken.

▶ **M 18, M 19: Tannenberg-Denkmal und Grunwald-Denkmal**

Kernmodul: ▶ S. 111, M 3 (Münkler)

Hinweise zur Arbeit mit den Materialien
Der Materialteil bietet folgende „Konfliktfelder" als Schwerpunkte:
- *Im ersten Schwerpunkt geht es (Einstieg) um das Konfliktfeld „nationale Stereotype" (M 5, M 6).*
- *Als zweites Konfliktfeld bietet sich der Umgang mit Minderheiten an, und zwar am Beispiel der Germanisierungspolitik im Kaiserreich (M 7–M 10; u. a. Schulstreik von Wreschen; „Politik der organischen Arbeit").*
- *Schwerpunkt drei verfolgt das Thema Minderheiten am Beispiel Deutscher in Polen weiter (Gründung Zweite Polnische Republik, Polonisierungspolitik; M 11–M 14).*
- ***Vertiefung:** Als exemplarische Untersuchung bietet sich eine vergleichende Analyse von Flugblättern zur Volksabstimmung in Oberschlesien an (M 15, M 16).*
- *M 17 ist dem Konfliktfeld „Grenzen" gewidmet, d. h. der deutsch-polnischen Grenze in der Weimarer Republik.*
- *M 18 und M 19 behandeln „nationale Mythen" am Beispiel des Mythos von Grunwald bzw. Tannenberg.*
- *Methodentraining: Karikaturen interpretieren, S. 66–67; Politische Plakate interpretieren, S. 68–69*

Vernetzung mit dem Kernmodul
- *Kernmodul „Nation – Begriff und Mythos": Theorie-Materialien, S. 111, M 3 (Münkler).*
- *Kernmodul „Transnationale Geschichtsschreibung": Theorie-Materialien, S. 116 f., M 6 (Patel), M 7 (Osterhammel).*

Geschichte kontrovers: Nationale Stereotype

M 5 Auszug aus dem Roman „Soll und Haben" von Gustav Freytag (1850)

Freytag (1816–1895) war einer der meist gelesenen deutschen Autoren im 19. Jh., „Soll und Haben" in Deutschland weit verbreitet. Anton Wohlfahrt, Sohn eines kleinen Beamten, war Lehrjunge im Kolonialwarenhaus des Kaufmanns Schröter.

[Der Kaufmann:] „Es wird dort drüben viel Pulver unnütz verschossen werden, alles Ausgaben, welche nichts einbringen, und Kosten, welche Land und Menschen ruinieren. Es gibt keine Rasse, welche so wenig das Zeug hat, vorwärts zu kommen und sich durch ihre Kapitalien Menschlichkeit und Bildung zu erwerben, als die slawische. Was die Leute dort im Müßiggang durch den Druck der rohen Masse zusammengebracht haben, vergeuden sie in phantastischen Spielereien. Bei uns tun so etwas doch nur einzelne bevorzugte Klassen, und die Nation kann es zur Not ertragen. Dort drüben erheben die Privilegierten den Anspruch, das Volk darzustellen. Als wenn Edelleute und leibeigene Bauern einen Staat bilden könnten! Sie haben nicht mehr Berechtigung dazu, als dieses Volk Sperlinge auf den Bäumen. Das Schlimme ist nur, dass wir ihre unglücklichen Versuche auch mit unserem Gelde bezahlen müssen."

„Sie haben keinen Bürgerstand", sagte Anton, eifrig beistimmend.

„Das heißt, sie haben keine Kultur", fuhr der Kaufmann fort; „es ist merkwürdig, wie unfähig sie sind, den Stand, welcher Zivilisation und Fortschritt darstellt, und welcher einen Haufen zerstreuter Ackerbauer zu einem Staate erhebt, aus sich heraus zu schaffen."

Zit. nach: Gustav Freytag, Soll und Haben, Bd. 1, 20. Aufl., Verlag S. Hirzel, Leipzig 1922, S. 382 f.

1 **Partnerarbeit:** Sammeln Sie Beispiele, was Sie unter „stereotypen Bildern" verstehen; klären Sie, mit welcher Absicht sie Ihrer Meinung nach benutzt werden.
2 Erläutern Sie den Begriff „nationale Stereotype"
Tipp: Siehe Darstellung S. 56.
3 Analysieren Sie das Polenbild der Deutschen in M 5 mit Blick auf die dort verwendeten Zuschreibungen.

M 6 Aus dem Lied „Rota" (dt. Gelöbnis) der polnischen Schriftstellerin Maria Konopnicka (1908)

Konopnicka (1842–1910) hatte sich in der Urfassung ihres Textes gegen die Russen gewandt. Bei der Vertonung wurde es auf die Deutschen umgemünzt und erstmals bei der Einweihung des Grunwald-Denkmals in Krakau 1910 gesungen. Das Lied war in Polen weit verbreitet.

Wir lassen nicht vom Boden, sind sein Sohn.
Wir lassen unsere Sprach' nicht sterben.
Wir sind der Polen Volk, Nation,
der königlichen Piasten Erben.
Verdeutschen soll uns nicht der Feinde Heer.
Dazu verhelf uns Gott, der Herr!

Und bis zum letzten Tropfen Blut
verteidigen wir des Geistes Gut,
bis sich zu Schutt und Staub zerschlug
der Kreuzritter böse Brut.
Jedes Hauses Schwelle sei uns Festungswehr!
Dazu verhelf uns Gott, der Herr!

Nicht mehr wird der Deutsche uns spei'n ins Gesicht,
die Kinder uns nicht mehr germanisieren.
Bald kommt der Waffen ehernes Gericht,
der Geist wird uns anführen.
Blitzt nur der Freiheit goldenes Horn – zur Wehr!
Dazu verhelf uns Gott, der Herr!

Zit. nach: Kurt Lück, Der Mythos vom Deutschen in der polnischen Volksüberlieferung und Literatur, Verlag S. Hirzel, Leipzig 1938, S. 341.

1 Arbeiten Sie aus M 6 das polnische Selbst- und Deutschlandbild heraus.
2 Vergleichen Sie das Polenbild der Deutschen und das Deutschlandbild der Polen (M 5, M 6).
Kernmodul: ▶ S. 108–112, M 1–M 3

Germanisierungspolitik im Deutschen Kaiserreich

M 7 Denkschrift des preußischen Regierungspräsidenten von Bromberg in Pommern (1885)

Man muss sich vor allen Dingen der Illusion entschlagen, dass es möglich sei, die polnischen tonangebenden Kreise durch Konzessionen irgendwelcher Art zu gewinnen […]: Die Polen besitzen volles Verständnis für eine zielbewusste und rücksichtslose Politik; in jedem Entgegenkommen der Machthaber aber erblicken sie nur ein Zeichen der Schwäche […]. Die Polen wollen kein friedliches, gleichberechtigtes Zusammenleben mit den Deutschen. Sie wollen Hammer oder Amboss sein. […]

[Den] wichtigsten Schritt zur Germanisierung der Provinz Posen [sähe ich darin], wenn die königliche Staatsregierung sich entschließen könnte, zu dem alten Flottwellschen System[1] des Güterankaufs zurückzukehren, [und wenn sie beginnen würde], durch Parzellierung angekaufter Güter und Ansiedlung deutscher Bauern auf den Teilstücken die Provinz nachhaltig mit deutschen Elementen zu durchsetzen.

*Zit. nach: Martin Broszat, Zweihundert Jahre deutsche Polenpolitik, Ehrenwirt, München 1963, S. 113 f.**

1 *Eduard Heinrich von Flottwell (1786–1865)* war 1830 bis 1841 preußischer Oberpräsident in der Provinz Posen. Über einen staatlichen Fonds finanzierte er den Ankauf polnischer Güter, um das Land anschließend an Deutsche zu verkaufen.

1 Geben Sie aus M 7 die Gründe für die Germanisierungsforderung wieder.
2 Setzen Sie die Forderung in M 7 nach „Ansiedlung deutscher Bauern" in Beziehung zur Agrarrechtspolitik in der Kaiserzeit.
Tipp: Siehe Darstellung S. 53.

M 8 Der Schulstreik von Wreschen – aus einem offenen Brief des polnischen Schriftstellers Henryk Sienkiewicz zum Gerichtsurteil zum Schulstreit in Wreschen vom 22. November 1901

In Wreschen (preußische Provinz Posen) widersetzten sich die Schülerinnen und Schüler im Mai 1901 der Einführung der deutschen Sprache im Religionsunterricht und beim gemeinsamen Beten. Die verordnete Prügelstrafe rief Proteste der Eltern hervor. Ein preußisches Gericht verurteilte die Eltern zu Gefängnisstrafen. Der offene Brief von Sienkiewicz (1846–1916; 1905 erhielt er den Literaturnobelpreis) wurde in der Zeitschrift „Czas" (dt. Die Zeit) in Krakau veröffentlicht und fand in ganz Europa ein großes Echo.

Ein unerhörtes Urteil ist ergangen! Keinem der schulischen Henkersknechte ist ein Haar gekrümmt worden, es gab keine Überfälle oder Gewalttaten, aber trotzdem sind die Eltern dieser kleinen, von der preußischen Schule geknechteten Kinder von preußischen Gerichten zu langen Haftstrafen verurteilt worden, weil sie unter dem Einfluss von Verzweiflung und Mitleid zu laut Worte der Empörung gegen eine derartige Schule und derartige Lehrer geäußert haben. Überall dort, wo sich eine entartete Kultur nicht in einen Zustand von Rohheit verwandelt hat, selbst bei jenen Deutschen, die in der Geschichte eine andere Rolle als jene preußischer Handlanger spielen möchten, ruft dieses Urteil jedoch Abscheu und Verachtung hervor, erfüllt aber zugleich die Herzen mit Sorge um die Zukunft und mit Verwunderung. […]

Was also sollen wir, auf denen Verbrechen und Rohheit direkt lasten, derweil tun? Ganz allgemein – ausharren! Vor allem aber jenen ausharren helfen, die direkte Opfer von Schurkerei und Gewalt geworden sind. Nach der Peinigung der Kinder sind die Eltern zu Gefängnis verurteilt worden, die für das tägliche Brot ihrer Kinder gearbeitet haben. Eine der Beschuldigten, eine arme Mutter von sieben kleinen Kindern, ist zu zweieinhalb Jahren verurteilt worden. Ging es vielleicht auch darum, dass diese heldenhaften Kinder vor Hunger sterben? In einer Gesellschaft, die unter dem Einfluss des Ostmarkenvereins steht, ist das – fürwahr – möglich.

*Zit. nach: Matthias Kneip, Manfred Mack, Polnische Geschichte und deutsch-polnische Beziehungen, 2. Aufl., Cornelsen, Berlin 2009, S. 55. Übers. Peter Oliver Loew. (Original aus der Zeitschrift „Czas", Krakau, 22. November 1901).**

1 Arbeiten Sie aus M 8 heraus, welche Absichten der Autor den Deutschen unterstellte.
2 Ordnen Sie den Streik historisch ein.

M9 Zur „Politik der organischen Arbeit" – aus der Neufassung des Parteiprogramms der „Nationaldemokratischen Partei" (DNP) von 1903

Hervorgegangen aus der „Polnischen Liga" (nationalistische Organisation Polens von 1887; seit 1893 „Nationalliga"), wurde die DNP im russischen Teilungsgebiet 1897 gegründet. M9 stand in der Liga-Zeitschrift „Przegląd Wszechpolski" (Allgemeinpolnische Rundschau) in deutscher Sprache.

Der heutige Stand und die Lage unseres Volkes bieten nicht die Bedingungen für eine bewaffnete oder diplomatische Aktion für die Sache der Unabhängigkeit, nicht einmal für die unmittelbare Vorbereitung einer solchen. Deshalb nimmt die Nationaldemokratische Partei die bestehenden Verhältnisse und den staatsrechtlichen Status zum Ausgangspunkt ihrer Handlungen und setzt sich als Ziel, in jedem der drei Teilgebiete eine Stellung zu erobern, die dem polnischen Element die möglichst größte seiner natürlichen und geschichtlichen Besonderheit entsprechende nationale Selbstständigkeit sichert, sowie eine möglichst weitere Entwicklung der nationalen Kräfte und einen allseitigen wirtschaftlichen, zivilisatorischen und politischen Fortschritt. Sie bringt es dadurch der Erlangung einer künftigen unabhängigen Existenz näher. [...]

Im Verhältnis zu fremdstämmigen Elementen, die auf dem historischen und geografischen Gebiet Polens wohnen und dort mit der polnischen Bevölkerung zusammenleben – insbesondere den Litauern, Ukrainern, schließlich den Deutschen dort, wo diese seit Jahrhunderten angesiedelt sind und einen bedeutenden Teil der Bevölkerung ausmachen – erstrebt die Nationaldemokratische Partei ein verträgliches Zusammenleben bei gegenseitiger Duldsamkeit der positiven kulturellen Betätigung jedes Volkstums. Dort jedoch, wo obige Elemente dem polnischen den Kampf ansagen, um ihm die eigene kulturelle Betätigung unmöglich zu machen, seinen zivilisatorischen Einfluss zu verhindern und es sogar aus seinen Wohnsitzen zu verdrängen, erstrebt die Partei eine allseitige Schwächung dieser feindlichen Richtungen, indem sie die unbegründeten Anmaßungen rücksichtslos bekämpft und gleichzeitig in dem betreffenden Gebiet das polnische Element und seine zivilisatorische Arbeit auf das energischste stärkt.

*Zit. nach: Ellinor von Puttkamer, Die polnische Nationaldemokratie, Burgverlag, Krakau 1944, S. 142–147.**

1 Analysieren Sie M9 im Hinblick auf Merkmale der „Politik der organischen Arbeit".

M10 Der Historiker Hans-Ulrich Wehler über das preußische Enteignungsgesetz von 1908 (1995)

In den Ostprovinzen [...] war der Kampf um die „Germanisierung des Bodens" seit der Ansiedlungsgesetzgebung von 1886 in eine neue Phase getreten. In einer zähen Auseinandersetzung erwiesen sich die flexiblen, nationaldisziplinierten polnischen Genossenschaften dem schwerfälligen bürokratischen Apparat der deutschen Ansiedlungskommission als überlegen. Seit der Mitte der Neunzigerjahre wechselte kontinuierlich mehr deutscher Grundbesitz in polnische Hand als umgekehrt polnisches Adelsland in deutschen Besitz. Daraufhin wurde zuerst der Verfügungsfonds der Kommission aufgestockt, dann machte ein Gesetz seit dem Sommer 1904 „neue Ansiedlungen" im Geltungsbereich des Gesetzes von 1886 von der Genehmigung der Regierungspräsidenten abhängig. Damit wurde die polnische Minderheit einen weiteren Schritt aus der Rechtsgemeinschaft der preußisch-deutschen Staatsbürger hinausgedrängt, denn das Gesetz war weder mit der verfassungsrechtlich verbrieften Freizügigkeit im Reich vereinbar noch mit den Grundsätzen der preußischen Verfassung und des Bürgerlichen Gesetzbuchs [...].

Die Warnung von Kritikern der Germanisierungspolitik, dass ein gespaltenes Recht für Bürger desselben Staates die Gefahr der moralischen Korruption und die eklatante Verletzung von Verfassungsnormen heraufbeschwöre, verhallte unbeachtet.

Vielmehr ließ die Erfolglosigkeit des Kampfes um den Boden die Staatsregierung und ihre Verbündeten im Landtag die schärfste Waffe ins Auge fassen, die ihnen überhaupt noch zu Gebote stand: die Enteignung polnischen Grundbesitzes. Frühzeitig hatte der „Deutsche Ostmarkenverein" unter seinem Ziel, die preußischen Polen zu verdrängen oder „einzudeutschen", bereits die „Enteignung" jener polnischen Ländereien verstanden, deren „Bestand die Ausbreitung der angrenzenden deutschen Siedlungen" verhinderte. Seine Agitation blieb nicht wirkungslos, aber erst die Erfolglosigkeit der deutschen Siedlungspolitik, die allein im Jahre 1906 rund dreizehntausend Hektar deutschen Besitzes an die Polen verlor, bestimmte die Regierung im November 1907 dazu, dem Landtag eine Gesetzesvorlage zuzuleiten, die dem Staat eine Blankovollmacht zur Enteignung einräumte. Nachdem die Bedenken einiger Konservativer, dass damit künftigen staatssozialistischen Eingriffen ein Modell geliefert werde, ausgeräumt waren, trat das Gesetz im März 1908 in Kraft. [...]

Das Gesetz [...] kann geradezu als „das Musterbeispiel einer diskriminierenden, die Gleichheit vor dem

Gesetz verletzenden und daher auch nach damaligem Recht verfassungswidrigen Enteignungsermächtigung" gelten. Es erweiterte die Grundlage für eine prinzipiell „diskriminierende Ungleichbehandlung der Angehörigen einer bestimmten Nationalität". Unstreitig haben sich Regierung und Landtag „durch diesen verfassungswidrigen Gesetzgebungsakt schwer und nachhaltig kompromittiert", denn es war „durch nichts zu rechtfertigen, dass der Staat seine Behörden gesetzlich ermächtigte", die Polen trotz der durch „Verfassungssatz" und „Königswort" verbrieften Gleichberechtigung „aus dem rechtmäßig erworbenen Grundeigentum durch Zwangsakt zu entsetzen".

Eine ideologische Rechtfertigung gab es gleichwohl, und sie besaß für die Legislative und einen Großteil der politischen Öffentlichkeit eine zwingende Überzeugungskraft: Das war das radikalnationalistische Ideal der ethnisch homogenen Reichsnation, deren Germanisierungspolitik vor altmodischen Rechtsbarrieren nicht mehr haltmachen wollte.

*Hans-Ulrich Wehler, Deutsche Gesellschaftsgeschichte, Bd. 3, C. H. Beck, München 1995, S. 964 und 1068 f.**

1 Erarbeiten Sie aus M 10 die Hintergründe und Ziele des preußischen Enteignungsgesetzes von 1908.
2 Nehmen Sie Stellung zu Wehlers Äußerung, das Enteignungsgesetz sei „diskriminierend" gewesen.
3 **Wahlaufgabe:** Bearbeiten Sie Aufgabe a) oder b).
   a) **Partnerarbeit:** Erklären Sie ausgehend von M 7 bis M 10 das Scheitern der Germanisierungspolitik.
   b) **Partnerarbeit:** Versetzen Sie sich (nach der Analyse von M 7 bis M 10) in die Lage eines liberal gesinnten Referenten in einem preußischen Ministerium, der entgegen dem allgemein vorherrschenden Zeitgeist nach dem Jahr 1908 Lösungen zur Verbesserung des deutsch-polnischen Verhältnisses entwickeln möchte, bei denen die jeweilige Minderheit nicht unterdrückt wird. Entwerfen Sie ein Diskussionspapier.

Die Zweite Polnische Republik und die Polonisierungspolitik

M 11 Über das Minderheitenschutzabkommen mit Polen von 1919

Der folgende Text ist ein Auszug aus den Papieren des US-amerikanischen Außenministeriums über die Verhandlungen zum Minderheitenschutzabkommen im Rahmen der Versailler Friedensverhandlungen:

[Paderewski[1] weist hin auf die] schändlichen Folgen, die sich daraus ergeben können, wenn fremde Mächte den Schutz über ethnische und religiöse Minderheiten übernehmen. Die polnische Nation hat nicht vergessen, dass die Aufteilung Polens Folge der Intervention fremder Mächte für religiöse Minderheiten war, und diese schmerzvolle Erinnerung lässt Polen die Einmischung von außen in innere Angelegenheiten des Staates mehr als alles andere fürchten. [...] Nach Abschluss des Friedensvertrages wird ein erheblicher Teil der polnischen Bevölkerung innerhalb des Deutsches Reiches verbleiben. Bisher war die polnische Bevölkerung in Deutschland nicht nur der Gleichberechtigung beraubt gewesen, sondern auch einem rigorosen System von Ausnahmegesetzen und Verwaltungsmaßnahmen unterworfen, welche die Vernichtung des polnischen Elements zum Ziel hatten. Der Friedensvertrag erlegt den Deutschen keinerlei Verpflichtungen auf, den Polen im Reich Gleichberechtigung zu garantieren. [...] Die Behandlung der polnischen Minderheiten in Deutschland und der deutschen Minderheiten in Polen kann daher nur auf der Basis der Gegenseitigkeit geregelt werden.

*Zit. nach: Papers Relating to the Foreign Relations of the United States. The Paris Peace Conference 1919, Bd. VI, hg. von Joseph V. Fuller, United States Government Printing Office, Washington 1942, S. 533 ff. Übers. Christian Peters, Quakenbrück.**

1 *Ignacy Jan Paderewski (1860–1941)* war Pianist und erster polnische Ministerpräsident der Zweiten Polnischen Republik. Zusammen mit Roman Dmowski (s. S. 54) vertrat er das neu gegründete Polen 1919 bei den Pariser Friedensverhandlungen und unterzeichnete für Polen den Versailler Vertrag.

1 Erläutern Sie anhand von M 12 die Nationalitätenprobleme in der neuen Republik Polen.
2 Erarbeiten Sie aus M 11 die Haltung Ministerpräsident Paderewskis zum Minderheitenschutzabkommen.
   Tipp: Belegen Sie Ihre Ergebnisse mit Zitaten.
3 Beurteilen Sie die Argumente Paderewskis in M 11.

M 12 Die Bevölkerung Polens, 1920er-Jahre

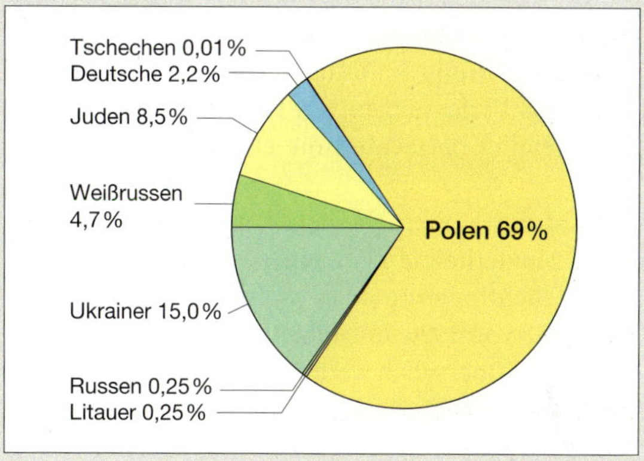

M 13 Aus einer Rede des Generals und polnischen Ministerpräsidenten Władisław Sikorski (Reg. 1922–1923) im Rathaus von Posen (1923)

Es liegt im unmittelbaren Interesse der [polnischen] Minderheit, dass dieser historische Prozess, nach langer Bedrückung durch die preußische Regierung, dieser Prozess, den man Entdeutschung der westlichen Woiwodschaften [= polnische Verwaltungsbezirke] nennt, in einem möglichst kurzen und raschen Tempo vollführt werde. Der Starke hat immer Recht, und der Schwache wird als besiegt angesehen, und man schiebt ihn auf den zweiten Platz. Ich stelle fest, dass am Vortage der Aufnahme der Liquidierungsaktion deutscher Güter unsere bisherige Nachgiebigkeit und unser Schwanken einer radikalen Änderung unterliegen müssen. Die Regierung, die ich repräsentiere, will, dass diese Angelegenheit innerhalb eines Jahres bestimmt geregelt wird [...].

Was nun die deutschen Kolonisten, die Entdeutschung der Städte und die Liquidierung der dazu bestimmten Industrieunternehmen betrifft, so betone ich, dass wer immer uns vor der Welt des Mangels an Humanität bezichtigt, nicht im Einklang ist mit der tatsächlichen Lage.

*Zit. nach: Hugo Rasmus, Pommerellen, Westpreußen, 1919–1939, Herbig Verlag, München, Berlin 1989, S. 341.**

1 Führen Sie zu M 13 zunächst die Arbeitsschritte der formalen Analyse einer schriftlichen Quelle aus.
Tipp: Siehe Methodenseite S. 46.

2 Nehmen Sie Stellung zur These des Redners, „dass wer immer uns vor der Welt des Mangels an Humanität bezichtigt, nicht im Einklang ist mit der tatsächlichen Lage".

M 14 Die Historiker Breyer und Rogall zum Minderheitenschutzvertrag von 1919 (1996)

In Polen wurde der Minderheitenschutzvertrag von der Bevölkerung bis in die höchsten Regierungsstellen als eine einseitige Diskriminierung angesehen und die erzwungene Aufnahme seiner Bestimmungen in die Verfassungen von 1921 und 1935 als eine Einmischung betrachtet, die es zu beseitigen galt. [...]

Die restriktive polnische Politik gegenüber der deutschen Minderheit fand in den internen interministeriellen Richtlinien (poln. *wytyczne)* der Warschauer Kabinette von 1926 und 1938/39 ihre Stütze. Freilich kann nicht übersehen werden, dass das nationalpolitische Instrumentarium spiegelgleich dem der preußisch-deutschen „Ostmarkenpolitik" entsprach und teilweise direkt von dort entliehen war. [...]

Die Posener Deutschen: Die Deutschen im Posener Land traf der Umbruch am Ende des Ersten Weltkrieges, verglichen mit den anderen deutschen Bevölkerungsgruppen im neuen polnischen Staatsgebiet, am härtesten. Gewissermaßen über Nacht waren sie, die zwar in einer Grenzprovinz, aber innerhalb des deutschen Nationalstaats gelebt hatten, zu Auslandsdeutschen und von Angehörigen der staatlich privilegierten Mehrheitsnation zu einer nationalen Minderheit geworden. Erschwerend kam hinzu, dass sich im preußischen Teilgebiet vor allem seit der zweiten Hälfte des 19. Jahrhunderts in den führenden Kreisen der deutschen Bevölkerung die Vorstellung einer kulturellen Überlegenheit „der" Deutschen gegenüber „den" Polen verbreitet hatte. Diese Kulturträgermentalität bewirkte, dass für die Mehrheit der Posener Deutschen bis zum Ende des Ersten Weltkrieges die Wiederherstellung eines polnischen Staates oder gar die Abtretung der Provinz Posen an einen solchen gänzlich unvorstellbar war. Als dies [...] Ende 1918 nun zur konkreten Möglichkeit wurde, brach für die Posener Deutschen buchstäblich eine Welt zusammen. [...] Der vor allem psychologisch enorm tiefe Sturz der Posener Deutschen löste eine gewaltige Abwanderungswelle aus. Bis zur Übergabe des Posener Gebiets an Polen 1920 hatten es fast zwei Drittel der dortigen Deutschen bereits verlassen. [...] Neben den genannten psychologischen Gründen waren für diese Massenabwanderung natürlich auch erste Maßnahmen des polnischen Staates wie Internierungen, die Verhängung des Ausnahmezustandes am 2. Juni 1919 über das Posener Gebiet, die Entlassung der deutschen staatlichen und kommunalen Beamten [...] verantwortlich. [...] Neben dem verwaltungsmäßigen Kampf gegen das Deutschtum, der sich nur in wenigen Fällen auf Ausnahmegesetze, sondern zumeist darauf stützte, dass er allgemeine Bestimmungen einseitig gegen die Deutschen auslegte, entfalteten auch nichtstaatliche Verbände wie der polnische „Westmarkenverband" eine wirkungsvolle Politik der Einschüchterung und wirtschaftlichen Schwächung der Deutschen, etwa durch Boykottmaßnahmen. Diese Konstellation sollte sich künftig als Teufelskreis erweisen, da jede Seite die andere als Aggressor und sich als Opfer beziehungsweise als Verteidiger legitimer Rechte betrachtete und jede Maßnahme der einen Seite entsprechende Gegen- oder – subjektiv gesehen – Schutzmaßnahmen der anderen Seite zur Folge hatte.

*Richard Breyer, Joachim Rogall, Die Deutschen im polnischen Staat, in: Joachim Rogall (Hg.), Land der großen Ströme. Von Polen nach Litauen, Siedler Verlag, Berlin 1996, S. 378 ff.**

1 Beschreiben Sie ausgehend von M 14 die polnische Politik gegenüber Deutschen in Polen.
2 Vergleichen Sie ausgehend von M 14 die Polonisierungsmaßnahmen der polnischen Regierung mit den Germanisierungsmaßnahmen im Kaiserreich.
Tipp: Siehe auch Ergebnisse aus Aufgabe 1, S. 59.
Kernmodul: ► Ziehen Sie M 6, M 7, S. 116 f., hinzu.
3 **Zusatzaufgabe:** Siehe S. 149.

Vertiefung: Geschichte kontrovers
Die Volksabstimmung in Oberschlesien 1921

1 **Gruppenarbeit:**
a) Arbeiten Sie in arbeitsgleichen Gruppen aus den beiden Quellen M 15 und M 16 die Argumente für einen Anschluss Oberschlesiens an Polen bzw. einen Anschluss an Deutschland heraus.
b) Recherchieren Sie die Hintergründe der Auseinandersetzungen um die Volksabstimmung in Oberschlesien sowie über den Ausgang des Votums.
c) Beurteilen Sie die Zugehörigkeit Oberschlesiens nach dem Ergebnis der Volksabstimmung.
Tipp: Siehe auch Literaturhinweis S. 149 (Online-PDF).

M 15 Flugblatt zur Volksabstimmung in Oberschlesien (1921)

Oberschlesier! Das Schicksal Oberschlesiens liegt in den Händen seiner Bevölkerung und die überwiegende Mehrheit dieser Bevölkerung wünscht sich den Anschluss an Polen. Oberschlesische Brüder, wollt Ihr Euch mit Euren Stimmen dem Willen der ansässigen Bevölkerung entgegenstellen? Tuet es nicht – es liegt weder im Interesse der ansässigen Bevölkerung noch in Eurem Interesse! Sicherlich ist die Anhänglichkeit an Eure Heimat in Euch noch nicht erloschen. Mancher von Euch wünscht zurückzukehren, um sich ständig hier niederzulassen.
Dies kann nur dann geschehen, wenn Oberschlesien mit Polen vereint wird. Ihr wisst, dass in Deutschland 10 Millionen Menschen zu viel wohnen, dass daher in Oberschlesien, wenn es bei Deutschland bliebe, die einheimische Bevölkerung verdrängt würde und an ihre Stelle reichsdeutsche Kolonisten kämen.
Ihr seid polnischer Abstammung,
Ihr trägt polnische Namen, Euch wird der Preuße Oberschlesien für immer versperren!
Ein Weg steht Euch nur offen, um Euch vor den deutschen Steuern, von der wirtschaftlichen Erschöpfung, der Not und dem Hunger zu retten. Dieser Weg ist:
Oberschlesiens Anschluss an Polen!
Wenn Ihr aus Deutschland nach dem mit der Republik Polen vereinten Oberschlesien zurückkehrt und Euch hier niederlasset, werdet Ihr die Fesseln zerreißen, die Euch an Deutschland ketten und Euch von all den Lasten befreien, welche der Versailler Friedensvertrag den Deutschen auferlegt.
Behaltet die Augen offen und tuet das, was Euch das Interesse Oberschlesiens sowie Euer und Eurer Familien Interesse zu tun gebietet.
In Polen erwartet Euch Freiheit und Wohlstand – In Deutschland Knechtschaft und Elend!

Beuthen, im März 1921
Wojciech Korfanty[1]

Zit. nach: Matthias Kneip, Manfred Mack, Polnische Geschichte und deutsch-polnische Beziehungen, Cornelsen, Berlin 2007, S. 65.

1 *Korfanty (1873–1939),* Sohn einer Bergarbeiterfamilie, war im Deutschen Reichstag zunächst Abgeordneter der katholischen Deutschen Zentrumspartei, bevor er 1903 bis 1912 ein Reichstagsmandat der polnischen Nationaldemokratischen Partei erhielt. 1918 ging er wieder nach Polen und organisierte 1919 bis 1921 die polnischen Aufstände in Oberschlesien. Die Warschauer Regierung ernannte ihn zum Plebiszitkommissar.

M 16 Flugblatt des Ostmarkenvereins zu polnischen Gebietsansprüchen von 1919

Brauchen und dürfen wir auf unsere Ostmarken verzichten?
Nein! Niemals! Unter keinen Umständen!
Warum nicht?
I. Wir besitzen ein historisches und moralisches Recht auf die Ostmarken, denn
1. sie sind vor der Einwanderung der Polen von germanischen Stämmen bewohnt gewesen;
2. nach der Besitzergreifung durch die Polen sind sie von den durch diese selbst ins Land gerufenen deutschen Bauern und Bürgern seit 8 Jahrhunderten in friedlicher Arbeit der deutschen Kultur erschlossen worden;
3. nach ihrer Eingliederung in den preußischen Staat 1772 und 1793 verdanken sie ihren gegenüber Galizien und Russisch-Polen unvergleichlichen kulturellen Aufstieg der Fürsorge des preußischen Staates. Alle kulturellen, sozialen und wirtschaftlichen Errungenschaften waren stets und sind noch heute nur deutsch. Eine polnische Kultur hat es dort nie gegeben.
II. Nach den Wilson'schen Thesen braucht kein Fußbreit unserer Ostmark an Polen abgetreten zu werden, denn
1. es gibt keinen einzigen unzweifelhaft polnischen Kreis in der Ostmark; wenn die Polen auch in manchen Kreisen, namentlich des Reg.-Bez. Posen die rein zahlenmäßige Überlegenheit besitzen, so über-

wiegen die Deutschen im Grundbesitz, steuerlicher und wirtschaftlicher Leistung;
2. Deutsche und Polen wohnen so durcheinandergemengt, dass es nicht möglich ist, eine reinliche Scheidung nach Nationalitäten durchzuführen; nach Wilson dürfen aber „Völker und Provinzen nicht von einer Staatsoberhoheit in eine andere, wie Steine in einem Spiel, herumgeschoben werden."
III. Die Ostmarken sind als landwirtschaftliches Überschussgebiet für Deutschland unentbehrlich, denn
1. die Hälfte unserer Brotration stammt aus den Ostmarken;
2. die Hälfte unserer Kartoffelration verdanken wir der ostmärkischen Landwirtschaft.
Der dauernde Verlust der Ostmarken bedeutet daher für Deutschland die dauernde Hungersnot!
3. Oberschlesien fördert ¼ unserer gesamten Kohlen;
4. Posen bildet die unbedingt notwendige Verbindungsbrücke zwischen Schlesien und Ostpreußen;
5. die Preisgabe der Ostmarken bedeutet die Verlegung der strategischen Grenze an die Oder. Berlin, die Reichshauptstadt, würde somit unter polnischem Geschützfeuer liegen.
Darum können und müssen die Ostmarken unbedingt beim Deutschen Reiche verbleiben!
In dieser Forderung sind alle Deutschen ohne Unterschied der Partei einig.

Zit. nach: Matthias Kneip, Manfred Mack, Polnische Geschichte und deutsch-polnische Beziehungen, Cornelsen, Berlin 2007, S. 66.

Die deutsche Ostgrenze in der Weimarer Republik

M 17 Gustav Stresemann (1878–1929), deutscher Außenminister 1923 bis 1929, zur Ostgrenze – Papier über eine Unterredung Stresemanns (1927)

Über das Verhältnis Deutschlands zu Polen habe er in Genf mit dem Marschall Piłsudski und dem Außenminister Zaleski eingehend gesprochen. Beiden Staatsmännern sei klar, dass Polen eine weitere Expansion nicht vertragen könne, da es mit Minderheiten schon übersättigt sei. [...]
Auch Piłsudski habe ihm auf eine Frage nach polnischen Wünschen, Ostpreußen zu besitzen, erwidert, hiervon könnten nur fünf bis sechs Narren sprechen, für die die Regierung nicht verantwortlich gemacht werden könne. Polen habe den Wunsch, in gute Beziehungen zu Deutschland zu treten, da es Anleihen und wirtschaftliche Förderung brauche. [...] Piłsudski habe [...] Verständnis für den deutschen Gesichtspunkt gezeigt, dass die noch im Korridor[1] lebenden Deutschen dort verblieben, um weitere Überfüllung Deutschlands durch vermehrte Rückwanderungen zu vermeiden.
Die Wirkung des Zollkrieges[2] und damit die Aussicht, Polen zu wirtschaftlichen Zugeständnissen zu zwingen, sei durch den englischen Kohlestreik[3] und die einsetzende wirtschaftliche Hochkonjunktur in Polen vereitelt worden. [...]
Eine Beseitigung des Korridors durch Kriege sei unmöglich. Wir hätten keine Machtmittel. Es sei daher die Frage zu prüfen, ob ein Rückerwerb des Korridors auf friedlichem Wege möglich sei. [...]
Eine Lösung sei nur denkbar durch Fortsetzung der Locarno-Politik, d. h. engen Verbundenheit von Berlin mit London und Paris. [...]
Man habe in Deutschland die Frage eines Ost-Locarno lebhaft erörtert und darunter eine Garantierung der Grenzen Polens verstanden.
Ein solches Ost-Locarno sei nicht zu befürchten und sei uns auch nie zugemutet worden. Als Polen bei der letzten Tagung des Völkerbundes im September d. J. eine Aktion unternommen habe, die ein solches Ziel verfolgte, sei es auf einen höchst energischen Druck, insbesondere der englischen Regierung, sehr schnell umgefallen. [...]
Frankreich müsse zunächst die Angst vor deutscher Bedrohung verlieren, sodann die Unhaltbarkeit der jetzigen Grenzziehung erkennen und sich schließlich zu einer Änderung dieser Grenzen verstehen.

*Zit. nach: Henry Bernard (Hg.), Gustav Stresemann: Vermächtnis. Der Nachlass in drei Bänden, Bd. 3, Ullstein, Berlin 1933, S. 247 f.**

1 *der Polnische Korridor:* ein Landstreifen zwischen Pommern im Westen und dem Unterlauf der Weichsel im Osten. Deutschland musste ihn nach dem Ersten Weltkrieg an Polen abtreten, Ostpreußen wurde so vom übrigen Deutschland abgetrennt.
2 *Der deutsch-polnische Zollkrieg 1925–1934* war eine wirtschaftspolitische Auseinandersetzung insbesondere um polnische Kohleexporte, die zu zwei Drittel nach Deutschland gingen.
3 *Mai bis September 1926*

1 Ordnen Sie M 17 in den historischen Kontext ein.
2 Arbeiten Sie aus M 17 heraus, weshalb nach Ansicht von Stresemann eine Veränderung der Ostgrenze erzielt werden sollte.
3 **Vertiefung:** Beurteilen Sie anhand von M 17 Stresemanns Absichten bezüglich der deutschen Ostgrenze. **Tipp:** Recherchieren Sie hierzu auch im Internet zum Stichwort „Frankreich und England als Garantiemächte für Polen".
4 **Zusatzaufgabe:** Siehe S. 150.

Der Mythos von Grunwald bzw. Tannenberg

M 18 Deutsche Postkarte vom Tannenberg-Denkmal, undatiert

M 19 Grunwald-Denkmal in Krakau, Polen, errichtet 1910, Bildhauer: Antoni Wiwulski, Fotografie, 2005

1 Stellen Sie sich vor, Sie hätten auf dem Dachboden eines alten Hauses M 18 gefunden. Erstellen Sie ausgehend von einer Beschreibung eine ungefähre Datierung des Fundstücks und begründen Sie Ihr Ergebnis.
Tipp: Siehe Darstellung S. 57.

2 **Wahlaufgabe:** Bearbeiten Sie Aufgabe a) oder b).
Kernmodul: ▶ Ziehen Sie auch M 3, S. 110 f., hinzu.
- a) Vergleichen Sie die Architektur von Grunwald-Denkmal (M 19) und Tannenberg-Denkmal (M 18).
- b) Beurteilen Sie die Rolle des Mythos von Tannenberg bzw. Grunwald in der Geschichte des deutsch-polnischen Verhältnisses (M 18, M 19, Darstellung S. 57).

3 **Zusatzaufgabe:** Siehe S. 150.

Karikaturen interpretieren

Karikaturen (von ital. *caricare* = überladen, übertreiben) sind bildliche Darstellungen, bei denen gesellschaftliche und politische Zustände oder menschliche Verhaltensweisen bewusst **überzeichnet** und bis zur Lächerlichkeit **verzerrt** werden. Der Kontrast zur Realität soll den Betrachter zum Nachdenken bewegen.
Karikaturen gab es bereits in der Antike und im Mittelalter. Aber erst durch die Entwicklung des Buchdrucks um 1500 konnte die Karikatur breite gesellschaftliche Wirkungsmöglichkeiten entfalten.
Karikaturen sind eine besondere Form der **historischen Bildquelle,** durch die der Betrachter einen anschaulichen Eindruck von zeitgenössischen Auffassungen erhält. Um die „Botschaft" einer Karikatur zu „entschlüsseln", bedarf es einer Interpretation. Dabei müssen nicht nur die einzelnen Bildinhalte erfasst und gedeutet, sondern auch der historische Zusammenhang herangezogen werden. Es ist zu berücksichtigen, dass Karikaturen stets nur eine zeitgenössische Meinung darstellen.

Arbeitsschritte zur Interpretation

1. Leitfrage
- Welche Fragestellung bestimmt die Untersuchung der Karikatur?

2. Analyse

Formale Aspekte
- Wer ist der Zeichner und/bzw. Auftraggeber (ggf. soziale Herkunft, gesellschaftliche Stellung, Wertmaßstäbe)?
- Wann ist die Karikatur entstanden bzw. veröffentlicht worden?
- Gibt es einen Titel oder/und einen Zusatzkommentar?
- Was thematisiert die Karikatur?

Inhaltliche Aspekte
- Welche Gestaltungsmittel (Figurendarstellung wie Mimik, Gestik, Kleidung, Gegenstände, Symbole, Metaphern, Personifikationen, Vergleiche, Allegorien, Proportionen, Schrift) sind verwendet worden?
- Was bedeuten die einzelnen Gestaltungsmittel?
- Was ist die zentrale Bildaussage („Botschaft") der Karikatur?
- Welche Fragen bleiben bei der Deutung offen?

3. Historischer Kontext
- In welchen historischen Zusammenhang (Ereignis, Epoche, Prozess bzw. Konflikt) lässt sich die Karikatur einordnen?

4. Urteilen

Sachurteil
- Welche Intention verfolgten Zeichner bzw. Auftraggeber?
- Für wen wird Partei ergriffen?
- Welche Wirkung sollte beim zeitgenössischen Betrachter erzielt werden? Mit welchen anderen bildlichen und textlichen Quellen lässt sich die Karikatur ggf. vergleichen?
- Inwieweit gibt die Karikatur den historischen Gegenstand sachlich angemessen wieder?
- Welche Schlussfolgerungen lassen sich im Hinblick auf die Leitfrage ziehen?

Werturteil
- Wie lässt sich die Karikatur aus heutiger Sicht bewerten?

Übungsbeispiel

M 1 **Karikatur aus der Zeitschrift „Der wahre Jacob", Stuttgart, 16. November 1912. Farbdruck nach dem Entwurf von Hans Gabriel Jentzsch (1862–1930)**

1 Erläutern Sie anhand der Darstellung, S. 66, die Bedeutung von Karikaturen als Kommunikationsmedium in der Zeit um 1900.

2 Analysieren Sie anschließend Karikatur M 1 mithilfe der systematischen Arbeitsschritte im Kontext der Politik des Deutschen Kaiserreichs.

▶ Losungshinweise finden Sie auf S. 153.

Politische Plakate interpretieren

Politische Plakate machen Werbung für politische Inhalte, Parteien oder Vereine oder sie dienen der öffentlichen Information. Sie arbeiten mit „plakativen" Gestaltungsmitteln: Das Dargestellte soll auffällig und schnell zu verstehen sein und möglichst lange in Erinnerung bleiben. Um die Aufmerksamkeit des Betrachters zu erlangen, wird der **Inhalt zugespitzt.** Aufgrund ihres appellativen (= auffordernden) Charakters sind Plakate weniger dokumentarisch als andere Bildquellen. **Absichten und Positionen des Auftraggebers** kann man indes gut aus ihnen herausarbeiten.
Die große Zeit der politischen Plakate begann im und nach dem Ersten Weltkrieg. Unterstützt durch die Pressefreiheit und neue künstlerische Ausdrucksformen, kämpften Parteien in Deutschland seit Kriegsende mit Plakaten um Wählerstimmen.
Auf einem politischen Plakat werden die Inhalte häufig auf einen kurzen, prägnanten Text **(Slogan)** reduziert. Die Auftraggeber bzw. Parteien können mit ihren Plakaten Hoffnungen wecken, indem sie Konzepte zur Lösung politischer, sozialer und wirtschaftlicher Probleme anbieten, aber auch Ängste und Befürchtungen bedienen sowie Stereotype und Feindbilder beschwören, indem sie politische Gegner oder soziale Gruppen angreifen. Darüber hinaus versuchen Parteien, sich und ihre Kandidaten „von ihrer besten Seite" zu präsentieren.
Die Wirkung von Plakaten auf das tatsächliche Wahlverhalten der Bürgerinnen und Bürger ist umstritten. Doch geben Wahlplakate Aufschluss über das Selbstverständnis der Parteien und verweisen auf politische Grundhaltungen ihrer Zeit.

Arbeitsschritte für die Analyse

1. Leitfrage
- Welche Fragestellung bestimmt die Untersuchung des Plakats?

2. Analyse

Formale Aspekte
- Wer hat das Plakat erstellt oder in Auftrag gegeben?
- Wann und wo ist das Plakat erschienen?
- Welcher Anlass führte zur Erstellung und Veröffentlichung des Plakats?
- An wen ist das Plakat gerichtet?

Inhaltliche Aspekte
- Was ist das Thema des Plakats?
- Was ist auf dem Plakat dargestellt und welche Gestaltungsmittel (Bilder, Personen, Gegenstände, Texte/Schlagwörter, Symbole, Muster, Anordnung der Bildgegenstände/Art der Komposition, Perspektive, Farben, Proportionen und Verhältnis von Bild und Text) wurden genutzt?

3. Historischer Kontext
- In welchem historischen Kontext (Ereignis, Epoche, Prozess, Wahlkampf) ist das Plakat entstanden?

4. Urteilen

Sachurteil
- Wie lassen sich die Gestaltungsmittel deuten?
- Welche Wirkung sollte beim zeitgenössischen Beobachter erzielt werden?
- Welche Intention verfolgte der Ersteller bzw. Auftraggeber?
- Ist das Plakat repräsentativ für seine Zeit?
- Welche Schlussfolgerungen lassen sich im Hinblick auf die Leitfrage ziehen?

Werturteil
- Wie lässt sich das Plakat gemäß der Leitfrage aus heutiger Sicht bewerten?

Übungsbeispiel

M 1 Deutsches Plakat zur Volksabstimmung in Oberschlesien am 20. März 1921, Farblithografie, Plakatdruckanstalt Dinse & Eckert, Berlin, 1920

Formulierungshilfen zur Analyse von Plakaten
- Bei dem Material handelt es sich um ein Plakat von ... aus der Zeit/dem Jahr ...
- Als Thema steht im Zentrum ...
- Die Begriffe/Slogans ...
- ... ist bekannt/ist nicht bekannt ...
- Zunächst wird der Blick des Betrachters auf ... gelenkt.
- Im Vordergrund/In der Bildmitte/Im Hintergrund ...
- Am oberen/unteren Bildrand ...
- Das Plakat zeigt ...
- Nicht dargestellt sind ...
- Die Figur/Person schaut in Richtung/macht ...
- Es hinterlässt einen Eindruck von ...
- Das Plakat verbindet sich mit der Absicht/zielt darauf ab, ...
- Meiner Meinung nach ...
- Aus heutiger Sicht ...

1 Analysieren Sie Plakat M 1 gemäß der systematischen Arbeitsschritte S. 68 und unter Zuhilfenahme der Darstellung, S. 55.
Tipp: Siehe die Formulierungshilfen oben.
▶ Lösungshinweise finden Sie auf S. 154.

Anwenden

M 1 *„Nie damy Śląska!“* (dt. „Wir geben Schlesien nicht her!“), polnisches Plakat zur Volksabstimmung in Oberschlesien am 20. März 1921 von Jerzy Gelbard (1894–1944), Druck: W. Główczewski, Warschau, 1920

1 Analysieren Sie das Plakat M 1.
Tipp: Siehe Hilfen S. 150.

2 Vergleichen Sie Plakat M 1 auf dieser Seite mit Plakat M 1, S. 69.

3 Nehmen Sie ausgehend von dem Plakatvergleich in Aufgabe 2 Stellung zum deutsch-polnischen Verhältnis in der Zeit der Weimarer Republik.

Wiederholen

M2 „Der polnische Nimmersatt" von W. Malchow, publiziert in der Zeitschrift „Welt-Echo. Politische Wochenchronik", 7. März 1919

1 Interpretieren Sie M2 im Kontext des deutsch-polnischen Verhältnisses zwischen Kaiserzeit und Weimarer Republik.
Tipp: Siehe Hilfen S. 150.

2 **Partnerarbeit:** Im Folgenden sind Namen und Begriffe aufgelistet, die sich auf Konfliktfelder im deutsch-polnischen Verhältnis zwischen Kaiserzeit und Weimarer Republik beziehen. Ordnen Sie in gemeinsamer Arbeit die Namen und Begriffe Konfliktfeldern zu und begründen Sie Ihre Auswahl. Mehrfachzuordnungen sind möglich, ebenso Ergänzungen.

> Amtssprache – Ausweisungen – Otto von Bismarck – Denkmäler – Enteignungen – Plakate – Minderheiten – Minderheitenschutzvertrag 1919 – nationale Mythen – nationale Stereotype – nationales Selbstbestimmungsrecht – Oberschlesien – Ostmarkenverein – Józef Piłsudski – Politik der organischen Arbeit – Posen – Reichsverfassung 1871 – Schulpolitik – Vertreibungen – Volksabstimmungen – Westmarkenverein.

3 **Wahlaufgabe:** Bearbeiten Sie entweder Aufgabe a) oder b).
a) Nehmen Sie Stellung zur Germanisierungspolitik im Deutschen Kaiserreich.
b) Beurteilen Sie die Polonisierungspolitik der Zweiten Polnischen Republik.

4 **Vertiefung/Gruppenarbeit:** Entwickeln Sie einen Ansatz zur Lösung der deutsch-polnischen Probleme im Hinblick auf Oberschlesien nach dem Ersten Weltkrieg. Berücksichtigen Sie hierbei parallele zeitgenössische Lösungsansätze wie z. B. zur Stadt Danzig.

5 Gehen Sie auf Ihre Fragen und Hypothesen von der Einstiegsseite, S. 51, ein. Halten Sie Ihre Antworten in Stichpunkten fest und klären Sie noch offene Aspekte.

Zentrale Begriffe

Germanisierungspolitik
Jagiellonische Staatsidee
Minderheitenschutzvertrag 1919
Nationale Minderheiten
Nationale Mythen
Nationale Stereotype
Nationales Selbstbestimmungsrecht
Pariser Friedenskonferenzen 1919/20
Piastische Staatsidee
„Politik der organischen Arbeit"
Polonisierungspolitik
Wreschener Schulstreik 1906
Zweite Polnische Republik

5 Die deutsche Besatzung Polens im Zweiten Weltkrieg

M1 Eine Mutter mit Kindern im Warschauer Ghetto, Fotografie, um 1942

1926 | Sturz der polnischen Regierung durch Anhänger von Marschall Piłsudski

1933 | Ernennung Adolf Hitlers zum Reichskanzler

1934 | Abschluss eines deutsch-polnischen Nichtangriffspakts

1925 | 1930 | 1935

Der Zweite Weltkrieg markiert eine tiefe Zäsur in der Geschichte der deutsch-polnischen Beziehungen. War das Verhältnis der beiden Völker bis zur Mitte des 19. Jahrhunderts in kultureller, politischer und ökonomischer Form durchaus fruchtbar und weitgehend friedlich, so ist dieses bis zur Mitte des 20. Jahrhunderts völlig zerstört. Hauptverantwortlich dafür sind die in modernen Zeiten alles Dagewesene überschreitenden Verbrechen, die von Deutschen in Polen während des Zweiten Weltkrieges begangen wurden. Der Umgang mit der polnischen Gesellschaft während der Besatzungszeit steht im Fokus dieses Kapitels.

M2 Angehörige der polnischen Heimatarmee während des Warschauer Aufstands, Fotografie, 1944

1 Setzen Sie die beiden Fotografien in Beziehung. Gehen Sie dabei wie folgt vor:
- Beschreiben Sie Details der Fotos. **Tipp:** Achten Sie besonders auf die Mimik der Personen.
- Stellen Sie die Aufnahmesituationen dar.
- Erklären Sie, wie durch die jeweilige Perspektive der Eindruck des Bildes erzeugt und verstärkt wird, und stellen Sie die Eindrücke gegeneinander.

Klären Sie nun, welche Absicht hinter der jeweiligen Aufnahme steht.

2 Stellen Sie historische Zusammenhänge zwischen den Materialien her.

3 **Partnerarbeit:** Entwickeln Sie gemeinsam Fragen, die sich Ihrer Meinung nach aus der Untersuchung des Bildmaterials ergeben. Notieren Sie diese, sodass Sie sie nach Bearbeitung des Kapitels 5 noch einmal aufrufen und bearbeiten können (siehe S. 89). Denken Sie bei der Formulierung Ihrer Fragen auch an mögliche Bezüge zu unserer heutigen Zeit.

1939	28. April: Aufkündigung des Nichtangriffspakts durch das Deutsche Reich 23. August: Hitler-Stalin-Pakt 1. September: deutscher Überfall auf Polen, Beginn des Zweiten Weltkriegs 17. September: Einmarsch der Roten Armee in Polen, Westpolen Teil des Deutschen Reichs, Ostpolen fällt an Sowjetunion, Restgebiet wird „Generalgouvernement“ unter deutscher Besatzung
1943	Aufstand im Warschauer Ghetto (19. April–16. Mai)
1944	22. Juli: „Komitee zur nationalen Befreiung“ tritt in Lublin als polnische Parallelregierung zusammen 1. August: Beginn des Warschauer Aufstands gegen die deutschen Besatzer 2. Oktober: Kapitulation der polnischen Heimatarmee
1945	Konferenzen in Jalta und Potsdam, Verschiebung Polens nach Westen

1940 1945

5 Die deutsche Besatzung Polens im Zweiten Weltkrieg

In diesem Kapitel geht es um
- *die ideologischen Grundlagen des Nationalsozialismus in Bezug auf Polen,*
- *die deutsche Besatzung in Polen während des Zweiten Weltkriegs,*
- *die polnische Reaktion auf die deutsche Okkupation.*

Die innenpolitische Situation in Polen in der Zwischenkriegszeit

Vor dem Hintergrund wachsender Korruption, politischer Instabilität, Streit um Ämter und Würden, vor allem aber angesichts einer seit 1925 bedrohlich werdenden Wirtschaftskrise mit steigender Arbeitslosigkeit und staatlicher Finanznot kam Piłsudski am 12. Mai 1926 durch einen Staatsstreich an die Macht. Er begann, gestützt auf seine außerordentlich große Autorität bei der Bevölkerung und auf die Loyalität der Streitkräfte, unter formaler Beibehaltung der Verfassung eine „moralische Diktatur" zu errichten, die zu einer „Gesundung" (*sanacja*) des politischen Lebens führen sollte. Im April 1935 wurde mithilfe eines „Ermächtigungsgesetzes" sogar eine auf Piłsudski zugeschnittene autoritäre Verfassung verabschiedet, doch nach seinem Tod am 12. Mai 1935 zerfiel das vom persönlichen Prestige und Charisma Piłsudskis geprägte System zunehmend.

Die außenpolitische Situation Polens vor dem Zweiten Weltkrieg

Polen war infolge der umstrittenen Grenzziehung nach 1918 mit allen Nachbarn außer Rumänien und Lettland verfeindet. Durch das Bündnis mit Frankreich von 1921 war das Land wichtigstes Glied in dem zwischen der Sowjetunion und Deutschland gelegenen Staatengürtel, der von der Ostsee bis zum Schwarzen Meer reichte. Die Kräfte Polens waren jedoch mit der Aufgabe, die beiden Nachbarn zu neutralisieren, überfordert. Die Weimarer Republik verweigerte eine von Piłsudski gewünschte Normalisierung, da sie eine Grenzrevision und militärische Gleichberechtigung forderte.
Die 1922 in **Rapallo*** zwischen Deutschland und der Sowjetunion besiegelte politische Verständigung rief in Polen größte Beunruhigung hervor („Rapallo-Komplex"). Die Sowjetunion und das nationalsozialistische Deutschland nutzten die jeweiligen Nichtangriffsverträge mit Polen (1932 bzw. 1934) nur als Atempause auf dem Weg zur Revision der Versailler Friedensordnung. Als Polen 1938 Litauen zur Anerkennung der gemeinsamen Grenze zwang und sich durch die Annexion des **Olsa-Gebiets*** an der Zerlegung der Tschechoslowakei nach dem Münchener Abkommen beteiligte, hatte es die Beziehungen zu zwei Nachbarn weiter vergiftet und seine moralische Position als östlicher Eckpfeiler des Westens zwischen den beiden totalitären Diktaturen Deutschland und Sowjetunion stark geschwächt.
Gleichzeitig drängte Adolf Hitler nach dem Anschluss Österreichs und der Zerstückelung der Tschechoslowakei nunmehr auf eine Regelung der **Danzig- und „Korridor"*-Frage** zugunsten Deutschlands. Die Zurückweisung seiner Avancen durch Polen und die britische Garantieerklärung für die „nationale Integrität" Polens am 31. März 1939 nahm Hitler zum Anlass, im April einen Angriffskrieg vorbereiten zu lassen und den Nichtangriffspakt aufzukündigen. Ein am 23. August unterzeichneter **deutsch-sowjetischer Nichtangriffsvertrag („Hitler-Stalin-Pakt")** sah in einem **geheimen Zusatzprotokoll** die Aufteilung Polens zwischen dem Dritten Reich und der Sowjetunion vor. Mit dem Überfall auf Polen am 1. September 1939 löste Hitler den Zweiten Weltkrieg aus. Mit dem Einmarsch der sowjetischen Truppen in Ostpolen am 17. September 1939 wurde die „vierte Teilung" Polens besiegelt.

Rapallo-Vertrag
Vertrag vom 16. April 1922, in dem die Beziehungen des Deutschen Reichs und der Russischen Sozialistischen Föderativen Sowjetrepublik nach dem Ersten Weltkrieg normalisiert wurden.

Olsa-Gebiet
Tschechisch-polnisches Grenzgebiet; im Münchener Abkommen wurde von England, Frankreich, Deutschland und Italien die Rückgabe des Sudetengebiets von der Tschechoslowakei an das Deutsche Reich beschlossen.

Korridor
Bezeichnung für den vormals deutschen Teil Polens zwischen Pommern und der Weichsel, der nach dem Ersten Weltkrieg abgetreten werden musste.

Geheimes Zusatzprotokoll
cornelsen.de/Webcodes
Code: tuyavo

▶ **M 5–M 6: Angriffsplanungen**

Kernmodul: ▶ S. 116 ff., M 6 (Partel), M 7 (Osterhammel)

Der deutsche Radikalnationalismus

Eine entscheidende Ursache der deutschen Expansion war der nationalsozialistische Radikalnationalismus, der in der nationalsozialistischen Massenbewegung eine besonders starke Wirkung entfaltete. Dieser Nationalismus unterschied sich von anderen Formen des Nationalismus durch zwei eng miteinander verknüpfte Merkmale. Er beruhte zum einen auf einer spezifischen **Volkstums- und Rassenpolitik,** die ihm eine aggressive und ausgrenzende Ausrichtung verlieh. Das „Volk" erschien den Nationalsozialisten als absoluter Wert und als eine Gemeinschaft, die unabhängig von politisch-staatlichen Grenzen existierte und auf gemeinsamer Rasse, Sprache und Kultur gründete. Diese uneingeschränkte Geltung des „Volks"-Begriffes und die Aufwertung der „germanischen Rasse" zur „Herrenrasse" erlaubte den Nationalsozialisten den Ausschluss von „nicht-deutschen" Mitgliedern aus der **„Volksgemeinschaft"** bzw. in der letzten Konsequenz deren Vernichtung. Hinzu kam – zweitens – die Idee von **„Lebensraum"** besonders im Osten. Der Überlegenheit der „germanischen Rasse" sollte dadurch Rechnung getragen werden, dass sie ihr Siedlungsgebiet erweiterte. Diese den Nationalsozialismus leitende geopolitische Raumvorstellung überwand die Grenzen des 1871 entstandenen deutschen Nationalstaats. Der Vorwand, für das deutsche Volk „Lebensraum" zu erschließen, diente den Nationalsozialisten dazu, eine expansionistische Außen- und Kriegspolitik zu rechtfertigen. Weil der NS-Staat dabei seine Rassen- und Volkstumspolitik konsequent verwirklichte, wandelte sich die Außen- und Kriegspolitik während des Zweiten Weltkrieges in eine **Kriegs- und Vernichtungspolitik** – das erste Opfer dieser Herrschaft war Polen.

Der Westen des von deutschen Truppen besetzten polnischen Staatsgebiets wurde dem Reich angegliedert, während der mittlere Teil des Landes, dessen Gebiete auch vor 1918 nicht zum Deutschen Reich gezählt hatten, mit ca. 12 Millionen Einwohnern zum **„Generalgouvernement"** erklärt wurde. Die NS-Politik hatte sich im Rahmen ihrer „Lebensraumpolitik" zum Ziel gesetzt, die eingegliederten Ostgebiete innerhalb eines Jahrzehnts in völlig deutsch besiedeltes Land zu verwandeln und damit „ethnisch zu säubern". Die ersten Todesopfer waren bereits im Herbst 1939 bis zu 20 000 Angehörige der polnischen Führungseliten. Hunderttausende von Polen wurden zwangsweise in das Generalgouvernement umgesiedelt und durch Volksdeutsche*, die deutschstämmige Bevölkerung in Ostmittel- und Südosteuropa, ersetzt.

M 1 **Angriff der deutschen Luftwaffe auf Warschau, Fotografie, 1939**

▶ Kapitel 9: Nationalsozialismus und deutsches Selbstverständnis (S. 128 ff.)

▶ M 7: Ideologische Vorstellungen zur Gestaltung Osteuropas

▶ M 2: Karte

Volksdeutsche
Im Verständnis der Nationalsozialisten Deutsche, aber auch Deutschstämmige, die außerhalb der deutschen Staatsgrenzen von 1937 lebten. Dazu gehörten beispielsweise Südtiroler, Siebenbürger Sachsen und Sudetendeutsche.

Die deutsche Besatzung

Nach dem Überfall der deutschen Truppen auf Polen am 1. September 1939 und dem anschließenden Einmarsch der Roten Armee in Ostpolen am 17. September 1939 kapitulierten die letzten polnischen Verbände am 5. Oktober 1939. Infolge des deutsch-sowjetischen Abkommens vom 23. August 1939 wurde der westliche Teil Polens unter deutsche, der östliche Teil unter sowjetische Besatzung gestellt. Der deutsche Teil umfasste ungefähr die Hälfte des polnischen Staatsgebiets und zwei Drittel der insgesamt 35 Millionen Einwohner zählenden Bevölkerung. Die polnische Regierung floh zuerst nach Frankreich, dann 1940 weiter nach London, wo sie als Exilregierung* bei den Alliierten polnische Interessen vertrat.

Die im Reichsgebiet verbliebenen Polen waren völlig entrechtet. Das Generalgouvernement hingegen sollte eine Art deutscher Kolonie sein, in der die Polen als „Untermenschen" ohne politisches und kulturelles Eigenleben für die deutsche „Herrenrasse" zu arbeiten hatten. Etwa 2,8 Millionen Polen wurden zur Zwangs- oder Sklavenarbeit ins Reich oder in die besetzten Gebiete deportiert. Ganz bewusst hatte Generalgouverneur Hans Frank seinen Sitz auf der Krakauer Wawelburg genommen, in der einst die polnischen Könige gekrönt worden waren, um so ein für die Polen besonderes Symbol ihres nationalen Stolzes zu entehren. Neben dem Besatzungsregime Hans Franks trugen auch

Exilregierung
Regierung, die aufgrund der Besetzung des eigenen Landes in ein anderes flieht.

▶ M 8–M 11: Leben im besetzten Polen

▶ M 3: Hans Frank

M2 Polen im Zweiten Weltkrieg

M3 Hans Frank (1900–1946), Generalgouverneur in Polen, Fotografie, 1941.
Nach dem Zweiten Weltkrieg wurde Hans Frank in den Nürnberger Kriegsverbrecherprozessen schuldig gesprochen und hingerichtet.

die SS- und Sondereinheiten der Polizei dazu bei, durch Terror und willkürliche Massenverhaftungen die polnische und jüdische Bevölkerung in Furcht zu versetzen.
Die Anzahl der Juden im Generalgouvernement erhöhte sich durch die Deportierten aus den eingegliederten Ostgebieten und aus dem „Altreich“ und später aus allen von den Deutschen besetzten Gebieten Europas. Im Warschauer Ghetto* vegetierten unter furchtbaren Bedingungen zeitweise 400 000 Menschen, bevor sie zur Ermordung in die Konzentrations- und Vernichtungslager kamen. In Auschwitz-Birkenau, Majdanek, Bełżec, Sobibor, Treblinka* und anderen Lagern wurden rund 4,5 Millionen Juden aus dem deutschen Machtbereich ermordet, außerdem Polen, sowjetische Kriegsgefangene, Sinti und Roma sowie weitere Minderheiten.
Das Vorgehen der deutschen Behörden im besetzten Polen diente generell der Zerstörung, der Knechtung und dem Völkermord. Es war in keiner Weise ihr Ziel, die Unterstützung oder Loyalität der Besetzten zu gewinnen. Die Vollstrecker der nationalsozialistischen Politik hatten die Aufgabe, jegliche Reste polnischer Staatlichkeit zu liquidieren und die polnische Nation als Gemeinschaft zu vernichten. Dass es dazu nicht kam, „kann einzig darauf zurückgeführt werden, dass Hitler den Krieg verlor“ (Czesław Madajczyk).

Warschauer Ghetto
Das Warschauer Ghetto diente als Sammellager für Juden aus Polen und dem Deutschen Reich, bevor sie in die Vernichtungslager kamen. Der Zweck dieser Lager war nicht die Konzentration oder Zwangsarbeit, sondern die physische Vernichtung.

▶ M 14–M 16: Leben im Warschauer Ghetto

Auschwitz-Birkenau, Majdanek, Bełżec, Sobibor und Treblinka
die größten Vernichtungslager. Sie lagen alle im Generalgouvernement.

Der polnische Widerstand

▶ M 12–M 13: Untergrundaktivitäten

In Polen entwickelte sich trotz lebensgefährlicher Bedingungen ein gut funktionierender Untergrundstaat. Zu den Formen des Widerstands gehörten Untergrundzeitschriften, geheime Kulturveranstaltungen sowie ein geheimes Bildungswesen von der Grundschule bis zur Universität. Die Kriegserfahrungen und insbesondere die Erfahrungen der deutschen Okkupation, bei der bis zu 5 Millionen polnische Staatsbürger ihr Leben verloren, sollten nach 1945 für Jahrzehnte zu einem beherrschenden Thema in der politischen und kulturellen Öffentlichkeit werden.

Die brutale deutsche Besatzungspolitik führte dazu, dass sich immer weitere Bevölkerungskreise an Widerstandsaktionen beteiligten. Der bewaffnete Arm des polnischen Untergrundstaates, die „Heimatarmee" (*Armia Krajowa*), wuchs bis Ende 1943 auf 350 000 Mitglieder an.

Die Heimatarmee sah ihre Aufgabe in Spionage, Sabotage und Attentaten, um die Besatzer zu schwächen. Im April 1943 schlug die deutsche Besatzungsmacht den Aufstand der Juden im Warschauer Ghetto, der den Abtransport der verbliebenen 60 000 Juden in die Vernichtungslager aufhalten sollte, blutig nieder.

▶ M 17–M 21: Aufstände in Warschau

Am 1. August 1944 löste die Heimatarmee einen weiteren Aufstand in Warschau aus. Während die sowjetische Armee tatenlos auf der anderen Seite der Weichsel wartete, schlugen die deutschen Besatzer den Aufstand bis zum 2. Oktober brutal nieder und legten Warschau auf persönlichen Befehl Hitlers und Himmlers in Schutt und Asche. Der Aufstand kostete über 200 000 Soldaten und Zivilisten das Leben und wurde zum Symbol für den polnischen Willen zum Widerstand.

M 4 Denkmal zur Erinnerung an den Warschauer Aufstand von 1944, Wincenty Kuíma und Jacel Budyn 1989, Fotografie, 2012

Informationen und Bilder zum Denkmal
cornelsen.de/Webcodes
Code: rawene

Am 22. Juli 1944 bildete sich in Lublin aus moskautreuen Kräften ein „Polnisches Komitee der Nationalen Befreiung", das mit dem Aufbau einer kommunistisch orientierten Verwaltung begann, die dann nach Kriegsende die Herrschaft übernahm.

Die Erinnerung an die deutsche Besatzung ist heute noch in Polen allgegenwärtig. In den letzten Jahren sind aber Stimmen aufgekommen, welche die eigene polnische Beteiligung an antisemitischen Verbrechen in die Öffentlichkeit bringen wollen. Insbesondere die Frage nach der Erinnerung an das Massaker von Jedwabne und die Auseinandersetzungen um die Darstellung der Heimatarmee in dem in Deutschland veröffentlichten Film „Unsere Mütter, unsere Väter" 2013 zeigen auf, dass dieser Themenkomplex noch lange nicht hinreichend aufgearbeitet worden ist.

▶ M 22–M 24: Antisemitische Verbrechen der Polen

1 Erklären Sie folgende Begriffe: Lebensraumtheorie, Generalgouvernement, Ghetto, Vernichtungskrieg, Konzentrations- und Vernichtungslager, Heimatarmee.
2 **Schaubild:** Stellen Sie mithilfe der Darstellung die Ziele, die Maßnahmen und die Auswirkungen der Besatzung Polens in einem Schaubild dar.

Hinweise zur Arbeit mit den Materialien

Der Materialteil zu der Besatzung Polens im Zweiten Weltkrieg setzt folgende Schwerpunkte:

- *M 5–M 6 führen in die deutsche und russische Planung des Angriffs auf Polen ein.*
- *M 7 zeigt die nationalsozialistischen ideologischen Grundlagen der Besetzung Polens und Osteuropas auf.*
- *M 8–M 11 thematisieren aufbauend auf der Behandlung der ideologischen Prämissen die deutsche Besatzungspraxis.*
- *M 12–M 13 zeigen im Perspektivenkontrast die polnische Reaktion auf die brutale Besatzungspraxis auf.*
- *M 14–M 16 dienen der Veranschaulichung der grausamen Zustände im Warschauer Ghetto.*
- *M 17–M 21 behandeln die Aufstände in Warschau in multiperspektivischer Form.*
- *M 22–M 24 vertiefen die Auseinandersetzung mit dem polnischen Antisemitismus.*

Methodentraining: S. 86–87 zu „Darstellungen" ergänzen den inhaltlichen Schwerpunkt der Besetzung Polens auf methodischer Ebene.

Angriffsplanungen auf Polen

M 5 Ansprache Hitlers vor den Befehlshabern der Wehrmacht vom 22. August 1939

Es war mir klar, dass es früher oder später zu einer Auseinandersetzung mit Polen kommen musste. Ich fasste den Entschluss bereits im Frühjahr. [...] Das Verhältnis zu Polen ist untragbar geworden [...]. Spannungszustand auf die Dauer unerträglich. Vernichtung Polens im Vordergrund. Ziel ist Beseitigung der lebendigen Kräfte, nicht die Erreichung einer bestimmten Linie. Auch wenn im Westen Krieg ausbricht, bleibt Vernichtung Polens im Vordergrund [...]. Herz verschließen gegen Mitleid. Brutales Vorgehen [...]. Der Stärkere hat das Recht. Größte Härte [...]. Jede sich neu bildende lebendige polnische Kraft ist sofort wieder zu vernichten [...]. Restlose Zertrümmerung Polens ist das militärische Ziel. Schnelligkeit ist die Hauptsache. Verfolgung bis zur völligen Vernichtung.

Ich habe Befehl gegeben – und lasse jeden füsilieren, der auch nur ein Wort der Kritik äußert [...]. So habe ich, einstweilen nur im Osten, meine Totenkopfverbände bereitgestellt mit dem Befehl, unbarmherzig und mitleidslos Mann, Weib und Kind polnischer Abstammung und Sprache in den Tod zu schicken [...]. Polen wird entvölkert und mit Deutschen besiedelt [...]. Seien Sie hart, seien Sie schonungslos, handeln Sie schneller und brutaler als die andern. Die Bürger Westeuropas müssen vor Entsetzen erbeben. Das ist die humanste Kriegsführung.

Zit. nach: Akten zur deutschen Auswärtigen Politik 1918–1945. Aus dem Archiv des Deutschen Auswärtigen Amtes, Serie D (1937–45), Band 7, Baden-Baden: Impr. Nationale, Keppler, Frankfurt/Main 1961.

1 **Partnerarbeit:** Arbeiten Sie die zentralen Aussagen Hitlers zum Umgang mit Polen heraus (M5).
Tipp: Geben Sie dafür die zentrale Aussage für jeden Abschnitt in eigenen Worten wieder.

2 Nehmen Sie Stellung zu dem in der Ansprache entwickelten Menschenbild.

M 6 David Low, *Rendezvous,* Karikatur, 1939

1 Analysieren Sie die Karikatur mithilfe der Methode auf S. 66.

2 **Wahlaufgabe:** Bearbeiten Sie entweder Aufgabe a) oder b).
  a) Recherchieren Sie zu den Hintergründen des Hitler-Stalin-Paktes.
  b) Verfassen Sie einen Kommentar zum Hitler-Stalin-Pakt aus polnischer Perspektive.

M 7 Der Agrarwissenschaftler Konrad Meyer über deutsche Planungen für den Osten (1941)

Der Reichsführer SS Heinrich Himmler war 1939 „Reichskommissar für die Festigung deutschen Volkstums" geworden. In seiner Dienststelle wurden umfangreiche Planungen für die „Germanisierung" des Ostens entwickelt. Der „Generalplan Ost" wurde mehrfach überarbeitet und – v. a. nach dem Überfall auf die Sowjetunion – seine Planungen reichten schließlich bis zum Ural. Kern der Planungen war die Vertreibung eines großen Teils der einheimischen Bevölkerung in den Gebieten und die Ansiedlung von deutschen Siedlern aus anderen Teilen Europas. Hauptplaner war der Agrar-

wissenschaftler und Raumplaner Konrad Meyer, der seine Grundüberlegungen 1941 in einem Beitrag für eine Studentenzeitung darlegte.

Jenes Wort, dass ein Land dem gehöre, der ihm als Erster Gesittung brachte, wird vor allem durch die deutsche Ostpolitik der vergangenen Jahrhunderte widerlegt. Wäre dieser Satz wahr, dann müsste der gesamte Osten vom Baltikum bis zu den Karpaten heute deutsch sein; in Wirklichkeit aber wurden in diesem Raum nicht jene Gebiete ganz und eindeutig dem Deutschtum gewonnen, in die deutsche Gesittung und deutsche Arbeit getragen wurden, sondern nur jene, in denen deutsche Bauernfäuste den Pflug führten. Sogar die Provinzen, in denen länger als ein Jahrhundert die staatliche Macht Preußens aufgerichtet war, wurden nach dem Erwachen des dort überschichteten fremden Volkstums im Augenblick der Schwäche des Reiches dem deutschen Lebensraum wieder entrissen, weil man eben in all den früheren Jahren nicht daran gedacht hatte, dass erst ein Land dann wirklich dem eigenen Volkstum für ewige Zeiten gehört, wenn es bis in den letzten Winkel mit eigenem Volkstum gefüllt ist.

Diese – durch das geschichtliche Werden erhärtete und unwiderleglich gewordene – Tatsache ist für unsere Zukunftsarbeit im neuen deutschen Osten der eherne und unverrückbare Ausgangspunkt unseres Schaffens.

Somit wird im Mittelpunkt der neuen deutschen Ostbewegung der deutsche Bauer stehen müssen, oder aber wir begeben uns von vornherein in die Gefahr, dass wieder eines späten Tages fremdes – heute unterworfenes und unterwürfiges – Volkstum die deutsche Gestaltung am deutschen Lebensraum im Osten zunichte macht. […]

Wer heute noch mit dem Gedanken spielt, als dünne Herrenschicht von Großgrundbesitzern das polnische Volkstum überschichten zu können und damit der Eindeutschung Genüge zu leisten, der hat weder aus der Geschichte des Ostens noch aus dem erschütternden Erleben der volksdeutschen Passion des Herbstes 1939 gelernt. Wir müssen uns heute darüber im Klaren sein, dass der Osten erst in dem Augenblick wirklich für alle Zeiten deutsch bleiben wird, in dem aus dem geschlossenen deutschen Siedlungsraum alles fremde Blut, das die einheitliche Geschlossenheit des grenzdeutschen Volkstums irgendwie gefährden könnte, restlos entfernt ist. Vor allem wird vom ersten Augenblick des Eindeutschungsvorgangs darauf zu achten sein, dass diese eindeutige Bereinigung der Volkstumslage im ländlichen Sektor so schnell wie möglich restlos durchgeführt wird. […]

Gelingt es uns, im neuen deutschen Osten wirklich eine totale Lösung zu finden, dann wird dieses nationalsozialistische Wirken eines Tages vom neuen Raum auf das Gesamtreich herüberstrahlen und wird uns nach Jahrhunderten verfehlter Ostpolitik beweisen, wie schicksalhaft eng der deutsche Osten mit dem deutschen Gesamtschicksal verbunden ist.

*Konrad Meyer, Siedlungs- und Aufbauarbeit im deutschen Osten, in: Münchner Studentenzeitung „Die Bewegung", Folge 8, 1941, zit. nach: http://gplanost.x-berg.de/wprim.html#KMeyer (Download vom 13. Dezember 2015).**

1 **Partnerarbeit:** Arbeiten Sie Meyers Vorstellungen vom Osten und seiner Besiedlung heraus. Gehen Sie dabei auch auf die Folgen für die nichtdeutsche Bevölkerung ein.

2 **Internetrecherche** in arbeitsteiliger Gruppenarbeit:
   a) Bearbeiten Sie den im Internet verfügbaren Text des „Generalplans Ost". Stellen Sie diesen vor und vergleichen Sie ihn mit M7.
   b) Recherchieren Sie Meyers Lebenslauf und stellen Sie ihn auf einem Plakat in der Klasse vor.

3 **Zusatzaufgabe:** Siehe S. 150.

Die deutsche Besatzung

M8 Bekanntmachung des Kommandeurs der Sicherheitspolizei und des SD (KdS) für den Distrikt Warschau über die Hinrichtung in Skierniewice, Lipce und Rogów, Fotografie, 1943

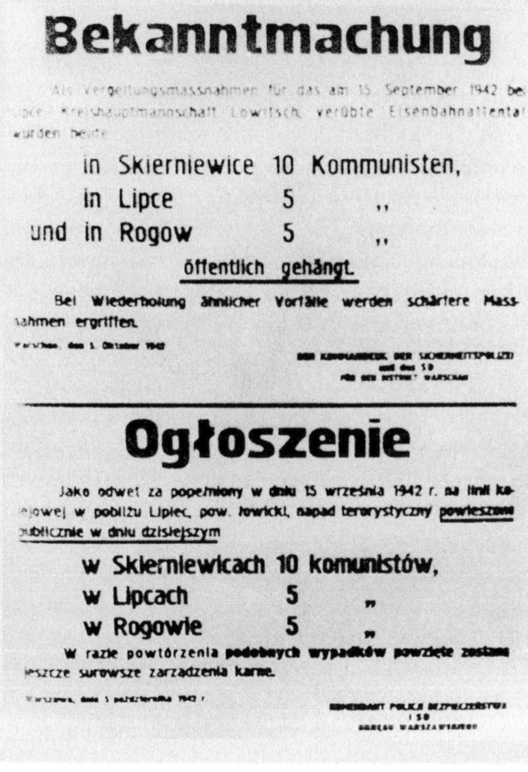

M9 Aus dem Bericht des deutschen Stadtkommissars vom 1. November 1939

Am 5.11. wird mit der Evakuierung der polnischen Bevölkerung begonnen werden, und zwar zunächst durch Herausnahme der sogenannten Intelligenz. In die dadurch freigemachten Wohnungen werden die endgültig in Posen verbleibenden Baltendeutschen angesetzt. Da eine Verbringung der Polen in die dafür vorgesehenen östlichen Grenzgebiete noch nicht möglich ist, habe ich zunächst in dem ehemaligen Munitionsdepot in Glowno ein Auffanglager für 5 000 Menschen eingerichtet. [...]

Trotzdem reichen diese Lager noch längst nicht aus, um für alle endgültig nach Posen bestimmte Balten (rd. 20 000) Platz zu schaffen [...]. Berücksichtigt man schließlich noch, dass außer für die Balten auch noch andere Wohnungen in Posen in ganz erheblicher Zahl freigemacht werden müssen (für Behörden, Behörden- und Militärangehörige, für reichsdeutsche Arbeitskräfte zuziehender Firmen), so bedarf es keiner näheren Ausführung, dass eine rasche endgültige Lösung der Evakuiertenfrage eine wesentliche Voraussetzung der hier zu treffenden Raumbeschaffungsmaßnahmen ist.

*Czesław Łuczak (Hg.), Diskriminierung der Polen in Wielkopolska zur Zeit der Hitlerokkupation, o. O., Poznań 1966, S. 159.**

1 **Partnerarbeit:** Arbeiten Sie mithilfe der Materialien M 8–M 9 die Merkmale und die Ziele der deutschen Besatzung in Polen heraus.
Tipp: Stellen Sie zunächst die Ziele mithilfe von Oberbegriffen dar.

M10 Die Ankunft der polnischen Evakuierten im Generalgouvernement im Dezember 1939

Aus den zugesperrten Wagen konnte man das Weinen der Kinder und das Rufen der Erwachsenen hören. Niemand interessierte sich für den Zug, der nun schon zwei Tage da stand. An jenem Tage zeigte das Thermometer – 20 Grad [...]. Während der Nacht hatten die Einwohner der Gegend den unglücklichen Gefangenen mit Wasser und Essen helfen wollen, aber die SS-Posten ließen das nicht zu und schossen auf jeden, der dem Zuge zu nahe kam. Zwei Bauern wurden getötet [...]. Meine Zählung ergab 36 Wagen [...]. Um die Wagen bewegten sich einige Figuren mit schussbereiten Gewehren. Nach zwei Stunden kam eine Abteilung des sogenannten [Volksdeutschen] „Selbstschutzes“ ungefähr in Kompaniestärke an [...]. Der Führer der Abteilung erklärte etwas lang und breit, worauf die SS-Leute sich längs des Zuges verteilten. Vor jeder Wagentür blieben zwei Soldaten mit gezogenem Revolver und Gummiknüppel stehen. Sechs Wagentüren öffneten sich gleichzeitig, und mit Lumpen und mit Decken umhüllte Spukgestalten, weiß vor Frost, sprangen heraus. Einige warfen sich sofort auf die Knie und begannen, Schnee zu essen. Sie durften sich nicht vom Zuge entfernen. Viele Frauen drückten unter ihrem Schal Kinder an sich, die oft gar nicht mehr am Leben waren. Mit Tritten und Schlägen wurden sie gezwungen, die kleinen Leichen in einen Waggon zu legen, der für diese Zwecke bereit stand. Dann wurden die steif gefrorenen Männer zum Verlassen der Wagen aufgefordert. Zuerst warfen sie ihre Taschen und Bündel heraus, dann verzerrte tote Körper, die auf einen Haufen gelegt werden mussten. Die Frauen und Kinder standen wie versteinert und resigniert dabei und schauten auf die Leichen, unter denen sich ihre nächsten Angehörigen befanden. Als eine von den Frauen sich aus der Gruppe löste und auf die Toten zusprang, ertönte ein Schuss; eine Leiche mehr wurde auf den Haufen gelegt. [...]

Die zwischen den Schienen stehenden sechsunddreißig Menschengruppen [insgesamt etwa 2 000 Personen] rührten sich eine ganze Weile überhaupt nicht. Man hielt es nicht für notwendig, ihnen zu sagen, wo sie jetzt waren und warum sie hierher transportiert worden waren. Die Evakuierten wurden von der Bevölkerung der benachbarten Dörfer aufgenommen; viele [...] starben noch infolge des Transportes.

*Stefan Tadeusz Norwid, Martyrium eines Volkes. Das okkupierte Polen, Berrmann Fischer, Stockholm 1945, S. 50ff.**

1 Geben Sie die zentralen Aussagen des Berichts wieder.
2 Bewerten Sie den Umgang mit den polnischen Evakuierten aus den eingegliederten Gebieten in das Generalgouvernement.
3 **Zusatzaufgabe:** Siehe S. 150.

M11 Erinnerungen von Frau Je. (Jg. 1916) in einem Interview an ihre Ansiedlung im annektierten polnischen Gebiet (2003)

Das war ein Dorf von sagen wir mal 800 bis 1 000 Familien. Und wir waren da etwa 20 Familien Umsiedler [...]. Ich war damals 24 Jahre alt, da wurden die Leute rausgetrieben aus ihrem Haus, in meiner Gegenwart. [...] Ich kannte ja das Land nicht. Wir kamen ja aus einem Land, wo alles gewachsen ist. Überall. Aber hier war das anders. Da musste ich mich von ihnen (den Polen) belehren lassen. [...]

Mein Schwiegervater [...] hat sich aber nicht belehren lassen, und er hat den Kürzeren gezogen. So, und da konnte ich nicht mehr mit ihm zusammenarbeiten, weil er immer den Knecht korrigieren wollte. Und der war 36 Jahre alt und hat das Land genau ge-

kannt, weil er da nicht weitab selber eine Wirtschaft gehabt hat. Und mir von aller Seite von den Polen gesagt wurde, dass die eine gute Wirtschaft hatten, und ich hab's selbst gesehen, er war ein guter Wirtschafter. Aber mein Schwiegervater wollte sich einfach von ihm nichts sagen lassen.
Ich hatte viel mehr [...] hier (in Polen) gekriegt. [...] Ich hatte ja (dort) nur drei Hektar. [...] Sie haben uns das übergeben als Eigentum. Aber wir haben uns nicht als Eigentümer gefühlt. Wir haben uns gefühlt als Fremde. Ich hab mich (jedenfalls) immer so gefühlt: Das gehört mir nicht, und ich bin nur Verwalter da drüber. Und so haben sich die meisten gefühlt, auch meine Eltern. Wir waren froh, wie die Flucht gekommen ist und wir da weggekommen sind.

*Ute Schmidt, Die Deutschen aus Bessarabien. Eine Minderheit aus Südosteuropa (1814 bis heute), Böhlau, Köln 2003, S. 370–372.**

1 In einem Handzettel für die Deutschen in Lettland, die zur Umsiedelung bewegt werden sollten, hieß es 1939: „Warum ruft uns der Führer? Weil er unsere Arbeitskraft und unsere Erfahrungen beim Wiederaufbau des schönen, von den Polen verwahrlosten Posener Landes braucht." Vergleichen Sie solche Werbung mit der Wirklichkeit (M 11) von deutschen Umsiedlern, was ihre Ankunft in den neuen Siedlungsgebieten angeht.
Tipp: Stellen Sie dazu die Unterschiede, Gemeinsamkeiten und Ähnlichkeiten in einer Tabelle gegenüber.

Die polnische Reaktion auf die Besatzung

M 12 Der deutsche Historiker Christoph Kleßmann über den geheimen Unterricht in Polen während der deutschen Besatzung (1971)

Der deutsche Historiker Christoph Kleßmann hat in einer Studie die Formen des kulturellen Widerstands der Polen gegen die deutsche Besatzungspolitik untersucht.

„Niemand von uns", so schreibt ein alter polnischer Lehrer über die „Schule in der Konspiration", „hat solche Erfolge in der pädagogischen Arbeit jemals in der legalen Schule erzielt. Die Ursachen dieses Phänomens zu ergründen, ist nicht leicht. Offenbar erlebte die geheim lernende Jugend dasselbe wie wir, die Lehrer. Sie fühlte, dass sie irgendetwas Außergewöhnliches, etwas Großes tat, sie fühlte sich als Held. [...] Mein Traum ist es, eine solche Haltung, solchen Fleiß und Eifer, so viel Freundschaft und Vertrauen zwischen der Jugend und der Lehrerschaft in der heutigen Schule zu erreichen, wie sie im geheimen Unterricht bestanden." In solchen Sätzen drückt sich der Erinnerungs- und Erfahrungsgehalt aus, der die meisten nach dem Krieg geschriebenen Abhandlungen über das illegale Schulwesen kennzeichnet. Die heroisch getönte Stimmung ist zweifelsohne nicht nur spätere Zutat, sondern trifft sowohl die subjektiv erlebte als auch einen Teil der objektiven historischen Wirklichkeit dieser Zeit. Eine Schulbildung, die unter der ständigen Drohung von Verhaftung und KZ erworben wird, lässt sich nur schwer mit normalen Maßstäben messen. [...]
Angesichts der entnationalisierenden Bildungspolitik der deutschen Schulbehörden lag es nahe, dass den im legalen Unterricht verbotenen Fächern Geschichte, Geografie und Literatur eine besondere Bedeutung eingeräumt wurde. [...]

*Christoph Kleßmann, Die Selbstbehauptung einer Nation. NS-Kulturpolitik und polnische Widerstandsbewegung im Generalgouvernement 1939–1945, Bertelsmann Universitätsverlag, Düsseldorf 1971, S. 123f.**

1 **Partnerarbeit:** Geben Sie die zentralen Aussagen zum Schulunterricht während der Besatzungszeit wieder.
2 Erläutern Sie die Befunde Kleßmanns.

M 13 Marek Edelmann über die Arbeit von Geheimdruckereien im Untergrund (1993)

Die Veröffentlichung der Zeitschriften erfolgt unter sehr schwierigen Bedingungen. Mit einem alten Vervielfältigungsgerät vom Skif arbeitet man die ganze Nacht durch. Meist gibt es kein elektrisches Licht. Die Arbeit bei dem Licht der Karbidlampen ist eine große Qual. Gegen zwei Uhr nachts leidet die ganze Belegschaft der Druckerei [...] unter solch starken Augenschmerzen, dass es fast unmöglich wird, die Arbeit weiter fortzusetzen. Man darf jedoch keine Zeit verlieren. Um sieben Uhr früh muss die neue Ausgabe, egal wie viele Seiten sie umfasst, fertig zum Vertrieb sein. Die Leute arbeiten bis zur Erschöpfung. Es gibt in der Woche zwei bis drei solcher schlaflosen Nächte. Auch ist es nicht möglich, tagsüber auszuschlafen. Es muss doch nach außen der Anschein bewahrt werden, dass man mit der Druckerei nichts zu tun hat. [...] Nach der schlaflosen Nacht ist auch der Tag voller Anspannung – ob alles angekommen ist, ob alles erledigt wurde, ob nichts aufgeflogen ist.

*Zit. nach: Marek Edelman, Das Ghetto kämpft. Warschau 1941–43, übers. v. Ewa und Jerzy Czerwiakowski, Harald-Kater-Verlag, Berlin 1993, S. 39.**

1 Beschreiben Sie ausgehend von M 13 die Arbeit der Untergrunddruckereien.
2 **Partnerarbeit:** Beurteilen Sie Möglichkeiten und Grenzen des Handelns der polnischen Untergrundbewegung.

Die Aufstände in Warschau

M 14 Bericht der vereinigten Untergrundorganisationen des Ghettos für die polnische Exilregierung in London und die Regierungen der Alliierten vom 15. November 1942

Im Glanz des unvergleichlichen, goldenen polnischen Herbstes funkelt und leuchtet eine Schicht Schnee. Dieser Schnee ist nichts anderes als die Federn und Daunen aus dem Bettzeug der Juden, das mit dem ganzen Besitz, von den Schränken und Koffern voller Wäsche und Kleidung bis zu den Schüsseln, Töpfen, Tellern und anderen Haushaltsgegenständen der nach „Osten“ evakuierten 500 000 Juden zurückgeblieben ist. Diese Sachen, die niemandem mehr gehören, die Tischtücher, Mäntel, Federbetten, Pullover, Bücher, Wiegen, Dokumente und Photographien, sie liegen durcheinander in den Wohnungen, auf den Höfen, auf den Plätzen, in Haufen zusammengefegt und mit jenem Schnee bedeckt aus der Zeit des tausendfachen deutschen Mordes an den Juden Warschaus, den aufgeschlitzten Eingeweiden ihres Bettzeugs.

Die unheimliche Stille unterbrechen Revolverschüsse, das Rattern der Maschinenpistolen, das Dröhnen der Kraftfahrzeugmotoren und der Motorräder der deutschen Patrouillen, das Krachen der Türen und Möbel, die eingeschlagen werden, und die rauen Schreie „Alle Juden raus“, der entsetzliche Zug der zum Tode verurteilten jüdischen Opfer […].

Die Häuser sind ausgestorben oder verwaisen allmählich, die Straßen sind versperrt mit Stacheldrahtverhauen, Bretterzäune trennen die einzelnen Wohnblocks voneinander ab, und vor allem sind die Menschen nicht mehr da, die noch vor zwei Monaten die Hauptstraßen des Ghettos füllten, die zu ihren alltäglichen Beschäftigungen eilten, die etwas kauften oder verkauften, die arbeiteten: Eine Entvölkerung, wie sie nicht einmal die Zeiten der Schwarzen Pest aufwiesen, das ist das Bild des jüdischen Wohnbezirks in Warschau im September 1942. Ein Fetzen Mensch, der sich eine Wand entlang drückt, blutbespritzte Pflastersteine, der Rauch von den glimmenden und allmählich verlöschenden Feuern auf den Straßen und der scharfe Brandgeruch verleihen dieser Stadt des Todes ihre eigene Atmosphäre […].

*Zit. nach Ruta Sakowska, Die zweite Etappe ist der Tod. NS-Ausrottungspolitik gegen die polnischen Juden, gesehen mit den Augen der Opfer, Publikation der Gedenkstätte Haus der Wannsee-Konferenz, Edition Hentrich, Berlin, 1993, S. 244–252.**

Der Bericht ausführlich
cornelsen.de/Webcodes
Code: rutahi

M 15 Verbindungsbrücke vom Warschauer Ghetto, Fotografie, undatiert

M 16 Verhungertes Kind auf dem Bürgersteig im Warschauer Ghetto, Fotografie, undatiert

1 Arbeiten Sie mithilfe der Materialien M 14–M 16 die Lebensbedingungen im Warschauer Ghetto heraus.
2 Nehmen Sie Stellung zu der nationalsozialistischen Politik in Polen.
3 **Zusatzaufgabe:** Siehe S. 150.

M 17 Manifest an die Polen (1943)

Das Manifest wurde während der ersten Tage des Aufstands des Warschauer Ghettos im April 1943 von der Jüdischen Kampforganisation ŻOB veröffentlicht. Die ŻOB vereinte Anhänger sehr unterschiedlicher Richtungen.

Polen, Bürger, Soldaten der Freiheit! Durch das Donnern der deutschen Kanonen, die die Heime unserer Mütter, Frauen und Kinder vernichten; durch den Lärm ihrer Maschinengewehre, die wir im Kampf gegen die feigen deutschen Polizisten und SS-Männer in unsere Gewalt gebracht haben; durch den Rauch des Ghettos, das in Brand gesteckt wurde, und das Blut seiner gnadenlos getöteten Verteidiger, entbieten wir, die Sklaven des Ghettos, Euch unsere herzlichsten Grüße. Wir sind uns sehr wohl bewusst, dass Ihr atemlos, mit gebrochenen Herzen, mit Tränen des Mitgefühls, mit Entsetzen und Begeisterung den

Kampf verfolgt habt, den wir in den letzten Tagen gegen die brutalen Besatzer geführt haben. [...] Es ist ein Kampf um unsere Freiheit und auch um die Eure; um unsere menschliche Würde und nationale Ehre wie um die Eure! Wir werden die blutrünstigen Taten von Oświęcim, Treblinka, Bełżec und Majdanek[1] vergelten! Lang lebe die Bruderschaft des Blutes und der Waffen in einem kämpfenden Polen! Lang lebe die Freiheit! Tod den Henkern und den Mördern! Wir müssen unseren gemeinsamen Kampf gegen die Besatzer bis zum Ende fortsetzen! Jüdische Kampf Organisation (ŻOB)

*Zit. nach: Marek Edelman, Das Ghetto kämpft. Warschau 1941–43, übers. v. Ewa und Jerzy Czerwiakowski. Harald-Kater-Verlag, Berlin 1993, S. 92.**

1 *das Konzentrationslager*

1 Geben Sie die zentralen Aussagen von M 17 wieder.
2 Beurteilen Sie die Erfolgsaussichten des Aufstands.

M 18 „Mit Gewalt aus Bunkern hervorgeholt", Fotografie, Mai 1943.

Das Foto zeigt Juden, die während des Aufstands im Warschauer Ghetto von der SS zusammengetrieben werden. Der Junge im Zentrum des Bildes ist Zvi Nußbaum und überlebte das KZ Bergen-Belsen. Der SS-Mann mit Maschinenpistole wurde 1967 auf einem Foto in der DDR als Josef Blösche identifiziert und 1969 zum Tode verurteilt. Das Foto war Teil des Stroop-Berichts, in dem der SS-Führer Jürgen Stroop seine Aktionen im Rahmen des Ghetto-Aufstands dokumentierte.

1 Interpretieren Sie die Aufnahme.
2 Informieren Sie sich über den Stroop-Bericht und die Rolle des Fotos innerhalb des Berichts.
3 **Präsentation:** Erstellen Sie eine bildliche Dokumentation der Lebensbedingungen im Warschauer Ghetto.

Stroop-Bericht
cornelsen.de/Webcodes
Code: kuhuyu

M 19 Aus einer Rede Heinrich Himmlers am 21. September 1944 zum Warschauer Aufstand

Wir führen seit fünf Wochen den Kampf um Warschau. [...] Der Kampf ist der härteste, den wir seit Kriegsbeginn durchgeführt haben. Er ist vergleichbar mit dem Häuserkampf in Stalingrad. [...] Wie ich die Nachricht von dem Aufstand in Warschau hörte, ging ich sofort zum Führer. Ich darf Ihnen das als Beispiel sagen, wie man eine solche Nachricht in aller Ruhe auffassen muss. Ich sagte: „Mein Führer, der Zeitpunkt ist unsympathisch. Geschichtlich gesehen ist es ein Segen, dass die Polen das machen. Über die fünf, sechs Wochen kommen wir hier weg. Dann aber ist Warschau, die Hauptstadt, der Kopf, die Intelligenz dieses ehemaligen 16–17-Millionenvolkes ausgelöscht, dieses Volkes, das uns seit 700 Jahren den Osten blockiert und uns seit der ersten Schlacht bei Tannenberg im Wege liegt. Dann wird das polnische Problem für unsere Kinder und für alle, die nach uns kommen, ja schon für uns kein großes Problem mehr sein." Außerdem habe ich gleichzeitig den Befehl gegeben, dass Warschau restlos zerstört wird. Meine Herren! Sie können nun denken, ich sei ein furchtbarer Barbar. Wenn Sie so wollen: Ja, das bin ich, wenn es sein muss. Der Befehl lautete: Jeder Häuserblock ist niederzubrennen und zu sprengen, sodass sich in Warschau keine Etappe mehr festnisten kann.

*Rede des Reichsführers SS vor den Wehrkreisbefehlshabern und Schulkommandeuren, 21. 9. 1944, o. O., o. J., Bestände des Berlin Document Center, Roll 38, Ordner 238 B.**

1 Geben Sie die Aussagen Himmlers zum Aufstand wieder.
2 Bewerten Sie Himmlers Aussage, dass der Aufstand ein „Segen" (Zeile 9 f.) gewesen sei.

M 20 Der Journalist Cord Aschenbrenner zum 60. Jahrestag des Warschauer Aufstands (2004)

[...] [W]ie überhaupt der Aufstand der Heimatarmee außerhalb Polens [...] zu den eher unbekannten Ereignissen des Zweiten Weltkriegs gehörte.

Dabei ragt der Kampf der Polen um ihre Hauptstadt aus der an Tragödien reichen Geschichte des Krieges heraus: ein Aufstand nach fast fünf Jahren grausamer Besatzungsherrschaft der Deutschen, inmitten der Großstadt Warschau, in der Hoffnung auf Hilfe durch die Westalliierten, die jedoch fast gänzlich ausblieb. Opfer der 63 Tage des Aufstands waren rund 16 000 Kämpfer – Männer, Frauen, Jugendliche – und wohl 180 000 Zivilisten, niedergemacht von SS und Wehrmacht und verraten von der Sowjetunion. Stalin hielt die Rote Armee fast bis zum Ende der Kämpfe in Sichtweite am östlichen Weichselufer zurück, um die aufständischen Polen, denen er keinen Anteil an der Befreiung ihres Landes zugestehen wollte, verbluten zu lassen. Warschau mit seiner Altstadt lag nach dem Aufstand in Trümmern, was stehengeblieben war, wurde von den Deutschen sorgfältig zerstört. An den überlebenden Kämpfern der bürgerlichen AK rächte sich nach dem Krieg das kommunistische Regime in Polen.

*Cord Aschenbrenner, Das erste Opfer des Kalten Krieges. Der Kampf um Warschau 1944, in: Neue Zürcher Zeitung vom 29. September 2004.**

M21 Mitglieder der *Armia Krajowa* erkunden den Frontverlauf während des polnischen Aufstands in Warschau, Fotografie, 1944

1. Erläutern Sie mithilfe von M 20 die Bedeutung des Aufstands für die polnische Gesellschaft. Beziehen Sie M 21 in Ihre Überlegungen mit ein.
2. Überprüfen Sie, inwiefern der Aufstand auch heute noch geeignet ist, eine polnische Identität zu schaffen. Beziehen Sie Denkmal M 4 auf S. 77 in Ihre Überlegungen mit ein.
3. **Gruppenarbeit:** Erarbeiten Sie multimediale Präsentationen zur Rezeption der Heimatarmee in Polen in Vergangenheit und Gegenwart.

Vertiefung: Die Debatte um den polnischen Antisemitismus

M22 Bericht über ein von Polen verübtes Massaker an Juden vom 10. Juli 1941 in Jedwabne

Mit Äxten, nagelbeschlagenen Knüppeln und anderen Folter- und Vernichtungswerkzeugen bewaffnet, trieben örtliche Rowdys alle Juden auf die Straße. [...]

Alten Juden wurde der Bart verbrannt, Säuglinge wurden an der Mutterbrust getötet, Leute wurden unter mörderischen Schlägen zum Singen und Tanzen gezwungen. Schließlich schritt man zur Hauptaktion, der Verbrennung. Das ganze Städtchen wurde umstellt, sodass keiner entkommen konnte; dann befahl man den Juden, sich in Viererreihen aufzustellen, vorneweg der über neunzigjährige Rabbiner und der Schlächter, die man die rote Fahne tragen ließ, und alle mussten sie singen, während man sie zur Scheune trieb. Auf dem Wege dorthin wurden sie von Rowdys bestialisch geschlagen. Neben dem Scheunentor standen einige Rowdys, die verschiedene Instrumente spielten, um die Schreie der unglücklichen Opfer zu übertönen. Einige versuchten sich zu wehren, aber sie waren wehrlos. Blutüberströmt und verletzt, wurden sie in die Scheune gestoßen. Dann wurde die Scheune mit Benzin begossen und in Brand gesteckt, woraufhin die Banditen die jüdischen Behausungen nach zurückgebliebenen Kranken und Kindern absuchten. Die Kranken, die sie fanden, trugen sie zur Scheune, die kleinen Kinder banden sie zu mehreren an den Beinchen zusammen und schleppten sie auf dem Rücken herbei, legten sie auf Mistgabeln und warfen sie auf die glühenden Kohlen.

*Zit. nach: Jan Tomasz Gross, „Nachbarn". Der Mord an den Juden von Jedwabne, übers. v. Friedrich Griese, C. H. Beck, München 2001, S. 25 f.**

1. Geben Sie die zentralen Aussagen von M 22 wieder.
2. Recherchieren Sie die historischen Hintergründe des Massakers und entwickeln Sie daraus ein Motivprofil der Täter.
3. **Wahlaufgabe:** Bearbeiten Sie entweder Aufgabe a) oder b).
   a) Diskutieren Sie mögliche Entschädigungsleistungen für die Opfer von Jedwabne.
   b) **Präsentation:** Vergleichen Sie die Aufarbeitung von Verbrechen an den Juden in der Bundesrepublik mit der Aufarbeitung in Polen.

M23

a) Der polnische Präsident Aleksander Kwasniewski am 60. Jahrestag des Massakers von Jedwabne an der Gedenkstelle, Fotografie 2001

b) Schmierereien am Denkmal aus dem Jahre 2011. Neben Hakenkreuzen wurde auch der Spruch aufgesprüht: „Sie waren brennbar." (Vorne im Bild)

1 **Wahlaufgabe:** Bearbeiten Sie entweder Aufgabe a) oder b).
Recherchieren Sie zu
a) weiteren antisemitischen Übergriffen in Polen im Zweiten Weltkrieg,
b) der heutigen Erinnerung an die polnischen Verbrechen an den Juden.

M24 Konrad Schuller über Widerstand und Antisemitismus (2013)

Der Journalist befasst sich mit der Diskussion um die Darstellung der polnischen Heimatarmee (Armia Krajowa, AK) in dem deutschen TV-Dreiteiler „Unsere Mütter, unsere Väter" im Jahr 2013.

Erstens sind viele Polen, von der nationalistischen Rechten bis weit in gemäßigte Kreise hinein, von der Sorge beseelt, dass ihr Land, ohne eigenes Zutun der Hauptschauplatz des Holocaust, im Ausland als Mitschuldiger des deutschen Judenmords dargestellt werden könnte – zumal jedes Jahr Legionen von Touristen hierherkommen, um Auschwitz und Majdanek zu besuchen. Regierung und Presse schreien jedes Mal auf, wenn im Ausland jemand in der naiven Ansicht, „nur den Ort" zu bezeichnen, von „polnischen Lagern" spricht, und als dieser Fehler im vergangenen Jahr dem amerikanischen Präsidenten Barack Obama unterlief, kam es zu ernsten Turbulenzen zwischen Warschau und Washington.

Zweitens berührt das Bild vom „polnischen Antisemiten" einen besonders schmerzhaften Punkt der Gegenwartsdebatte an der Weichsel. Polen debattiert seit Jahren hitzig über die eigene „Mitschuld" am Holocaust, und in der Öffentlichkeit ist heute unbestritten, dass es während der deutschen Besatzung und unmittelbar danach tatsächlich immer wieder „polnische" Judenpogrome gegeben hat. Präsident Aleksander Kwasniewski hat der ernsten Selbstprüfung dieses Landes im Jahr 2001 Ausdruck gegeben, als er im Dorf Jedwabne, wo polnische Bewohner unter deutscher Anleitung ihre jüdischen Mitbürger ermordeten, öffentlich um Vergebung bat.

Andererseits ist man in Polen auch stolz darauf, dass gerade hier, wo die deutschen Besatzer Hilfe für Juden härter als anderswo bestraften (nämlich mit der Ermordung der ganzen Familie), ein ausgedehntes System des Untergrundbeistands existiert hat. Die mit der AK verbundene Organisation „Zegota" sorgte für Verstecke und falsche Papiere, und kein Volk der Welt hat mehr „Gerechte unter den Völkern" hervorgebracht als eben die Polen. [...]

Das ZDF sei der tragischen Differenziertheit des polnisch-jüdischen Verhältnisses unter deutscher Besatzung keineswegs gerecht geworden, notiert man in Warschau – und empfindet dies umso schmerzlicher, als in Polen selbst gerade eine bemerkenswerte Weiterentwicklung des lange Zeit einseitig-düsteren Deutschland-Bildes im Gang ist.

*„Über Widerstand und Antisemitismus" (FAZ.NET vom 09.04.2013 von Konrad Schuller). © Alle Rechte vorbehalten. Frankfurter Allgemeine Zeitung GmbH, Frankfurt. Zur Verfügung gestellt vom Frankfurter Allgemeine Archiv.**

1 **Internetrecherche:** Recherchieren Sie die Hintergründe zum Film „Unsere Mütter, unsere Väter" und stellen Sie die Positionen in der Debatte in Polen vor.
2 Beurteilen Sie auf Basis Ihrer Ergebnisse aus Aufgabe 1, inwiefern die AK eine antisemitische Organisation war.
3 **Abschlussdiskussion:** Erörtern Sie, wie ein angemessenes polnisches Gedenken an die Opfer- und Täterrolle im Zweiten Weltkrieg aussehen könnte. Berücksichtigen Sie dabei auch neue Entwicklungen in Polen mit Bezug auf die Erinnerung an den Zweiten Weltkrieg.

Darstellungen analysieren

Zu den zentralen Aufgaben des Historikers gehört die Arbeit mit **Quellen,** die in schriftlicher, bildlicher und gegenständlicher Form einen direkten Zugang zur Geschichte bieten. Ihre Ergebnisse präsentieren die Wissenschaftler in selbst verfassten Darstellungen – häufig auch Sekundärtexte genannt –, in denen sie unter Beachtung wissenschaftlicher Standards ihre Quellenforschungen sowie ihre Schlussfolgerungen darlegen.

Darstellungen lassen sich in zwei große Gruppen gliedern:
- in fachwissenschaftliche und
- in populärwissenschaftliche bzw. „nichtwissenschaftliche" Darstellungen.

Die fachwissenschaftlichen Texte wenden sich an ein professionelles Publikum, bei dem Grundkenntnisse des Faches, der Methoden und der Begrifflichkeit vorausgesetzt werden können.

Zu den relevanten Kennzeichen fachwissenschaftlicher Darstellungen gehört, dass alle Einzelergebnisse durch Verweise auf Quellen oder andere wissenschaftliche Untersuchungen durch Fußnoten belegt werden. Populärwissenschaftliche Darstellungen, die sich an ein breiteres Publikum wenden, verzichten dagegen auf detailliert belegte Erkenntnisse historischer Befunde und Interpretationen. In erster Linie geht es darum, komplexe historische Zusammenhänge anschaulich und vereinfacht zu präsentieren. Zu dieser Gruppe werden beispielsweise publizistische Texte und historische Essays in Zeitungen und Magazinen sowie Schulbuchtexte gezählt.

Arbeitsschritte für die Analyse

1. Leitfrage
- Welche Fragestellung bestimmt die Untersuchung der Darstellung?

2. Analyse

Formale Aspekte
- Wer ist der Autor (ggf. zusätzliche Informationen über den Verfasser)?
- Um welche Textsorte handelt es sich?
- Mit welchem Thema setzt sich der Autor auseinander?
- Wann und wo ist der Text veröffentlicht worden?
- Gab es einen konkreten Anlass für die Veröffentlichung?
- An welche Zielgruppe richtet sich der Text (Historiker, interessierte Öffentlichkeit)?

Inhaltliche Aspekte
- Was sind die wesentlichen Textaussagen?
  - anhand der Argumentationsstruktur: These(n) und Argumente
  - anhand der Sinnabschnitte: wesentliche Aspekte und Hauptaussage
- Wie ist die Textsprache (z. B. appellierend, sachlich oder polemisch)?
- Welche Überzeugungen vertritt der Autor?

3. Beurteilung der Perspektive
- Ist der Text überzeugend im Hinblick auf die fachliche Richtigkeit (historischer Kontext) sowie auf die Schlüssigkeit der Darstellung?
- Was ergibt ggf. ein Vergleich mit anderen Darstellungen zum gleichen Thema?
- Wie lässt sich der dargestellte historische Gegenstand aus heutiger Sicht im Hinblick auf die Leitfrage bewerten?
- Welche Gesichtspunkte des Themas werden kaum oder gar nicht berücksichtigt?

M 1 Hans-Jürgen Bömelburg und Bogdan Musial, Deutsches Historisches Institut in Warschau (2000)

Nach neuesten Schätzungen, die nicht mehr von politischen Vorgaben entstellt sind, belief sich die Zahl der Toten auf etwa 5,5 bis 6 Millionen von den 35,1 Millionen Menschen, die im Vorkriegspolen gelebt hatten. Der Großteil dieser Opfer ist der deutschen Besatzungspolitik anzulasten, der Rest der Sowjetunion und anderen Parteien. [...]

Darüber hinaus waren 530 000 Polen dauerhaft körperlich behindert und 60 000 infolge der deutschen Repressionen und der Kriegsereignisse dauerhaft psychisch erkrankt. Etwa eine Million Polen waren wegen mangelhafter Ernährung und katastrophaler medizinischer Versorgung, schlechter Wohnverhältnisse und des Aufenthalts in verschiedenen Lagern schwer erkrankt. [...]

Territoriale Verluste: Vorkriegspolen umfasste 388 000 km². Aufgrund von territorialen Verschiebungen, welche die Alliierten festlegten, wurde Polen um 200 km nach Westen verschoben und territorial verkleinert. Es umfasst heute 312 000 km². Materielle Verluste: Immense materielle Verluste waren als Folge von gezielter Ausbeutung, Ausplünderung, gezielter Zerstörung (Warschau) und Kriegshandlungen zu verzeichnen. [...] Von den größeren Städten wurden Warschau zu 84 % und Posen zu 45 % zerstört. [...]

Große Schäden waren im kulturellen Bereich zu verzeichnen. Die Hochschulen waren zu 60 % zerstört, die Gymnasien fast zu 40 %, Berufsschulen zu 28 %, Grundschulen fast zu 17 %, Museen zu über 14 % und Theater zu 34 %. [...]

Die Verluste durch den Krieg und die Besatzungspolitik lassen sich nicht nur nach demografischen und materiellen Kategorien definieren. Als direkte Folge des Krieges ist die Etablierung des kommunistischen Systems in Polen anzusehen, das von den sowjetischen ‚Befreiern' eingerichtet wurde. [...] Die destruktiven Folgen des Zweiten Weltkrieges zeigen sich auch in einer moralisch-ethischen Zerrüttung eines wesentlichen Teils der polnischen Gesellschaft. Auf der einen Seite engagierten sich idealistisch und patriotisch eingestellte Personen im Widerstand gegen deutsche wie sowjetische Besatzer, was hohe Verluste zur Folge hatte. Auf der anderen Seite führten Krieg und Besatzung zur Verrohung und Demoralisierung von relativ breiten Kreisen der Gesellschaft. Krieg, Verarmung und der Werteverfall trieben viele Menschen in die Kriminalität. Die deutsche, aber auch die sowjetische Besatzung bedeutete nicht nur einen normativen Bruch, einen Bruch der moralischen Konventionen, sondern eine gezielte Förderung niedriger Instinkte und negativer Werte. Solidarität mit den Verfolgten war verboten und wurde bestraft, Denunziantentum, Verrat und Servilität zur Pflicht erhoben und belohnt.

Selbst die Hauptstadt des Landes wurde auf diese Weise zerstört und ihre Bewohner getötet oder vertrieben. Das Schicksal von Warschau ist im Westen wenig bekannt. Allein die Zahl der getöteten Einwohner Warschaus übersteigt die Zahl aller französischen Opfer während des Zweiten Weltkrieges um mehr als das Zweifache.

Hans-Jürgen Bömelburg, Bogdan Musial, Polnische Verluste im Zweiten Weltkrieg: Versuch einer Bilanz, in: Włodzimierz Borodziej, Klaus Ziemer (Hg.), Deutsch-polnische Beziehungen 1939–1945–1949. Eine Einführung, Osnabrück 2000, S. 102–105.

1 Analysieren Sie M 1 mithilfe der Arbeitsschritte.
▶ Lösungshinweise finden Sie auf S. 155.

Erschließungshilfen

Einleitung	Materialvorstellung	Die Verfasser thematisieren/behandeln/beschäftigten sich/setzten sich auseinander mit der Frage/mit dem Thema ... Das zentrale Problem/Die zentrale Frage des Textes ist ... Die Autoren richten sich an ein fachwissenschaftliches/populärwissenschaftliches Publikum ...
Reproduktion	Wiedergabe der Position/Kernaussage	Die Autoren vertreten die These/Position/Meinung/Auffassung ... Sie behaupten ...
	Wiedergabe der Begründung/Argumentation/wesentlichen Aussagen	Als Begründung/Beleg der These/Behauptung führen die Autoren an ... Die Verfasser weisen darauf hin/betonen/unterstreichen/heben hervor ... Weiterhin/Außerdem/Darüber hinaus/Zudem argumentieren sie ...
	Abschließende Ausführungen	Am Ende unterstreichen/betonen die Autoren noch einmal ... Die Autoren schließen ihre Ausführungen mit ...

Anwenden

M1 Privatbrief aus Warschau über das Vorgehen der NS-Besatzungsmacht vom 21. November 1939

Hellmuth Stieff gehörte zu den Verschwörern des 20. Juli 1944 und wurde hingerichtet. Nach dem Polenfeldzug 1939 hatte er diesen Brief an seine Frau geschickt.

Warschau selbst macht einen trostlosen Anblick. Kaum ein Haus, das unberührt geblieben ist. Ganze Stadtviertel liegen in Trümmern oder sind ausgebrannt. Die bewohnbaren Häuser (etwa 50%) tragen mehr oder weniger alle Spuren der Beschießung in Gestalt von mit Brettern oder Pappe vernagelten Fensterhöhlen, Splitterwirkung von Bomben oder Artillerieeinschlägen. [...]

Die Masse der Millionenbevölkerung der Stadt vegetiert irgendwo und irgendwie, man kann nicht sagen wovon. Es ist eine unsagbare Tragödie, die sich dort abspielt. Man sieht auch gar nicht, wie das weiter werden soll. Selbst ein reiches Volk u. ein reicher Staat würden Mühe haben, all das wieder aufzubauen, was jahrelanger Arbeit doch eines ganzen Volkes bedurft hat, um es entstehen zu lassen. Der Staat dieser Hauptstadt ist vernichtet, Verdienstmöglichkeiten bestehen nicht mehr, weil die Erzeugungsstätten zerstört sind. Das noch vorhandene Geld und Kapital reicht gerade noch dazu, dass die Bewohner es jetzt aufessen. Kreditgeber zum Aufbau sind nicht vorhanden, denn auch bei gutem Willen würde das unsere Kraft übersteigen. Eine öffentliche Fürsorge fehlt, denn wer soll die Mittel dafür aufbringen? Wer hat das Geld, um neue Fensterscheiben einzusetzen, die Lichtleitungen in den Häusern zu reparieren, die Dächer instandzusetzen? Niemand! Es ist eine Stadt und eine Bevölkerung, die dem Untergang geweiht ist.

Es ist so grausam, dass man keinen Augenblick seines Lebens froh ist, wenn man in dieser Stadt weilt, dass es einen bedrückt, wenn man in einem prächtigen Hotelsaal Gänsebraten futtert und zugleich danach sieht, wie Damen, die vielleicht noch vor 3 Monaten eine glänzende Rolle spielten, sich für ein Kommißbrot an unsere Landser verkaufen, um noch etwas länger vegetieren zu können. Der Krieg in dieser Auswirkung ist etwas Furchtbares, und auch der letzte Krieg hat solche Auswirkungen nicht zur Folge gehabt. Damals wusste man, dass nachher irgendwie eine Aufbauarbeit einsetzt, weil irgendwer, neuer oder alter Staat, am Aufbau ein Interesse hat oder über die Mittel dazu verfügt. Dies Gefühl fehlt vollkommen, wenn man die Ruine Warschau erlebt hat. Man bewegt sich dort nicht als Sieger, sondern als Schuldbewusster!

Mir geht es nicht allein so, die Herren, die dort leben müssen, empfinden dasselbe. Dazu kommt noch all das Unglaubliche, was dort am Rande passiert und wo wir mit verschränkten Armen zusehen müssen! Die blühendste Phantasie einer Gräuelpropaganda ist arm gegen die Dinge, die eine organisierte Mörder-, Räuber- und Plündererbande unter angeblich höchster Duldung dort verbricht. Da kann man nicht mehr von „berechtigter Empörung über an Volksdeutschen begangene Verbrechen" sprechen. Diese Ausrottung ganzer Geschlechter mit Frauen und Kindern ist nur von einem Untermenschentum möglich, das den Namen Deutsch nicht mehr verdient.

Ausgewählte Briefe von Generalmajor Hellmuth Stieff, Vierteljahrshefte für Zeitgeschichte, hg. vom Institut für Zeitgeschichte, Heft 3-1954; zit. nach: https://www.ifz-muenchen.de/heftarchiv/1954_3_5_rothfels.pdf (Download vom 15. Mai 2018).

1 Fassen Sie, nach einer quellenkritischen Einleitung, die zentralen Aussagen Stieffs zusammen.

2 Erläutern Sie ausgehend vom Material die deutsche Besatzungspraxis in Polen.

3 Beurteilen Sie, inwiefern Stieffs Position auf die Besatzung eine Ausnahme gewesen ist.

Wiederholen

M 2 Deutsche Wehrmachtssoldaten bei der Niederschlagung des Aufstandes in Warschau, Fotografie, 1944

Zentrale Begriffe

Antisemitismus
Generalgouvernement
Generalplan Ost
Ghetto
Heimatarmee (*Armia Krajowa*)
Hitler-Stalin-Pakt
„Lebensraum"
Konzentrationslager
Radikalnationalismus
Rassenpolitik
„Untermensch"
Völkermord
„Volksgemeinschaft"
Volkstumspolitik
Weltanschauungs- und Vernichtungskrieg
Zweiter Weltkrieg

1 Interpretieren Sie M 2.
2 Beschreiben Sie die Ziele, Maßnahmen und Folgen der deutschen Besatzung Polens.
3 **Gruppenarbeit:** Recherchieren Sie auf der Homepage der Bundeszentrale für politische Bildung zur „Geheimsache Ghettofilm". Bereiten Sie mithilfe der dort zur Verfügung gestellten Materialien einzelne Szenen vor, an denen Sie die propagandistische Funktion der Aufnahmen aufzeigen können. Nutzen Sie die Formulierungshilfen auf dieser Seite.
4 **Wahlaufgabe:** Bearbeiten Sie entweder Aufgabe a) oder b).
   a) **Flugblatt:** Erstellen Sie ein zeitgenössisches Flugblatt aus polnischer Perspektive, in dem Sie zum Widerstand gegen die Besatzung Polens aufrufen.
   b) **Internetrecherche:** Recherchieren Sie zu polnischen Schicksalen im sowjetischen Teilungsbereich und präsentieren Sie diese im Kurs.
5 **Vertiefung:** Erörtern Sie, inwiefern die Aufstände in Warschau erfolgreiche oder sinnlose Protestversuche gegen die Besatzungsmacht waren.
6 Gehen Sie auf Ihre Fragen von der Einstiegsseite ein (siehe S. 73): Halten Sie Ihre Antworten in Stichpunkten fest. Klären Sie noch offene Aspekte.

Formulierungshilfen zum Thema Film

Einstellungsgröße/Kameraausschnitt
weit, total, halbtotal, nah, Großaufnahme, Detailaufnahme

Kameraperspektive
Horizontalwinkel: Normal-, Unter,- Obersicht
Vertikalwinkel: Profil, Frontalsicht

Kamerabewegung
Kameraschwenk: rechts-links, oben-unten, Reißschwenk
Kamerafahrt: Parallel-, Ran-, Wegfahrt, Zoom

Ton
Sprache, Geräusche, Musik
on-off, Ton-Bild-Verhältnis

6 Das deutsch-polnische Verhältnis nach dem Zweiten Weltkrieg

M 1 Peter Leger, Karikatur, 1970.
Links der polnische Außenminister Stefan Jedrychowski, rechts der Außenminister der BRD, Walter Scheel.

1945 Konferenzen in Jalta und Potsdam, Verschiebung Polens nach Westen

1945–48 Vertreibung und Zwangsumsiedlung von Millionen Deutschen, Polen und Ukrainern

1948 Kommunistische Herrschaft stalinistischer Prägung in Polen

1950 Görlitzer Vertrag

1965 Ostdenkschrift der Evangelischen Kirche Deutschlands (EKD), Briefwechsel der katholischen Bischöfe Polens und Deutschlands

1970 Warschauer Vertrag (7. Dezember)

1950 | **1960** | **1970**

Der Zweite Weltkrieg markierte eine tiefe Zäsur in der deutsch-polnischen Geschichte. Doch als Nachbarn mussten sich die Deutschen mit den Polen in zentralen Punkten einig werden und versöhnen, auch um die systembedingte Spaltung des Landes überwinden zu können.

Auf welche Weise der schwierige Weg zur Versöhnung erreicht wurde, wird in diesem Kapitel thematisiert.

1 Beschreiben Sie die Karikatur M 1 in allen Details.
2 Arbeiten Sie die im Bild enthaltene Symbolik heraus.
3 Recherchieren Sie zum Entstehungskontext des Mediums und formulieren Sie die Aussageabsicht des Mediums.
4 **Wahlaufgabe:** Bearbeiten Sie entweder Aufgabe a) oder b).
   a) Erfinden Sie einen eigenen Titel für die Karikatur und begründen Sie Ihre Entscheidung.
   b) Recherchieren Sie zu aktuellen Karikaturen zum deutsch-polnischen Verhältnis.
5 Recherchieren Sie den Hintergrund des Ortsschildes in M 2.
6 **Partnerarbeit:** Entwickeln Sie gemeinsam Fragen, die sich Ihrer Meinung nach aus der Untersuchung des Bildmaterials ergeben. Notieren Sie diese, sodass Sie sie nach Bearbeitung des Kapitels 6 noch einmal aufrufen und bearbeiten können. Denken Sie bei der Formulierung Ihrer Fragen auch an mögliche Bezüge zu unserer heutigen Zeit.

M 2 Ortsschild an der deutsch-polnischen Grenze, Fotografie, 2007

1978 | Der Erzbischof von Krakau, Karol Kardinal Wojtyła, wird zum Papst gewählt.
1980 | Landesweite Streikbewegung, Entstehung der *Solidarność*
1981 | Verhängung des Kriegsrechts (13. Dezember)
1989 | Verhandlungen am „Runden Tisch" (Februar bis April), Wahlen zu Sejm und Senat (4. Juni)
1990 | Wahl Lech Wałęsas zum Staatspräsidenten, deutsch-polnischer Grenzbestätigungsvertrag (14. November)
1991 | Deutsch-polnischer „Vertrag über gute Nachbarschaft und freundschaftliche Zusammenarbeit" (17. Juni)
1999 | Aufnahme Polens in die NATO
2004 | Beitritt Polens zur Europäischen Union (1. Mai)

1980 | 1990 | 2000

6 Das deutsch-polnische Verhältnis nach dem Zweiten Weltkrieg

In diesem Kapitel geht es um
- *die Folgen des Zweiten Weltkriegs auf das deutsch-polnische Verhältnis,*
- *die Entspannungs- und Versöhnungspolitik der 1970er-Jahre,*
- *die Wiedervereinigung und die gegenwärtigen deutsch-polnischen Beziehungen.*

▶ Kap. 7, M 5 b (H. A. Winkler)

Die Folgen des Zweiten Weltkriegs

▶ M 6: Bevölkerungsveränderungen aufgrund des Zweiten Weltkriegs

Der von Deutschland entfesselte Zweite Weltkrieg bedeutete für Millionen Polen und Deutsche eine Zeit der Flucht und Vertreibung sowie der Zwangsumsiedlung. Mit dem Vordringen der Roten Armee im Osten, die im August 1944 in Ostpreußen die deutsche Grenze erreicht hatte und im Januar 1945 einen Zusammenbruch der deutschen Ostfront bewirkte, flüchteten zahlreiche Deutsche in den Westen. Entschieden die etwa vier Millionen **Flüchtlinge** noch größtenteils selbst über ihre Flucht, den Zeitpunkt oder den Weg – allerdings nicht immer aus freien Stücken –, begann im Frühjahr 1945 die Vertreibung der Deutschen aus den bisherigen Siedlungsgebieten in Polen. Dass bei diesen „wilden Vertreibungen", die vielfach gewaltförmig verliefen, auf polnischer Seite Rache für das vom nationalsozialistischen Deutschland zugefügte Leid als Motiv für die Behandlung der Deutschen eine Rolle spielte, ist nicht zu leugnen.

Den Zwangsumsiedlungen der Deutschen lagen aber auch politische Vorstellungen über den wieder entstehenden polnischen Nationalstaat zugrunde, der ethnisch möglichst homogen sein sollte. Darüber waren sich die Alliierten seit 1943 prinzipiell einig. Auf der **Potsdamer Konferenz*** im Juli/August 1945 beschlossen die Siegermächte des Zweiten Weltkrieges u. a. die ausnahmslose Umsiedlung der verbliebenen Deutschen aus der Tschechoslowakei und Polen.

Potsdamer Konferenz
Konferenz vom 17. 7.–2. 8. 1945 mit den USA, dem Vereinigten Königreich und der Sowjetunion als Teilnehmern; es sollte die geopolitische Ordnung nach dem Zweiten Weltkrieg bestimmt werden.

Das sollte organisiert geschehen, da die Aufnahme von Millionen Menschen in den deutschen Besatzungszonen kaum noch zu bewältigen war. Alleine 1946 wurden so ca. drei Millionen Deutsche angesiedelt. Gewaltexzesse waren jetzt eher die Ausnahme. Allerdings forderten auch Mangelernährung, Seuchen, der harte Winter und völlig unzureichende Transportbedingungen Opfer. Diese Lebensgrundlagen prägten die Existenz aller vertriebenen oder zwangsumgesiedelten Menschen.

Das Ziel der Alliierten, einen **homogenen polnischen Nationalstaat** zu gründen, führte nicht nur zur Vertreibung der Deutschen. Im Jahre 1944, also noch während des Krieges, wurden durch die von Moskau eingesetzte polnische Führung „Evakuierungsverträge" mit den drei westlichen Sowjetrepubliken geschlossen, die eine gegenseitige Aussiedlung der jeweiligen nationalen Minderheiten (Ukrainer, Weißrussen, Litauer) vorsahen. Hintergrund dieser Umsiedlungen war die beabsichtigte **„Westverschiebung" Polens** – die Sowjetunion wollte die Gebiete, die ihr im Hitler-Stalin-Pakt zugefallen waren, nicht wieder hergeben. Die westlichen Alliierten akzeptierten diese massive Grenzverschiebung. Etwa 1,5 Millionen Polen verließen nun die an die Sowjetunion abgetretenen Provinzen und zogen in das neue polnische Staatsgebiet. Sie – wie auch Siedler aus dem zentralen Teil des Landes – fanden vor allem in den ehemals deutschen, jetzt polnischen Nord- und Westgebieten eine neue Heimat. Vertreibung und Ansiedlung gingen Hand in Hand, wobei die durch den Krieg und die deutsche Besatzung weitgehend zerstörten Aufnahmegebiete in Polen darauf überhaupt nicht vorbereitet waren.

Anerkennung der territorialen Veränderungen durch die DDR

Die kommunistische DDR, der östliche deutsche Teilstaat, erkannte auf Bestreben der Sowjetunion bereits 1950 im sogenannten Görlitzer Vertrag* die Oder-Neiße-Linie als polnische Westgrenze an. Die polnische Regierung reagierte auf die westdeutsche Nichtanerkennung der Oder-Neiße-Grenze, indem sie ihre Bevölkerung gegen eine angebliche revisionistische Bedrohung aus Westdeutschland zu mobilisieren versuchte.

Görlitzer Vertrag
Vertrag über eine provisorische Grenzregelung; endgültige Regelungen zum Grenzverlauf blieben offiziell im Zuständigkeitsbereich der Alliierten.

▶ **M 8: Görlitzer Vertrag**

Annäherung durch Anerkennung

Viele Flüchtlinge und Vertriebene im westlichen deutschen Teilstaat, der Bundesrepublik Deutschland, wollten und konnten das erlittene Leid nicht vergessen und hofften, eines Tages in ihre alte Heimat zurückkehren zu können. Bestärkt wurden sie durch die bundesrepublikanische Regierung, die sich weigerte, die neue polnische Westgrenze anzuerkennen.

▶ **M 7: Charta der Heimatvertriebenen**

Deutsche aus der Bundesrepublik und Polen besaßen in den 1950er-Jahren kaum Beziehungen miteinander. Erst in den 1960er-Jahren setzte ein allmählicher Wandel ein. Dieser wurde eingeleitet durch die Repräsentanten der beiden großen Kirchen. Im November 1965 richtete die katholische Kirche Polens ein Versöhnungsschreiben an die Glaubensbrüder in der Bundesrepublik. Dieser **Hirtenbrief der polnischen Bischöfe an ihre deutschen Amtsbrüder** enthielt den bekannten Satz „Wir vergeben und bitten um Vergebung", woraufhin die kommunistische Partei die Kirchenvertreter stark kritisierte. Auch die **Denkschrift des Rates der Evangelischen Kirche in Deutschland** vom Oktober 1965 über „Die Lage der Vertriebenen und das Verhältnis des deutschen Volkes zu seinen östlichen Nachbarn", in der neben der Versöhnung auch zur Anerkennung der polnischen Westgrenze aufgerufen wurde, fand in der Öffentlichkeit beider Länder ein großes Echo.

▶ **M 9–M 11: Deutsch-polnische Annäherung**

M 1 Denkmal für Kardinal Bolesław Kominek, Hauptverfasser des Hirtenbriefs, in Breslau, Fotografie, 2015

Informationen zum Denkmal
cornelsen.de/Webcodes
Code: xuxida

Die wachsende internationale Entspannung veranlasste auch die Regierung der Bundesrepublik Deutschland seit den 1960er-Jahren, ihr Verhältnis zu den kommunistischen Staaten neu zu gestalten. Die Große Koalition aus SPD und CDU unter Bundeskanzler Kurt Georg Kiesinger (1966–1969) fand sich dazu grundsätzlich bereit. Allerdings zögerte man noch, die Oder-Neiße-Grenze anzuerkennen. Das wiederum

▶ **M 12–M 17: Ostpolitik und die Folgen**

Willy Brandt
Von 1969 bis 1974 Regierungschef einer sozialliberalen Koalition von SPD und FDP und der vierte Bundeskanzler der Bundesrepublik Deutschland.

Ostverträge
1970 Vertrag von Moskau mit der Sowjetunion
Vertrag von Warschau mit Polen
1971 Viermächteabkommen über Berlin
Transitabkommen mit der DDR
1972 Grundlagenvertrag mit der DDR
1973 Prager Vertrag mit der Tschechoslowakei

wurde von polnischer Seite aber als Voraussetzung angesehen. Die nachfolgende sozialliberale Koalitionsregierung unter **Bundeskanzler Willy Brandt*** (1969–1974) wagte schließlich den entscheidenden Schritt und revolutionierte durch die Ostverträge* die diplomatischen Beziehungen. Bereits im Moskauer Vertrag vom August 1970 erklärte die Bundesrepublik, dass sie keinerlei Gebietsansprüche habe, und bezeichnete zugleich die Grenze zwischen Polen und der DDR als „unverletzlich". Diese Erklärung bildete auch den Kern des **Warschauer Vertrages**, der im Dezember 1970 zwischen der Bundesrepublik und Polen abgeschlossen wurde. In diesem Vertrag ging es – wie in allen Ostverträgen – u. a. um den Verzicht auf Gewalt oder Gewaltandrohung, die Förderung von Sicherheit und Entspannung sowie die Anerkennung der Grenzen in Europa. Vielleicht noch wichtiger als der Vertrag selbst war die spontane Geste von Willy Brandt unmittelbar vor der Vertragsunterzeichnung, der vor dem Denkmal, das an den Warschauer Ghetto-Aufstand von 1943 erinnert, niederkniete. Brandts Kniefall war der politische Durchbruch. Zwar gab es in der Bundesrepublik noch heftige Diskussionen über die Ratifizierung der Verträge von Moskau und Warschau, doch immer mehr Menschen

M2 Brandts Kniefall in Warschau, Fotografie, 1970

M3 Aktion Sühnezeichen in Majdanek, Fotografie, 1970.
Im Juli 1970 leisten 21 Jugendliche aus Hannover – organisiert von der Aktion Sühnezeichen – Dienst im ehemaligen deutschen Konzentrationslager Majdanek bei Lublin in Polen. Die Aktion Sühnezeichen wurde 1958 auf Anregung des Präses der EKD Lothar Kreyssig in Berlin gegründet und bot Jugendlichen die Möglichkeit zu gemeinnütziger Arbeit in Polen, Russland und Israel, um Zeichen der Versöhnung zu setzen.

im Westen erkannten, dass sie auf etwas verzichteten, was sie schon längst verloren hatten, und zwar als Folge eines Krieges, den Deutschland begonnen und im Osten mit beispielloser Brutalität geführt hatte. Dieses Umdenken erleichterte den Prozess der Versöhnung, der langsam und im Schatten der hohen Politik der Konferenzen und Verträge einsetzte.

Seit der Unterzeichnung des Warschauer Vertrages und der Aufnahme diplomatischer Beziehungen 1972 begann sich das deutsch-polnische Verhältnis zu entspannen. Wirtschaftliche und finanzielle Hilfen der nachfolgenden Bundesregierungen unter Helmut Schmidt und Helmut Kohl trugen dazu ebenso bei wie das fortgesetzte Bemühen der Kirchen in beiden Ländern. Auf verschiedenen Schulbuchkonferenzen im Rahmen der **Schulbuchkommission*** berieten zudem westdeutsche und polnische Historiker, Geografen und Pädagogen über eine Veränderung und Anpassung der Schulbücher, während Schulklassen und Jugendgruppen vermehrt Gedenkstättenfahrten nach Polen durchführten.

Eine weitere Intensivierung der Beziehungen zur Bundesrepublik Deutschland geschah durch den gewerkschaftlichen Kampf der ***Solidarność**** für Demokratisierung in Polen. Um die Bewegung niederzuhalten, wurde sogar das Kriegsrecht eingeführt. Als es daraufhin in Polen zu einer großen Versorgungskrise kam, schickten viele Bürgerinnen und Bürger Pakete nach Polen. Außerdem erfuhr **Lech Wałęsa*,** der als Vorsitzender der *Solidarność* mit dem Friedensnobelpreis ausgezeichnet worden war, im Westen große Anerkennung. Im April 1989 gelang es *Solidarność*, wieder offiziell zugelassen zu werden und halbfreie Wahlen zu erzwingen. Im Juni endeten sie mit einem großen Erfolg der *Solidarność*, Polen befand sich auf dem Weg zur Demokratisierung und ermöglichte historisch betrachtet damit auch den Wandel in Deutschland.

Deutsch-polnische Zusammenarbeit nach 1990

Mit dem Ende des Kommunismus 1989 veränderten sich die deutsch-polnischen Beziehungen grundlegend. Nach der Vereinigung der beiden deutschen Teilstaaten am 3. Oktober 1990 standen sich ein demokratisches Gesamtdeutschland und ein ebenfalls demokratisches Polen gegenüber. Bereits im Artikel 1(2) des am 12. September 1990 abgeschlossenen **„2+4-Vertrages"** wurde die völkerrechtlich verbindliche Regelung der deutsch-polnischen Grenze gefordert, weshalb kurze Zeit später, am 14. November 1990, der **deutsch-polnische Grenzbestätigungsvertrag** zwischen beiden Ländern abgeschlossen wurde.

Am 17. Juni 1991 folgte die Unterzeichnung des **„Vertrages über gute Nachbarschaft und freundschaftliche Zusammenarbeit zwischen der Bundesrepublik Deutschland und der Republik Polen"**, der unter anderem die Zusammenarbeit in den Bereichen der Politik, der Wirtschaft, der Kultur und des Bildungswesens auf eine neue Grundlage stellen sollte.

Als Vorbild betrachtete man dabei die Gestaltung der Beziehungen zu Frankreich. Außerdem wurde in dem Vertrag die Existenz einer deutschen Minderheit in Polen bestätigt, die bis zum Jahr 1989 von polnischer Seite offiziell geleugnet worden war. Die damit verbundenen Regelungen der politischen und kulturellen Minderheitenrechte waren insofern von Bedeutung, als in Oberschlesien, wo seit 1945 der Großteil der verbliebenen deutschstämmigen bzw. sich zur deutschen Sprache und Kultur bekennenden Bevölkerung lebte, ein deutsches Kulturleben untersagt war. Im Gegenzug wurden auch die Rechte von deutschen Staatsbürgern, „die polnischer Abstammung sind oder die sich zur polnischen Sprache, Kultur oder Tradition bekennen", geregelt. Sie wurden allerdings nicht als Minderheit anerkannt, weil sie nach deutscher Rechtsauffassung keine historisch gewachsene Minderheit darstellen (wie Dänen und Sorben), sondern sich seit der Industrialisierung am Ende des 19. Jahrhunderts bis in die jüngste Zeit in Deutschland ansiedelten.

Schulbuchkommission
1972 gegründete deutsch-polnische Organisation, bis heute eine der zentralen Plattformen der Kooperation zwischen Historikern und Geografen beider Länder.

Solidarność
(dt. Solidarität) Eine im Jahre 1980 entstandene Gewerkschaft, die sich schnell zum Zentrum der polnischen Opposition entwickelte.

M4 Lech Wałęsa (r.) spricht vor Arbeitern in Bromberg, Fotografie, 21.3.1981

Vertragswerke im Rahmen der deutschen Wiedervereinigung
- 12.9.1990: „2 + 4-Vertrag" zwischen den Siegermächten des Zweiten Weltkriegs und den beiden deutschen Staaten bezüglich der deutschen Wiedervereinigung und Beendigung besatzungsrechtlicher Bestimmungen
- 14.11.1990: „Deutsch-polnischer Grenzbestätigungsvertrag" bzgl. der endgültigen Anerkennung der Oder-Neiße-Grenze durch die BRD
- 17.6.1991: „Vertrag zwischen der Bundesrepublik Deutschland und der Republik Polen über gute Nachbarschaft und freundschaftliche Zusammenarbeit" zur Verbesserung der Beziehungen zwischen den beiden Ländern

▶ **M 17: Nachbarschaftsvertrag**

M5 Unterzeichnung des deutsch-polnischen Nachbarschaftsvertrages vom 17. Juni 1991 durch den polnischen Ministerpräsidenten Jan Krzystof Bielecki und Bundeskanzler Helmut Kohl, Fotografie, 1991

▶ M 18–M 19: zur Diskussion zum Vertriebenenzentrum

Infolge des Nachbarschaftsvertrages wurden verschiedene politische und kulturelle Einrichtungen ins Leben gerufen, um der neuen Qualität der Beziehung Ausdruck zu verleihen. In Anlehnung an das bereits seit 1963 bestehende Deutsch-Französische Jugendwerk wurde das **Deutsch-Polnische Jugendwerk** mit Sitz in Potsdam und Warschau gegründet, um den Jugend- und Schüleraustausch zu fördern sowie andere Initiativen zur Begegnung zu entwickeln. Bereits 2004 hatte über eine Million Jugendliche aus Deutschland und Polen am Jugendaustausch teilgenommen. Erfreulicherweise stieg auch die Zahl der Städtepartnerschaften von 54 im Jahr 1989 auf 466 im Jahr 2006. Ebenso wurde die **Stiftung für Deutsch-Polnische Zusammenarbeit** eingerichtet, die seit 1991 Projekte zur deutsch-polnischen Verständigung finanziert.

Die neu geschaffenen politischen Verhältnisse hatten auch einen verstärkten Ausbau der Wirtschaftskontakte zur Folge. 2004 gingen 30 Prozent der polnischen Exporte nach Deutschland, der Anteil der Importe aus Deutschland betrug 24,2 Prozent. Mit dem Beitritt Polens zur Europäischen Union eröffneten sich auch für polnische Unternehmen neue Chancen auf dem deutschen Markt.

Trotz aller Regelungen in den Verträgen und dem Engagement beider Regierungen für den Aufbau einer guten Nachbarschaft in den 1990er-Jahren war das deutsch-polnische Verhältnis auf der politischen Ebene nicht vor Rückschlägen gefeit. Dabei spielten der Umgang mit der Geschichte und aktuelle europäische Fragen eine wichtige Rolle. Obwohl eine offene und selbstkritische Aufarbeitung der historischen Beziehungen weiter vorangetrieben wurde, führten verschiedene Diskussionen die Schwierigkeit der Aufarbeitung der Vergangenheit beider Länder immer wieder vor Augen. So war das Verhältnis in den letzten Jahren unter anderem geprägt von den Debatten um die Entschädigung von polnischen Zwangsarbeitern oder um die Gründung der „Preußischen Treuhand"*, die Entschädigungsansprüche für deutsche Vertriebene vor Gericht einklagen will. In Polen wurde – für deutsche Freunde Polens schwer verständlich – die Zuverlässigkeit des Verbündeten Deutschland infrage gestellt.

Preußische Treuhand
Im Jahre 2000 in Düsseldorf gegründete Organisation, die Eigentumsansprüchen von Bewohnern der ehemaligen Ostgebiete des Deutschen Reiches durchsetzen möchte.

Kontroverse um das deutsche „Zentrum gegen Vertreibungen"

Seit den 1990er-Jahren wurden auch die Vertreibungen im Umfeld des Zweiten Weltkrieges verstärkt thematisiert. Das geschah nicht zuletzt unter dem Eindruck der „ethnischen Säuberungen" im jugoslawischen Bürgerkrieg. Erneut diskutierte die deutsche Öffentlichkeit darüber, dass bzw. ob die Deutschen im Zweiten Weltkrieg nicht nur Täter, sondern auch Opfer (vor allem des Bombenkriegs und der Vertreibungen) waren. Besonders kontrovers verlief die Debatte, als der deutsche **Bund der Vertriebenen** mit dem Projekt eines **„Zentrums gegen Vertreibungen"** auf den Plan trat. Auf seine Initiative hin wurde im Jahre 2000 eine Stiftung gegründet. Sie wollte in Berlin einen Ort schaffen, an dem des Schicksals der deutschen Vertriebenen nach 1945 vor dem Hintergrund der europäischen Geschichte des 20. Jahrhunderts in musealer Form gedacht werden sollte. Das Projekt wurde innerhalb Deutschlands kontrovers diskutiert und von polnischer Seite fast einhellig abgelehnt. Innerhalb des Deutschen Historischen Museums wurde am 30. Dezember daraufhin 2008 die **Stiftung Flucht, Vertreibung, Versöhnung** errichtet, die an Vertreibungen in der Geschichte erinnern soll. Diese Debatte zeigt, dass die Erinnerung an die gemeinsame Geschichte der ersten Hälfte des 20. Jahrhunderts auch mehr als sechzig Jahre später noch von traumatischen Erfahrungen geprägt ist.

Stereotyp
Vereinfachtes und klischeehaftes Urteil über eine Person oder eine Gruppe.

Interview mit der Direktorin der Stiftung „Flucht, Vertreibung, Versöhnung"
cornelsen.de/Webcodes
Code: watoba

Gegenwärtige Herausforderungen

Weitgehend unberührt von den historischen und politischen Fragen entwickelt sich die Zusammenarbeit auf wirtschaftlicher, kultureller und zwischenmenschlicher Ebene aber insgesamt positiv, wobei der Ausgangspunkt in Deutschland und in Polen auffallend unterschiedlich ist. Die Deutschen gelten in Polen zwar nicht als die beliebtesten, aber als die zuverlässigsten und vertrauenswürdigsten Nachbarn. Während das Interesse an Deutschland in Polen groß ist, sind Kenntnisse über Polen und Neugier auf den östlichen Nachbarn in Deutschland gering geblieben. Die Wahrnehmung Polens ist in weiten Kreisen der deutschen Gesellschaft noch immer geprägt von Stereotypen* oder Gleichgültigkeit. Ungeachtet der zahlreichen Fortschritte und einer zunehmenden Normalität und Freundschaftlichkeit im Verhältnis zwischen den Ländern bleibt noch viel zu tun, um in den Beziehungen noch mehr über die Zukunft als über die Vergangenheit zu sprechen und Deutschland und Polen wirklich zu einer „Interessengemeinschaft in Europa" zu entwickeln, wie es der polnische Außenminister Skubiszewski 1990 formulierte.

1 Erstellen Sie eine tabellarische chronologische Übersicht zu den deutsch-polnischen Beziehungen. Teilen Sie dazu die Geschichte in drei Phasen ein und geben Sie Ihren Teilen aussagekräftige Titel. Führen Sie dann politische und kulturelle Aspekte an, welche Ihrer Meinung die Phase prägen.

2 Recherchieren Sie zur Geschichte der Aktion Sühnezeichen (M 3). Stellen Sie einzelne Projekte vor.

3 **Pro-und-Kontra-Diskussion:** Informieren Sie sich über die verschiedenen Positionen in der Debatte um das „Zentrum gegen Vertreibungen". Führen Sie eine Podiumsdiskussion mit Vertretern der Befürworter und der Gegner durch.

Hinweise zur Arbeit mit den Materialien

Der Materialteil zu der Besatzung Polens im Zweiten Weltkrieg setzt folgende Schwerpunkte:

- *M 6 befasst sich zunächst mit Flucht, Vertreibung und Zwangsumsiedlung vor allem von Deutschen und Polen zwischen 1944 und 1948.*
- *M 7 bis M 11 behandeln die Entwicklung des deutsch-polnischen Verhältnisses in den beiden deutschen Staaten bis in die 1960er-Jahre.*
- *Mithilfe von M 12 bis M 16 werden die Veränderungen durch die Entspannungspolitik durch Willy Brandt vorgestellt.*
- *M 17 thematisiert den deutsch-polnischen Nachbarschaftsvertrag, welcher grundlegende Kooperationsziele bis heute definiert.*
- *Mithilfe der Kontroverse über das „Zentrum gegen Vertreibungen“ in M 18 und M 19 wird die eigene Urteilsbildung angeregt.*

Zur Vernetzung mit dem Kernmodul

*Verknüpfung zum Kernmodulbereich **„Deutungen des deutschen Selbstverständnisses“, M 5 b:** Winklers Rede vor dem deutschen Bundestag.*

Folgen des Zweiten Weltkrieges

M 6 Bevölkerungsveränderungen am Ende des Zweiten Weltkrieges

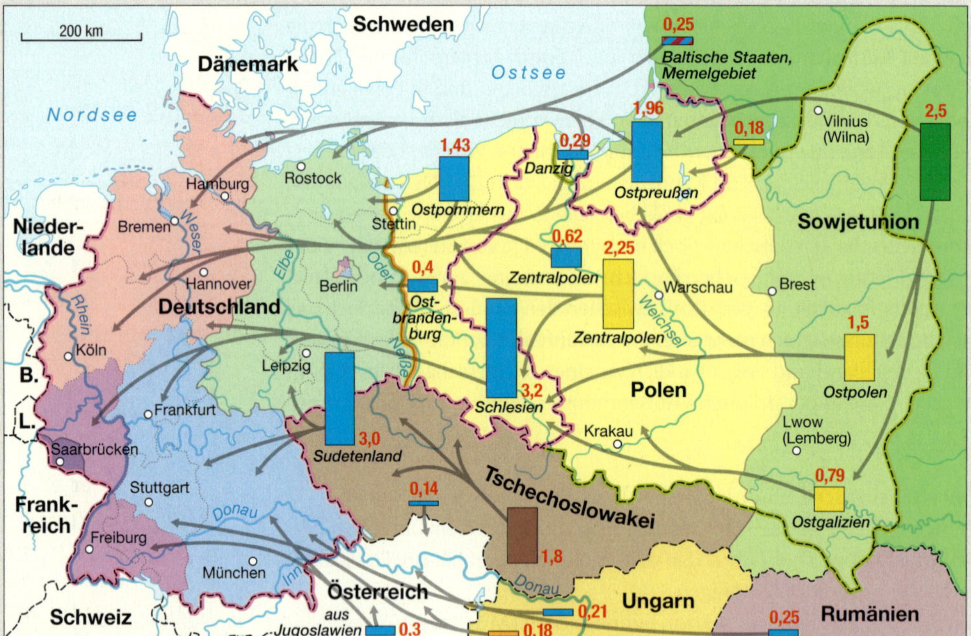

Flüchtlinge, Vertriebene und Umsiedler:

- Bevölkerungsbewegungen
- Deutsche
- Polen
- Ungarn
- Tschechen und Slowaken
- Baltische Völker
- Russen
- **1,43** Anzahl der Flüchtlinge, Vertriebenen und Umsiedler in Mio.

- Staatsgrenzen 1937
- Deutsches Reich 1937
- Freie Stadt Danzig und Polen 1937
- Oder-Neiße-Linie
- Polen 1945
- neue sowjetische Gebiete 1945

Besatzungszonen und Sektoren von Berlin:

- Amerikanisch
- Britisch
- Französisch
- Sowjetisch

1 Arbeiten Sie aus der Karte die Bevölkerungsverschiebungen im Zweiten Weltkrieg heraus.
Tipp: Nutzen Sie die methodischen Hinweise zur Arbeit mit Karten auf S. 26.

2 Erklären Sie die historischen Zusammenhänge dieser Transformation.

Die deutsch-polnischen Beziehungen vom Kriegsende bis in die 1960er-Jahre

M7 Die Charta der deutschen Heimatvertriebenen (1950)

Im Bewusstsein ihrer Verantwortung vor Gott und den Menschen, im Bewusstsein ihrer Zugehörigkeit zum christlich-abendländischen Kulturkreis, im Bewusstsein ihres deutschen Volkstums und in der Erkenntnis der gemeinsamen Aufgabe aller europäischen Völker, haben die erwählten Vertreter von Millionen Heimatvertriebenen nach reiflicher Überlegung und nach Prüfung ihres Gewissens beschlossen, dem deutschen Volk und der Weltöffentlichkeit gegenüber eine feierliche Erklärung abzugeben, die die Pflichten und Rechte festlegt, welche die deutschen Heimatvertriebenen als ihr Grundgesetz und als unumgängliche Voraussetzung für die Herbeiführung eines freien und geeinten Europas ansehen.

1. Wir Heimatvertriebenen verzichten auf Rache und Vergeltung. Dieser Entschluss ist uns ernst und heilig im Gedenken an das unendliche Leid, welches im Besonderen das letzte Jahrzehnt über die Menschheit gebracht hat.

2. Wir werden jedes Beginnen mit allen Kräften unterstützen, das auf die Schaffung eines geeinten Europas gerichtet ist, in dem die Völker ohne Furcht und Zwang leben können.

3. Wir werden durch harte, unermüdliche Arbeit teilnehmen am Wiederaufbau Deutschlands und Europas.

Wir haben unsere Heimat verloren. Heimatlose sind Fremdlinge auf dieser Erde. Gott hat die Menschen in ihre Heimat hineingestellt. Den Menschen mit Zwang von seiner Heimat trennen, bedeutet, ihn im Geiste töten. Wir haben dieses Schicksal erlitten und erlebt. Daher fühlen wir uns berufen zu verlangen, daß das Recht auf die Heimat als eines der von Gott geschenkten Grundrechte der Menschheit anerkannt und verwirklicht wird. So lange dieses Recht für uns nicht verwirklicht ist, wollen wir aber nicht zur Untätigkeit verurteilt beiseite stehen, sondern in neuen, geläuterten Formen verständnisvollen und brüderlichen Zusammenlebens mit allen Gliedern unseres Volkes schaffen und wirken. Darum fordern und verlangen wir heute wie gestern:

1. Gleiches Recht als Staatsbürger nicht nur vor dem Gesetz, sondern auch in der Wirklichkeit des Alltags.

2. Gerechte und sinnvolle Verteilung der Lasten des letzten Krieges auf das ganze deutsche Volk und eine ehrliche Durchführung dieses Grundsatzes.

3. Sinnvollen Einbau aller Berufsgruppen der Heimatvertriebenen in das Leben des deutschen Volkes.

4. Tätige Einschaltung der deutschen Heimatvertriebenen in den Wiederaufbau Europas.

Die Völker der Welt sollen ihre Mitverantwortung am Schicksal der Heimatvertriebenen als der vom Leid dieser Zeit am schwersten Betroffenen empfinden. Die Völker sollen handeln, wie es ihren christlichen Pflichten und ihrem Gewissen entspricht.

Die Völker müssen erkennen, dass das Schicksal der deutschen Heimatvertriebenen wie aller Flüchtlinge ein Weltproblem ist, dessen Lösung höchste sittliche Verantwortung und Verpflichtung zu gewaltiger Leistung fordert.

Wir rufen Völker und Menschen auf, die guten Willens sind, Hand anzulegen ans Werk, damit aus Schuld, Unglück, Leid, Armut und Elend für uns alle der Weg in eine bessere Zukunft gefunden wird.

Zit. nach: Homepage des BdV (http://www.bund-der-vertriebenen.de/charta-der-deutschen-heimatvertriebenen/charta-in-deutsch.html; Download vom 20.08.2018).

1 **Partnerarbeit:** Geben Sie die zentralen Aussagen der Charta der Heimatvertriebenen wieder.

2 Erläutern Sie die Forderungen mithilfe des historischen Kontexts.
Tipp: Beziehen Sie den Darstellungstext mit in Ihre Überlegungen ein.

3 Überprüfen Sie die Aussage, dass die Heimatvertriebenen „vom Leid dieser Zeit am schwersten Betroffenen" gewesen seien.

4 Beurteilen Sie, inwiefern die Charta einen Schritt zur Versöhnung gewesen ist.

M8 Der Görlitzer Vertrag (1950)

Der Präsident der Deutschen Demokratischen Republik und der Präsident der Republik Polen, geleitet von dem Wunsche, dem Willen zur Festigung des allgemeinen Friedens Ausdruck zu verleihen, und gewillt, einen Beitrag zum großen Werke der einträchtigen Zusammenarbeit friedliebender Völker zu leisten, in Anbetracht, dass diese Zusammenarbeit zwischen dem deutschen und dem polnischen Volke dank der Zerschlagung des deutschen Faschismus durch die UdSSR und dank der Entwicklung der demokratischen Kräfte in Deutschland möglich wurde, sowie gewillt, nach den tragischen Erfahrungen aus der Zeit des Hitlersystems eine unerschütterliche Grundlage für ein friedliches und gutnachbarliches, Zusammenleben beider Völker zu schaffen, geleitet von dem Wunsche, die gegenseitigen Beziehungen in Anlehnung an das die Grenze an der Oder und Lausitzer Neiße festlegende Potsdamer Abkommen zu stabilisieren und zu festigen, [...]; in Anerkennung, dass die festgelegte und bestehende Grenze die unantastbare Friedens- und Freundschaftsgrenze ist, die die beiden Völker nicht trennt, sondern einigt.

*Zit. nach: Abkommen zwischen der Deutschen Demokratischen Republik und der Republik Polen über die Markierung der festgelegten und bestehenden deutsch-polnischen Staatsgrenze vom 6. Juli 1950 (Görlitzer Vertrag), in: Ingo von Münch (Hg.), Ostverträge II. Deutsch-polnische Verträge, Walter de Gruyter: Berlin 1971, S. 115–118.**

1 Arbeiten Sie aus dem Material die Bestimmungen des Görlitzer Vertrags heraus.
Tipp: Nutzen Sie zunächst eigene Wörter, um den Inhalt wiederzugeben.

M9 Aus der Denkschrift der Evangelischen Kirche Deutschlands: „Die Lage der Vertriebenen und das Verhältnis des deutschen Volkes zu seinen östlichen Nachbarn" vom 1. Oktober 1965

Die leidvolle Geschichte deutscher Unterdrückungsmaßnahmen gegenüber dem immer wieder seiner politischen Selbstständigkeit beraubten polnischen Volk und die völkerrechtswidrige Behandlung, die dieses Volk während des Zweiten Weltkrieges auf Anordnung der nationalsozialistischen Staatsführung erfuhr, stellt uns heute unausweichlich vor die Frage, ob sich daraus nicht politische, vielleicht aber auch völkerrechtliche Einwendungen gegen einen deutschen Anspruch auf unverminderte Wiederherstellung seines früheren Staatsgebietes ergeben. [...] Die rechtlichen Positionen begrenzen sich gegenseitig; Recht steht gegen Recht oder – noch deutlicher – Unrecht gegen Unrecht. In solcher Lage wird das Beharren auf gegensätzlichen Rechtsbehauptungen, mit denen jede Partei nur ihre Interessen verfolgt, unfruchtbar, ja zu einer Gefahr für den Frieden zwischen beiden Völkern. Auf dieser Ebene ist der Konflikt nicht zu lösen. Daher gilt es, einen Ausgleich zu suchen, der eine neue Ordnung zwischen Deutschen und Polen herstellt. Damit wird nicht gerechtfertigt, was in der Vergangenheit geschehen ist, aber das friedliche Zusammenleben beider Völker für die Zukunft ermöglicht. [...]

In dieser abwartenden Haltung kommt zugleich der richtige Grundsatz zum Ausdruck, dass die im Zusammenhang mit den Kriegshandlungen geschehene Okkupation der Ostgebiete und die Übertragung ihrer Verwaltung an einen anderen Staat sich nicht ohne weiteres in eine völkerrechtlich und politisch gleichermaßen unvertretbare einseitige Annexion verwandeln kann und dass das Unrecht der Vertreibung nicht mit Stillschweigen übergangen werden darf. Die hier strittigen Fragen und alle territorialen Änderungen bedürfen gemeinsamer verträglicher Regelungen. Der Wert dieser Regelungen ist von der beiderseitigen Notwendigkeit und von der beiderseitigen Zustimmung zu dem damit angestrebten neuen Anfang abhängig. An dieser Stelle wird auch deutlich, dass der negative Begriff „Verzicht" eine ganz und gar unzulängliche Bezeichnung für den deutschen Beitrag zu einer Friedensregelung ist, die eine neue Partnerschaft zwischen Völkern begründen soll. Wenn die künftige Regelung der Gebietsfragen das Verhältnis zwischen den beteiligten Völkern stabilisieren soll, dann muss sie das Ergebnis eines wirklichen Dialogs und Ausdruck des Willens zur Versöhnung sein.

Es ist nicht die Aufgabe einer kirchlichen Denkschrift, Vermutungen darüber anzustellen, wann der richtige Zeitpunkt gekommen ist, die abwartende Haltung gegenüber unseren östlichen Nachbarvölkern aufzugeben. Aber das formale Argument, dass nur eine künftige gesamtdeutsche Regierung zu so weit tragenden Entscheidungen befugt sei, kann es nicht länger rechtfertigen, auch die Klärung der hier auf dem Spiele stehenden Grundsatzfragen auf unbestimmte Zeit zu verschieben. Das deutsche Volk muss auf die notwendigen Schritte vorbereitet werden, damit eine Regierung sich ermächtigt fühlen kann zu handeln, wenn es nottut.

*Zit. nach: Hans-Adolf Jacobsen, Mieczysław Tomala (Hg.), Bonn–Warschau: 1945–1991. Die deutsch-polnischen Beziehungen. Analyse und Dokumentation, Verlag Wissenschaft und Politik, Köln 1992, S. 125–135.**

1 Geben Sie die zentralen Aussagen der Denkschrift wieder.
2 Überprüfen Sie durch Einbindung des Darstellungsteils, inwiefern die Denkschrift politisch fortschrittliche Positionen formulierte.
Tipp: Stellen Sie dazu mithilfe des Darstellungsteils die offizielle Meinung in der Bundesrepublik über die Vertreibung den Aussagen der Denkschrift gegenüber.
3 **Zusatzaufgabe:** Siehe S. 150.

M10 Aus der Botschaft der polnischen Bischöfe „an ihre deutschen Brüder in Christi Hirtenamt" vom 18. November 1965

Die Botschaft wurde anlässlich der Feierlichkeiten zur tausendjährigen Christianisierung Polens verfasst, zu welcher die deutschen Bischöfe eingeladen wurden.

Nach alledem, was in der Vergangenheit geschehen ist – leider erst in der allerneuesten Vergangenheit –, ist es nicht zu verwundern, dass das ganze polnische Volk unter dem schweren Druck eines elementaren Sicherheitsbedürfnisses steht und seinen nächsten

Nachbarn im Westen immer noch mit Misstrauen betrachtet. Diese geistige Haltung ist sozusagen unser Generationsproblem, das, Gott gebe es, bei gutem Willen schwinden wird und schwinden muss. [...]
Die Belastung der beiderseitigen Verhältnisse ist immer noch groß und wird vermehrt durch das sogenannte „heiße Eisen“ dieser Nachbarschaft; die polnische Westgrenze an Oder und Neiße ist, wie wir wohl verstehen, für Deutschland eine äußerst bittere Frucht des letzten Massenvernichtungskrieges – zusammen mit dem Leid der Millionen von Flüchtlingen und vertriebenen Deutschen (auf interalliierten Befehl der Siegermächte – Potsdam 1945! – geschehen).
Ein großer Teil der Bevölkerung hatte diese Gebiete aus Furcht vor der russischen Front verlassen und war nach dem Westen geflüchtet. Für unser Vaterland, das aus dem Massenmorden nicht als Siegerstaat, sondern bis zum Äußersten geschwächt hervorging, ist es eine Existenzfrage (keine Frage „größeren Lebensraumes“!); es sei denn, dass man ein über 30-Millionen-Volk in den engen Korridor eines „Generalgouvernements“ von 1939 bis 1945 hineinpressen wollte – ohne Westgebiete; aber auch ohne Ostgebiete, aus denen seit 1945 Millionen von polnischen Menschen in die „Potsdamer Westgebiete“ hinüberströmen mussten. [...]
Seid uns wegen dieser Aufzählung dessen, was [...] geschehen ist, liebe deutsche Brüder, nicht gram. Es soll weniger eine Anklage als vielmehr eine eigene Rechtfertigung sein! [...]
Und trotz alledem, trotz dieser fast hoffnungslos mit Vergangenheit belasteten Lage, gerade aus dieser Lage heraus, Hochwürdige Brüder, rufen wir Ihnen zu: versuchen wir zu vergessen! Keine Polemik, kein weiterer kalter Krieg, aber den Anfang eines Dialogs. [...]
Wenn echter guter Wille beiderseits besteht – und das ist wohl nicht zu bezweifeln –, dann muss ja ein ernster Dialog gelingen und mit der Zeit gute Früchte bringen – trotz allem, trotz heißer Eisen. [...] In diesem allerchristlichsten und zugleich sehr menschlichen Geist strecken wir unsere Hände zu Ihnen hin in den Bänken des zu Ende gehenden Konzils, gewähren Vergebung und Bitten um Vergebung. Und wenn Sie, deutsche Bischöfe und Konzilsväter, unsere ausgestreckten Hände brüderlich erfassen, dann erst können wir wohl mit ruhigem Gewissen in Polen auf ganz christliche Art das Millennium feiern.

*Zit. nach: Hans-Adolf Jacobsen, Mieczysław Tomala (Hg.), Bonn–Warschau: 1945–1991. Die deutsch-polnischen Beziehungen. Analyse und Dokumentation, Verlag Wissenschaft und Politik, Köln 1992, S. 135–142.**

1 Geben Sie die zentralen Argumente der polnischen Bischöfe wieder.
2 Vergleichen Sie die Forderungen von M 9 und M 10.
3 **Zusatzaufgabe:** Siehe S. 150.

M 11 Aus dem Schreiben des Präsidenten des Ministerrates der Volksrepublik Polen, Józef Cyrankiewicz, an die Bischöfe der Römisch-Katholischen Kirche Polens vom 5. März 1966

[Ich] stelle mit aller Deutlichkeit fest, dass die Regierung der Polnischen Volksrepublik weder mit der Deduktion noch mit den Ansichten und den Argumenten des Episkopats, wie sie in diesem Schreiben Ausdruck finden, einverstanden sein kann. Sie gehen an der Wahrheit und der Wirklichkeit vorbei. [...]
Im Zweiten Weltkrieg stellte Polen einen fundamentalen Teil der antihitlerischen Koalition der Staaten, die das Deutschland Hitlers zur Kapitulation zwangen. In nicht geringem Maße trug dazu der heldenhafte Kampf des polnischen Soldaten und des ganzen polnischen Volkes bei. [...]
Die Regierung Volkspolens und das polnische Volk weisen entschieden die [...] These zurück, dass Polen die Westgebiete aus dem Grunde in Besitz genommen habe, weil dorthin Millionen von Polen aus den Ostgebieten umgesiedelt werden mussten. Das verstößt gegen die historischen, moralischen und politischen Rechte Polens auf die West- und Nordgebiete. Das arbeitet den westdeutschen Revisionisten direkt in die Hand. [...]
Wenn die Rede von polnisch-deutscher Nachbarschaft ist: Polen ist Nachbar der Deutschen Demokratischen Republik. Mit diesem Staat unterhält es freundschaftliche und bundesgenössische Beziehungen. Kein Grenzproblem stört diese Beziehungen, weil es ganz einfach kein solches Problem gibt. [...]
Die Umsiedlung der Deutschen erfolgte nicht auf „Befehl der Siegermächte“, sondern gestützt auf einen internationalen Rechtsakt – den Potsdamer Vertrag –, geschlossen durch die großen Mächte im Namen der Vereinigten Nationen. Indem Polen die Deutschen umsiedelte, handelte es also im Namen internationalen Rechts. Die Bezeichnung der Umsiedlung mit dem Ausdruck „Vertreibung“, der aus der Terminologie der westdeutschen Revisionisten geschöpft ist, ist eine Beleidigung des legalen Handelns Polens und eine Beleidigung der historischen Wahrheit [...].
Denn die Bischöfe richten in ihrer Botschaft an die deutschen Bischöfe die Worte: „wir strecken Euch am Ende des Konzils die Hände aus, erteilen Vergebung und bitten um Vergebung.“ [...] Aber schon die Bitte der Autoren der Botschaft an die deutschen Bischöfe,

dem polnischen Volk Vergebung zu gewähren, das auf seinem Gewissen keine Schuld weiß und keine Verbrechen gegenüber Deutschen beging, sondern nur in Verteidigung des von Hitlerdeutschland überfallenen Vaterlandes stand – diese Bitte ist für das polnische Volk beleidigend und für seine Würde erniedrigend.

*Oskar Golombek (Hg.), Die katholische Kirche und die Völker-Vertreibung, 2. Aufl, Wienand, Köln 1968, S. 215, 224.**

1 **Partnerarbeit:** Vergleichen Sie die Argumentation der polnischen Regierung mit dem Hirtenbrief der Bischöfe.
Tipp: Stellen Sie dazu zunächst die Aussagen tabellarisch gegeneinander.

2 **Wahlaufgabe:** Bearbeiten Sie entweder Aufgabe a) oder b).
   a) Präsentieren Sie im Kurs, wie die deutschen Bischöfe auf den Hirtenbrief geantwortet haben.
   b) Verfassen Sie eine Antwort der polnischen Bischöfe auf die Einlassungen der kommunistischen Partei.

Die deutsch-polnischen Beziehungen während der „Neuen Ostpolitik"

M 12 Aus dem Vertrag zwischen der Bundesrepublik Deutschland und der Volksrepublik Polen über die Grundlagen der Normalisierung ihrer gegenseitigen Beziehungen („Warschauer Vertrag") vom 7. Dezember 1970

Artikel I (1) Die Bundesrepublik Deutschland und die Volksrepublik Polen stellen übereinstimmend fest, dass die bestehende Grenzlinie, deren Verlauf im Kapitel IX der Beschlüsse der Potsdamer Konferenz vom 2. August 1945 [...] festgelegt worden ist, die westliche Staatsgrenze der Volksrepublik Polen bildet.

(2) Sie bekräftigen die Unverletzlichkeit ihrer bestehenden Grenzen jetzt und in der Zukunft und verpflichten sich gegenseitig zur uneingeschränkten Achtung ihrer territorialen Integrität.

*Zit. nach: Bulletin des Presse- und Informationsamtes der Bundesregierung vom 8. Dezember 1970, Nr. 171, S. 1815 (http://www.auswaertiges-amt.de/Europa/Deutsch landInEuropa/BilateraleBeziehungen/Polen/Vertraege/WarschauerVertrag.pdf, Abgerufen am 17. 8. 2018).**

1 Arbeiten Sie die zentralen Bestimmungen des Warschauer Vertrages heraus.

2 **Partnerarbeit:** Erläutern Sie unter Einbeziehung des Darstellungsteils die politische Veränderung, die mit dem Vertrag in der BRD einherging.

M 13 Stimmen aus Bundestagsreden der Opposition (1972, 1973)

a) Rainer Barzel (CDU) am 25. 2. 1972

Hält man nun unseren Vorstellungen und unseren Prinzipien das gegenüber, was hier in Vertragsform vorliegt, so ist unser Urteil wohl begründet. Das Vertragswerk gibt den Sowjetrussen, den Polen und der DDR das meiste oder beinahe fast alles von dem, was sie wollen. Es bringt den Europäern und den Deutschen keinen Fortschritt – falls man, wie wir es tun, Fortschritt als reale Verbesserung für die Menschen, für ihre Rechte und deren soziale Basis im Alltag betrachtet.

b) Franz Josef Strauß (CSU) am 24. 1. 1973

Es ist auch unser ehrlicher Wunsch und unser ernstes Bestreben, Spannungen abzubauen und zu einem geregelten Nebeneinander zu kommen, aber wir können uns nichts unter dem von Ihnen, Herr Bundeskanzler, empfohlenen Miteinander mit einem kommunistischen Zwangsstaat vorstellen. Wir schätzen menschliche Erleichterungen und menschliche Begegnungen, auch wenn sie ein kanalisiertes und kontrolliertes Rinnsal darstellen, sehr hoch ein, sind aber nicht bereit, den Preis zu unterschätzen, den wir dafür bezahlen, den Ernst der Lage zu verkennen.

Zit. nach: Heinrich von Siegler (Hg.), Dokumentation zur Deutschlandfrage, Verlag für Zeitarchive GmbH, Bonn 1970, Bd. VII, S. 466 und Bd. VIII, S. 167.

1 Stellen Sie die Argumente gegen den Warschauer Vertrag zusammen.

2 Erörtern Sie, auch unter Einbindung von M 14, die Perspektiven auf die „Neue Ostpolitik" der sozialliberalen Koalition.

M 14 Schlesiertreffen in München, Fotografie, 1971

M 15 Warschauer Vertrag und Kniefall, aus den „Erinnerungen" von Willy Brandt (1989)

Ich hatte nichts geplant, aber Schloss Wilanow, wo ich untergebracht war, in dem Gefühl verlassen, die Besonderheit des Gedenkens am Ghetto-Monument zum Ausdruck bringen zu müssen. Am Abgrund der deutschen Geschichte und unter der Last der Millionen Ermordeten tat ich, was Menschen tun, wenn die Sprache versagt. Ich weiß es auch nach zwanzig Jahren nicht besser als jener Berichterstatter, der festhielt: „Dann kniet er, der das nicht nötig hat, für alle, die es nötig haben, aber nicht knien – weil sie es nicht wagen oder nicht können oder nicht wagen können." Zu Hause in der Bundesrepublik fehlte es weder an hämischen noch an dümmlichen Fragen, ob die Geste nicht „überzogen" gewesen sei. Auf polnischer Seite registrierte ich Befangenheit. Am Tage des Geschehens sprach mich keiner meiner Gastgeber hierauf an. Ich schloss daraus, dass auch andere diesen Teil der Geschichte noch nicht verarbeitet hatten.

Willy Brandt, Erinnerungen, Propyläen, Frankfurt am Main u. a. 1989, S. 213–215.

M 16 Spiegel-Cover vom 14. Dezember 1970

1 Geben Sie Brandts Beschreibungen zum Ablauf des Besuchs in Warschau wieder (M 15).

2 Verfassen Sie einen zeitgenössischen Leserbrief an die Spiegel-Redaktion zu der Umfrage „Durfte Brandt knien?" (M 16).

3 **Zusatzaufgabe:** Siehe S. 150.

Formulierungshilfen für den Leserbrief
- Ich vertrete die Auffassung, dass …
- Für mich ist entscheidend, dass…
- Ein wichtiges Argument für/gegen … ist, dass …
- Hinzu kommt, dass …
- Für/gegen … spricht außerdem die Tatsache, dass …
- Es darf nicht übersehen werden, dass …
- Außerdem sollte man bedenken, dass …
- Sicherlich kann man einwenden, dass …
- Dem steht jedoch entgegen, dass …
- Es darf aber nicht übersehen werden, …
- Aus diesen Gründen bin ich der Meinung, …

Die deutsch-polnischen Beziehungen seit der Wiedervereinigung

M 17 Vertrag über gute Nachbarschaft und freundschaftliche Zusammenarbeit vom 17. Juni 1991 (ausgewählte Artikel)

Die Bundesrepublik Deutschland und die Republik Polen

– IN DEM BESTREBEN, die leidvollen Kapitel der Vergangenheit abzuschließen, und entschlossen, an die guten Traditionen und das freundschaftliche Zusammenleben in der jahrhundertelangen Geschichte Deutschlands und Polens anzuknüpfen,
ANGESICHTS der historischen Veränderungen in Europa, insbesondere der Herstellung der Einheit Deutschlands und des tiefgreifenden politischen, wirtschaftlichen und sozialen Wandels in Polen,
ÜBERZEUGT von der Notwendigkeit, die Trennung Europas endgültig zu überwinden und eine gerechte und dauerhafte europäische Friedensordnung zu schaffen, […]
IM BEWUSSTSEIN der Bedeutung, welche die Mitgliedschaft der Bundesrepublik Deutschland in der Europäischen Gemeinschaft und die politische und wirtschaftliche Heranführung der Republik Polen an die Europäische Gemeinschaft für die künftigen Beziehungen der beiden Staaten haben,
EINGEDENK des unverwechselbaren Beitrags des deutschen und des polnischen Volkes zum gemeinsamen kulturellen Erbe Europas und der jahrhundertelangen gegenseitigen Bereicherung der Kulturen beider Völker sowie der Bedeutung des Kulturaustauschs für das gegenseitige Verständnis und für die Aussöhnung der Völker, […] SIND wie folgt ÜBEREINGEKOMMEN:
Artikel 2 […] Sie betrachten Minderheiten und gleichgestellte Gruppen als natürliche Brücken zwischen dem deutschen und dem polnischen Volk und sind

zuversichtlich, dass diese Minderheiten und Gruppen einen wertvollen Beitrag zum Leben ihrer Gesellschaften leisten. [...]
Artikel 20 (1) Die Angehörigen der deutschen Minderheit in der Republik Polen, das heißt Personen polnischer Staatsangehörigkeit, die deutscher Abstammung sind oder die sich zur deutschen Sprache, Kultur oder Tradition bekennen, sowie Personen deutscher Staatsangehörigkeit in der Bundesrepublik Deutschland, die polnischer Abstammung sind oder die sich zur polnischen Sprache, Kultur oder Tradition bekennen, haben das Recht, einzeln oder in Gemeinschaft mit anderen Mitgliedern ihrer Gruppe ihre ethnische, kulturelle, sprachliche und religiöse Identität frei zum Ausdruck zu bringen, zu bewahren und weiterzuentwickeln; frei von jeglichen Versuchen, gegen ihren Willen assimiliert zu werden. [...]
Artikel 25 (1) Die Vertragsparteien bekräftigen ihre Bereitschaft, allen interessierten Personen umfassenden Zugang zur Sprache und Kultur des anderen Landes zu ermöglichen, und sie unterstützen entsprechende staatliche und private Initiativen und Institutionen. [...]
Artikel 26 (1) Die Vertragsparteien unterstreichen die Notwendigkeit einer erheblichen Erweiterung der wissenschaftlichen und schulischen Zusammenarbeit. Sie werden insbesondere die direkte Zusammenarbeit und den Austausch zwischen Schulen, Hochschulen und wissenschaftlichen Forschungseinrichtungen fördern und weiter ausbauen, und zwar sowohl durch den Austausch von Schülern, Studenten, Lehrern und wissenschaftlichen Lehrkräften als auch durch gemeinsame Vorhaben. [...]
Artikel 30 (1) Die Vertragsparteien sind davon überzeugt, dass das gegenseitige Kennenlernen und das gegenseitige Verstehen der jungen Generation von grundlegender Bedeutung ist, um der Verständigung und der Versöhnung zwischen dem deutschen und polnischen Volk einen dauerhaften Charakter zu verleihen. Sie legen deshalb besonders großes Gewicht auf möglichst umfassende Kontakte und ein enges Zusammenwirken der deutschen und der polnischen Jugend. Die Vertragsparteien werden deshalb im Rahmen ihrer finanziellen Möglichkeiten die Begegnung und den Austausch von Jugendlichen in jeder Weise fördern. [...]
(2) Die Vertragsparteien errichten ein Deutsch-Polnisches Jugendwerk.

*Zit. nach: Reiner Pommerin, Manuela Uhlmann (Hg.), Quellen zu den deutsch-polnischen Beziehungen 1815–1991, Wissenschaftliche Buchgesellschaft, Darmstadt 2001, S. 227ff.**

1 **Partnerarbeit:** Geben Sie zentrale Inhalte des Nachbarschaftsvertrages wieder.
Tipp: Arbeiten Sie mit folgenden Oberkategorien:
- Aussagen zur historischen Entwicklung
- Minderheitenschutz
- Kooperationsvereinbarungen

2 **Recherche:** Überprüfen Sie mithilfe des Darstellungsteils und eigener Rechercheleistungen, ob die deutsch-polnische Zusammenarbeit bis heute ähnlich erfolgreich gewesen ist wie die deutsche Kooperation mit Frankreich.
Tipp: Recherchieren Sie dazu, die Teilnehmerzahlen des Deutsch-Französischen Jugendwerkes und die Stereotypen zu Franzosen und Polen in Deutschland.

Vertiefung

M 18 Der in Eger/Cheb geborene SPD-Politiker Peter Glotz (1939–2005) zu dem Projekt eines Zentrums gegen Vertreibungen (2004)

Der Plural war Programm. Es gilt aus den Vertreibungen des zwanzigsten Jahrhunderts – von Armeniern, Griechen, Türken, Wolgadeutschen, Krimtataren, Sudetendeutschen, Ostpreußen, Schlesiern, Kraina-Serben oder Kosovo-Albanern – etwas fürs 21. Jahrhundert zu lernen. Gedacht ist an eine unlösliche Verbindung von Vergangenheit und Gegenwart. [...]
Ein solches Zentrum wäre kein Affront gegenüber unseren östlichen Nachbarn. Es soll ein Affront gegen alle Vertreiber werden. Die Türken, die die Armenier vertrieben haben, müssen sich genauso gemeint fühlen wie die Deutschen, die unter Hitler gewaltige Völkerverschiebungen geplant und teilweise auch praktiziert haben. Aber auch Stalin hat Millionen von Menschen [...] kühl verschoben. Als der große Stratege der Vertreibung der Sudetendeutschen, der tschechische Exilpräsident Edvard Beneš, von der sowjetischen Führung die Vertreibung der Deutschen aus Böhmen und Mähren verlangte [...], sagte Molotow kühl: „Das ist nichts, das ist leicht." [...]
Natürlich muss jede Diskussion von Vertreibung [...] in den politischen Kontext gestellt werden. Man kann über die Vertreibung der Deutschen aus Pommern, Schlesien, Böhmen oder Mähren nicht reden, ohne über die Verbrechen Hitlers zu reden, die vorher stattgefunden haben. [...]
Dass Polen, Tschechen, Slowaken und andere Völker, die Opfer der hitlerschen Aggression waren, fürchten, die Deutschen könnten plötzlich den Spieß um-

drehen und sie als die Schuldigen darstellen, muss man verstehen.

Man muss allerdings nicht jede nationalistische Instrumentalisierung dieser Angst akzeptieren. Irgendwann müssen die Deutschen den Mut finden, auch Nachbarn wie den Polen oder den Tschechen, die viel unter Deutschen gelitten haben, zu sagen: Unsere Geschichte können wir nur selbst schreiben. Natürlich ist diese Geschichte an Empirie gebunden; man darf keine falschen Geschichten schreiben.

Auch sollten die Deutschen (und alle anderen) niemals den Versuch machen, Geschichte gegen die Nachbarn zu instrumentalisieren. Man muss aber intellektuell ehrlich bleiben. [...]

Das „Zentrum gegen Vertreibungen“ soll in diesem Sinn Menschen auf den Zahn fühlen, ihnen Lernschmerz bereiten: Vertreibern, die Vertreibungsverbrechen schlicht leugnen (wie die Türken), Vertreibern, die die Vertreibung legalistisch interpretieren (die Großmächte hatten die Vertreibung im Potsdamer Abkommen doch abgesegnet) und sie immer noch für richtig halten (viele Tschechen und Polen), aber auch Vertriebenen, die die internationalen Beziehungen durch Entschädigungsforderungen in Unordnung bringen könnten (darunter viele Deutsche). Das „Zentrum“ soll kein Mahnmal, keine Gedenkrotunde, kein Aufrechnungs-Tempel werden, sondern ein Dokumentationszentrum, das sich mit Vertreibungsverbrechen auseinandersetzt. Dazu gehört auch, selbstverständlich, eine historische Dimension.

*Peter Glotz, Der Kampf gegen das Verbrechen der Vertreibung, in: Die Politische Meinung 417, 2004, S. 15–18.**

M19 Aufruf: Für einen kritischen und aufgeklärten Vergangenheitsdiskurs (2003)

Kaum eines Themas wurde in der Geschichte der Bundesrepublik so umfassend erinnert und gedacht wie der Flucht und Vertreibung der Deutschen nach dem Zweiten Weltkrieg. In fast jeder deutschen Stadt steht ein Gedenkstein, fast überall erinnern lokale Mahnmale an diesen Teil der deutschen Geschichte. Die wissenschaftliche Forschung zum Thema war von Beginn an umfangreich, wie auch die literarische Verarbeitung und die öffentliche Auseinandersetzung.

Ungeachtet dessen steht das Thema Flucht und Vertreibung heute wieder auf der politischen Agenda. Ein „Zentrum gegen Vertreibungen“ soll entstehen, in dem Erinnern und Gedenken ihren Platz bekommen sollen.

Die Erinnerung der Vertreibung hat ihren legitimen Ort im individuellen Gedenken der Menschen, fest verwurzelt in einer pluralen und kontroversen Erinnerungslandschaft der Bundesrepublik. Bei der aktuellen Forderung geht es aber um etwas anderes: Hier soll ein zentrales Mahnmal entstehen, mitgetragen aus öffentlichen Mitteln und abgesichert durch staatliche Weihen. Ein Zentrum, das ein einheitliches Geschichtsbild etablieren und durchsetzen soll. Die große Gefahr [...] besteht in einer staatlich sanktionierten Umdeutung der Vergangenheit, ja einer Revision der Geschichte und der Torpedierung eines auf europäischen Dialog angelegten gesellschaftlichen und politischen Diskurses.

Wir sagen es mit aller Deutlichkeit: Ein „Zentrum gegen Vertreibungen“ würde der kritischen Aufarbeitung der Vergangenheit nicht nutzen, könnte aber stattdessen die unterschiedlichen Erfahrungen der europäischen Nationen infrage stellen und damit die europäische Integration behindern. Mehr noch: Aller mühsam erarbeiteter Fortschritt beim Bau eines gemeinsamen Hauses Europa könnte gefährdet werden. Dabei sehen wir vor allem zwei Gefahren in historischer und politischer Dimension. Historisch betrachtet droht eine Entkontextualisierung der Vergangenheit, die Negation des ursächlichen Zusammenhangs von NS-Volkstums- und Vernichtungspolitik auf der einen und Flucht und Vertreibung der Deutschen auf der anderen Seite. Die politische Gefahr besteht insbesondere in der Ethnisierung von gesellschaftlichen Konflikten, also der Umdeutung von politischen und sozialen Kontroversen in ethnische – und damit der Zementierung eines völkischen Verständnisses von Vergangenheit, Gegenwart und Zukunft.

*http://www.bohemistik.de/zentrum.html (Download vom 15. Dezember 2015).**

1 Vergleichen Sie die Positionen zum Zentrum gegen Vertreibungen.
2 **Gruppenarbeit:** Entwickeln Sie mithilfe eigener Recherche eine eigene Position und führen Sie eine Debatte zum Zentrum gegen Vertreibungen durch.

Materialien zur Debatte um das Zentrum gegen Flucht und Vertreibungen von Zeitgeschichte online

cornelsen.de/Webcodes
Code: yopuge

Anwenden

M 1 Fernsehansprache von Bundeskanzler Willy Brandt am 7. Dezember 1970

Der Vertrag von Warschau soll einen Schlussstrich setzen unter Leiden und Opfer einer bösen Vergangenheit. Er soll eine Brücke schlagen zwischen den beiden Staaten und den beiden Völkern. Er soll den Weg dafür öffnen, dass getrennte Familien wieder zusammenfinden können. Und dass Grenzen weniger trennen als bisher. Und trotzdem: Dieser Vertrag konnte nur nach ernster Gewissenserforschung unterschrieben werden. Wir haben uns nicht leichten Herzens hierzu entschieden. Zu sehr sind wir geprägt von Erinnerungen und gezeichnet von zerstörten Hoffnungen. Aber guten Gewissens, denn wir sind überzeugt, dass Spannungen abgebaut, Verträge über Gewaltverzicht befolgt, die Beziehungen verbessert und die geeigneten Formen der Zusammenarbeit gefunden werden müssen, um zu einer europäischen Friedensordnung zu gelangen. [...]

Was ich im August Ihnen aus Moskau gesagt habe, liebe Mitbürgerinnen und Mitbürger, gilt auch für den Vertrag mit Polen: Er gibt nichts preis, was nicht längst verspielt worden ist. Verspielt nicht von uns, die wir in der Bundesrepublik Deutschland politische Verantwortung tragen und getragen haben. Sondern verspielt von einem verbrecherischen Regime, vom Nationalsozialismus. [...]

Wir dürfen nicht vergessen, dass dem polnischen Volk nach 1939 das Schlimmste zugefügt wurde, was es in seiner Geschichte hat durchmachen müssen. Dieses Unrecht ist nicht ohne Folgen geblieben. Großes Leid traf auch unser Volk, vor allem unsere ostdeutschen Landsleute. Wir müssen gerecht sein: Das schwerste Opfer haben jene gebracht, deren Väter, Söhne oder Brüder ihr Leben verloren haben. Aber nach ihnen hat am bittersten für den Krieg bezahlt, wer seine Heimat verlassen musste. Ich lehne Legenden ab, deutsche wie polnische. Die Geschichte des deutschen Ostens lässt sich nicht willkürlich umschreiben. Unsere polnischen Gesprächspartner wissen, was ich Ihnen zu Hause auch noch einmal in aller Klarheit sagen möchte: Dieser Vertrag bedeutet nicht, dass wir Unrecht anerkennen oder Gewalttaten rechtfertigen. Er bedeutet nicht, dass wir Vertreibungen nachträglich legitimieren. [...]

Namen wie Auschwitz werden beide Völker noch lange begleiten und uns daran erinnern, dass die Hölle auf Erden möglich ist; wir haben sie erlebt. Aber gerade diese Erfahrung zwingt uns, die Aufgaben der Zukunft entschlossen anzupacken. Die Flucht vor der Wirklichkeit schafft gefährliche Illusionen. Ich sage: Das Ja zu diesem Vertrag, zur Aussöhnung, zum Frieden, ist ein Bekenntnis zur deutschen Gesamtgeschichte. Ein klares Geschichtsbewusstsein duldet keine unerfüllbaren Ansprüche. [...]

Wir müssen unseren Blick in die Zukunft richten und die Moral als politische Kraft erkennen. Wir müssen die Kette des Unrechts durchbrechen. Indem wir dies tun, betreiben wir keine Politik des Verzichts, sondern eine Politik der Vernunft. [...] Nichts ist heute wichtiger als die Herstellung eines gesicherten Friedens. Dazu gibt es keine Alternative. Frieden ist nicht möglich ohne europäische Solidarität. Alles, was uns diesem Ziel näher bringt, ist ein guter Dienst an unserem Volk und vor allem ein Dienst für die, die nach uns kommen.

Zit. nach: Bundeskanzler Brandt. Reden und Interviews, Hamburg 1971, S. 250f.

1. Fassen Sie, nach einer quellenkritischen Einleitung, die zentralen Aussagen Willy Brandts zusammen.
2. Erläutern Sie – ausgehend vom Material – die historischen Hypotheken des deutsch-polnischen Verhältnisses.
3. Ordnen Sie das Material in den Kontext der deutsch-polnischen Beziehungen nach 1945 ein.
4. Beurteilen Sie, inwiefern der Warschauer Vertrag als ein Vorbereiter der deutschen Wiedervereinigung von 1990 gelten kann.

Präsentation

Rückgabe von Eigentum in den ehemaligen deutschen Ostgebieten?

Das Ende des Ost-West-Konflikts und die Aufnahme Polens in die Europäische Union haben in Polen Ängste geschürt, Deutsche könnten im Zuge des Europäisierungsprozesses Ansprüche auf eine Rückerstattung ihres früheren Eigentums geltend machen. Eine der Organisationen, die dies betreiben, ist die „Preußische Treuhand", die allerdings 2008 mit einer Klage vor dem Europäischen Gerichtshof für Menschenrechte unterlag.

Informieren Sie sich über die Begründung der Eigentumsansprüche sowie über das Gerichtsurteil von 2008. Stellen Sie beides in einem zweigeteilten Plakat gegenüber.

Literaturtipp: Eike Arnold, Die „Preußische Treuhand": Hintergründe und Auswirkungen, GRIN Verlag, München 2013 (36-seitige Studienarbeit).

Wiederholen

M 2 Robert Szecówka, „Altlasten“, Zeichnung, 1991

1 Beschreiben Sie Flucht, Vertreibung und Zwangsumsiedlung der polnischen und deutschen Bevölkerung gegen Ende und nach dem Zweiten Weltkrieg.

2 Interpretieren Sie M 2.

3 **Wahlaufgabe:** Bearbeiten Sie entweder Aufgabe a), b) oder c).

a) Erörtern Sie, ausgehend von M 2, welche politisch-historischen Entwicklungen die deutsch-polnischen Beziehungen prägten.

b) Skizzieren Sie, ausgehend von der Formulierung „Annäherung durch Anerkennung“, die Entwicklung der deutsch-polnischen Beziehungen zwischen 1945 und der Gegenwart.

c) Erörtern Sie die Bedeutung des deutschen „Zentrums gegen Vertreibungen“ für die deutsch-polnischen Beziehungen.

4 **Partnerarbeit:** Formulieren Sie Vorschläge, wie die Beziehungen beider Länder weiter verbessert werden können.

5 Hilde S., Jahrgang 1932, Vertriebene, vertritt die folgende Auffassung: „Lange habe ich gesagt: ‚So oft wird im Fernsehen über den Holocaust berichtet. Aber was mit uns gemacht wurde, will niemand wissen.‘ Dann hat mein Mann immer geantwortet: ‚Wir haben den Krieg verloren, da musst du zufrieden sein mit dem, wie es uns geht.‘“ Diskutieren und beurteilen Sie diese These aus deutscher und polnischer Sicht. Formulieren Sie ggf. eine Gegenthese.

6 **Recherche:** Stellen Sie mithilfe einer eigenen Internetrecherche die gegenwärtige politische Entwicklung in Polen dar. Gehen Sie auch auf den neuen Lehrplan für das Fach Geschichte ein.

Formulierungshilfen für eine Beschreibung:

- Ursachen für die Migrationsbewegungen waren …
- Als Reaktion auf den sowjetischen Vormarsch …
- Während der Flucht erlitten …
- Nach dem Kriegsende folgten die „wilden Vertreibungen“, in denen …
- Ziel der Ausweisung der Deutschen war eine Homogenisierung der ethnischen Verhältnisse, um …
- Auch die polnischstämmige Bevölkerung wurde nach dem Potsdamer Abkommen …
- Die langfristigen Folgen der Zwangsmigrationen waren …

7 Kernmodul

Hinweise zur Arbeit mit den Materialien

Der Materialteil zum Kernmodul setzt folgende Schwerpunkte:

- *M 1 ist der zentrale Text zum Kernmodul, in dem Benedict Anderson die Nation als eine vorgestellte Gemeinschaft klassifiziert. Dieser Ansatz wird mit M 2 vertieft, in dem Hans-Ulrich Wehler Andersons Ansatz auf den Nationalismus übertragt.*
- *M 3 behandelt den „historischen Mythos" – mithilfe dieser grundlegenden Theorie wird das Nationskonzept als Mythos dekonstruiert.*
- *M 4 und M 5 zeigen anhand der Sonderwegsdebatte auf, wie sich das deutsche Selbstverständnis seit dem 19. Jahrhundert gewandelt hat.*
- *M 6 und M 7 führen in das Konzept der „transnationalen Geschichtsschreibung" ein.*

Themenfelder des Kernmoduls	Materialhinweise Kernmodul	Thematische Anknüpfungspunkte des verbindlichen Wahlmoduls	Kapitel des verbindlichen Wahlmoduls	Materialhinweise zum verbindlichen Wahlmodul
Nation: Begriff und Mythos	M1, M2 und M3	Die polnische Verfassung	Kapitel 2	M 14
		Deutschland im Vormärz Die Posendebatte Reichsgründung Nationalismus im Kaiserreich Polnische Aufstandsbewegung	Kapitel 3	M 7 M 9, M 10 M 13, M 14 M 16–M 18 M 19–M24
		Konzept der organischen Arbeit Nationale Stereotypen Grunwald und Tannenberg als deutsche und polnische Nationalmythen	Kapitel 4	M 9 M 5, M 6 M 18, M 19
Deutungen des deutschen Selbstverständnisses im 19. und 20. Jahrhundert: Der deutsche Sonderweg	M 4 und M 5	Die Auseinandersetzung um Freiheit und Einheit im 19. Jahrhundert Der Radikalnationalismus im Dritten Reich	Kapitel 3 Kapitel 5	M 12 M 7
Transnationale Geschichtsschreibung	M 6 und M 7	Ostsiedlung	Kapitel 2	M 3

Nation: Begriff und Mythos

M1 Benedict Anderson: Die Erfindung der Nation (1983)

Benedict Anderson, britisch-amerikanischer Politikwissenschafter, definiert den Nationsbegriff.

Es ist ratsam, zunächst den Begriff „Nation“ kurz zu erörtern und eine praktikable Definition zu geben. Nationalismustheoretiker sind oft von drei Paradoxa irritiert:

1. Der objektiven Neuheit von Nationen aus dem Blickwinkel des Historikers steht das subjektive Alter in den Augen der Nationalisten gegenüber.

2. Der formalen Universalität von Nationalität als soziokulturellem Begriff – in der modernen Welt kann, sollte und wird jeder eine Nationalität „haben“, so wie man ein Geschlecht „hat“ – steht die [...] Besonderheit ihrer jeweiligen Ausprägungen gegenüber, wie zum Beispiel die definierte Einzigartigkeit der Nationalität „Griechisch“.

3. Der „politischen“ Macht des Nationalismus steht seine philosophische Armut oder gar Widersprüchlichkeit gegenüber. Mit anderen Worten: Anders als andere Ismen hat der Nationalismus nie große Denker hervorgebracht – keinen Hobbes, keinen Marx und keinen Weber. [...]

Ein Problem besteht auch darin, dass man unbewusst dazu neigt, die Existenz des Nationalismus zu hypostasieren[1], und „ihn“ als eine Weltanschauung unter vielen einordnet. Es würde die Angelegenheit leichter machen, wenn man ihn begrifflich nicht wie „Liberalismus“ oder „Faschismus“ behandelte, sondern wie „Verwandtschaft“ oder „Religion“.

In einem solchermaßen anthropologischen Sinne schlage ich folgende Definition von Nation vor: Sie ist eine vorgestellte politische Gemeinschaft – vorgestellt als begrenzt und souverän.

Vorgestellt ist sie deswegen, weil die Mitglieder selbst der kleinsten Nation die meisten anderen niemals kennen, ihnen begegnen oder auch nur von ihnen hören werden, aber im Kopf eines jeden die Vorstellung ihrer Gemeinschaft existiert. [...]

Ernest Gellner[2] kommt mit einer gewissen Bissigkeit zu [dem] Schluss: „Nationalismus ist keineswegs das Erwachen von Nationen zu Selbstbewusstsein: man erfindet Nationen, wo es sie vorher nicht gab.“ [...]

Diese Formulierung hat jedoch einen Nachteil: Gellner bemüht sich so sehr um den Nachweis, der Nationalismus spiegele falsche Tatsachen vor, dass er jene „Erfindung“ mit „Herstellung“ von „Falschem“ assoziiert, anstatt mit „Vorstellen“ und „Kreieren“. Auf diese Weise legt er nahe, dass es „wahre“ Gemeinschaften gebe, die sich von Nationen vorteilhaft absetzen.

In der Tat sind alle Gemeinschaften, die größer sind als die dörflichen mit ihren *Face-to-face*-Kontakten, vorgestellte Gemeinschaften. Gemeinschaften sollten nicht durch ihre Authentizität voneinander unterschieden werden, sondern durch die Art und Weise, in der sie vorgestellt werden. Javanische Dorfbewohner haben immer gewusst, dass sie mit Menschen in Verbindung stehen, die sie niemals gesehen haben, doch wurden diese Bindungen lange als Sonderfall angesehen – als unendlich dehnbare Netze von Verwandtschaft und Klientismus[3]. Bis vor kurzer Zeit gab es in der javanischen Sprache kein Wort für den abstrakten Begriff „Gesellschaft“.

Wir können heute die französische Aristokratie des *Ancien Régime*[4] als Klasse begreifen; doch selbst hat sie sich nicht als solche verstanden. Auf die Frage „Wer ist der Comte de X?“ hätte die normale Antwort nicht gelautet „ein Mitglied der Aristokratie“, sondern „der Graf von X“, „der Onkel der Baronne de Y“ oder „ein Schützling des Duc de Z“.

Die Nation wird als begrenzt vorgestellt, weil selbst die größte von ihnen mit vielleicht einer Milliarde Menschen in genau bestimmten, wenn auch variablen Grenzen lebt, jenseits derer andere Nationen liegen.

Keine Nation setzt sich mit der Menschheit gleich. Selbst die glühendsten Nationalisten träumen nicht von dem Tag, da alle Mitglieder der menschlichen Rasse ihrer Nation angehören werden [...].

Die Nation wird als souverän vorgestellt, weil ihr Begriff in einer Zeit geboren wurde, als Aufklärung und Revolution die Legitimität der als von Gottes Gnaden gedachten hierarchisch-dynastischen Reiche zerstörten. [...]

Deshalb träumen Nationen davon, frei zu sein und dies unmittelbar – wenn auch unter Gott. Maßstab und Symbol dieser Freiheit ist der souveräne Staat.

Schließlich wird die Nation als Gemeinschaft vorgestellt, weil sie, unabhängig von realer Ungleichheit und Ausbeutung, als „kameradschaftlicher“ Verbund von Gleichen verstanden wird. Es war diese Brüderlichkeit, die es in den letzten zwei Jahrhunderten möglich gemacht hat, dass Millionen von Menschen für so begrenzte Vorstellungen weniger getötet haben als vielmehr bereitwillig gestorben sind.

Dieses Sterben konfrontiert uns mit dem zentralen Problem, vor das uns der Nationalismus stellt: Wie kommt es, dass die kümmerlichen Einbildungen der jüngeren Geschichte (von kaum mehr als zwei Jahr-

hunderten) so ungeheure Blutopfer gefordert haben?
Ich bin der Überzeugung, dass die Antwort in den kulturellen Wurzeln des Nationalismus liegt.

*Benedict Anderson, Die Erfindung der Nation. Zur Karriere eines folgenreichen Konzepts, übers. v. Benedikt Burkhard u. Christoph Münz, Ullstein, Berlin [zuerst 1983] 1998, S. 14–16.**

1 *hypostasieren:* verdinglichen
2 *Ernest Gellner (geb. 1925):* Professor für Sozialanthropologie und Philosophie an der Universität Cambridge/Großbritannien, einer der prominentesten Vertreter der dekonstruktivistischen Nationsdefinition
3 *der Klientismus:* System personeller, ungleicher Abhängigkeitsbeziehungen zwischen einflussreichen Personen und ihren Klienten, d. h. den von ihnen abhängigen Personen
4 *das Ancien Régime (frz.):* „frühere Regierungsform", Zeit vor der Französischen Revolution bzw. vor den napoleonischen Kriegen

1 **Partnerarbeit:** Fassen Sie die zentralen Aussagen Andersons (M 1) zum Nationen-Begriff zusammen. **Tipp:** Siehe Hilfen S. 150.
2 Wenden Sie die Definition der Nation nach Anderson auf die historische Entwicklung in Deutschland und in Polen im 19. Jahrhundert an.
3 **Vertiefung:** Erläutern Sie die Schlussthese Andersons zu den „kulturellen Wurzeln" des Nationalismus (Zeilen 99 f.).
4 **Zusatzaufgabe:** Siehe S. 150.

M 2 Der deutsche Historiker Hans-Ulrich Wehler über Nation und Nationalismus in der modernen Geschichte (2001)

Nationalismus soll heißen: das Ideensystem, die Doktrin, das Weltbild, das der Schaffung, Mobilisierung und Integration eines größeren Solidarverbandes (Nation genannt), vor allem aber der Legitimation neuzeitlicher politischer Herrschaft dient. Daher wird der Nationalstaat mit einer möglichst homogenen Nation zum Kardinalproblem des Nationalismus.
Nation soll heißen: jene zuerst „gedachte Ordnung", die unter Rückgriff auf die Traditionen eines ethnischen Herrschaftsverbandes entwickelt und allmählich durch den Nationalismus und seine Anhänger als souveräne Handlungseinheit geschaffen wird.
Daher führt die Auffassung, dass die Nation den Nationalismus hervorbringe, in die Irre. Umgekehrt ist vielmehr der Nationalismus der Demiurg[1] der neuen Wirklichkeit. [...]
Die konventionelle Auffassung von der Nation [...] insistiert darauf, dass diese Nation seit archaischen Urzeiten bestanden habe. Allenfalls sei sie einmal verdeckt, überfremdet, eingeschläfert worden, bis sie erneut erwachte oder geweckt wurde und damit wieder zum Bewusstsein ihrer selbst kam. [...]
Das neuere Verständnis von Nationalismus sieht in ihm [...] ein durchaus modernes Phänomen, das von der Loyalitätsbindung in älteren Herrschaftsverbänden prinzipiell unterschieden ist. [...]
Erst der Nationalismus erhebt die Nation zur obersten „Rechtfertigungs- und Sinngebungsinstanz" (Heinrich August Winkler), die andere Halbgötter: ob Stammeshäuptlinge, Könige oder Päpste, verdrängt; er selber gewinnt den Charakter einer politischen Religion. Der Staat muss auf seiner Legitimierung durch den Willen der Nation beruhen.
Anstelle der überlieferten „Staatsräson" orientiert sich der Nationalstaat primär an „nationalen Interessen", nicht selten auch an der „historischen Mission" seiner Nation.
Die nationale Identität erlaubt zwar die Koexistenz mit konfessionellen, regionalen, traditionalen Identitäten, ist aber im Prinzip der höchstrangige Wert. Das nationale Heimatland gilt jetzt als sakrosankt; ein Tausch (nach einem Erbfolgestreit) oder eine Abtretung von Teilen dieses Landes sind nicht mehr legitimierbar. [...]
Die neuere kulturgeschichtliche Schule hat in der Nationalismusforschung den Konstruktcharakter von Nationen weithin überzeugend nachgewiesen. Die „natürliche", „ewige" Substanz der Nation ist dabei genauso aufgelöst worden [...]. Stattdessen ist der Nachweis geführt worden, dass die Nation ein vom Nationalismus entworfenes flexibles Produkt der modernen Geschichte ist. [...] Im Extremfall gilt die Nation nur mehr als [...] pures Gespinst von Zuschreibungen. [...] [Doch] führt [...] ein irregeleiteter Konstruktivismus, führt der Glaube an die pure Erfindung einer „gedachten Ordnung" der Nation und aller in sie eingehenden Traditionen in die Irre.
Obwohl der Nationalismus und sein Ziel, die Nation im souveränen Nationalstaat, in der Tat moderne Phänomene sind, haben die Protagonisten des Nationalismus doch nicht das gesamte Konstrukt „erfunden", sondern es zum großen Teil aus Elementen der historischen Tradition zusammengesetzt, im Rückgriff also auf die Geschichte jener Herrschaftsverbände, in denen sich der Nationalismus entwickelte. So fand etwa der Nationalismus in England, in Nordamerika [...] und in Frankreich ethnische Verbünde (Ethnien) mit einer Fülle überlieferter Traditionen vor. Ethnie soll hier heißen: der durch ein stabiles Solidaritätsverständnis geprägte, selbstständige Herrschaftsverband mit einem gemeinsamen symbolischen Herkunftsmythos (der weithin auch wieder auf

„erfundenen Traditionen“ beruht), mit dem wachen Bewusstsein gemeinsamer geschichtlicher Erfahrungen und einer engen Bindung an ein Territorium. Ethnisch heißt daher nicht etwa rassisch, sondern meint eine sozialkulturell-historisch distinkte Population mit einem eigenen Herrschaftssystem.

Aus diesem längst vorhandenen „Rohmaterial“, aus dieser historischen Verfügungsmasse der Ethnien, konnten die Vordenker des Nationalismus ein Gutteil ihrer Konstruktionselemente entnehmen. Dort fanden sich bereits effektive Herrschaftsverbände über Jahrhunderte hinweg, bis hin zum neuzeitlichen Staat, eine gemeinsame Sprache und Kultur, gemeinsame Erinnerungen an Siege und Niederlagen, gemeinsame Sitten und Gebräuche wie Baustil, Kleidung, Nahrung, eine erfundene oder arrangierte ethnische Vergangenheit. Die neue „mentale Landkarte“ des Nationalismus besaß daher an vielen Stellen die durchaus vertrauten Züge der eigenen Ethnie. […]

Wie alle Utopien operierte auch die „gedachte Ordnung“ der Nation nicht im luftleeren Raum. Der in der Tat erfindungsreiche Kunstgriff des Nationalismus bestand vielmehr darin, die andersartige Vergangenheit von Ethnien durch Neuinterpretation in eine nationale Vergangenheit zu verwandeln, sodass die Illusion einer lückenlosen, langlebigen Traditionskontinuität entstehen konnte. Unpassende Traditionen wurden ausgeblendet oder umgewandelt, sodass eine passende Vergangenheit entstand. Wegen dieser vermeintlich tiefen Wurzeln in der Urzeit der Geschichte konnten dann Krisen und Kriege als existenzielle Bewährungsproben traditionsgeheiligter Verbände verstanden werden, deren Bewältigung sogar Blutopfer verlangte und rechtfertigte. Denn das Behauptungsstreben uralter „Nationen“ sei selbstlos, hieß es, keineswegs von materiellen Interessen bestimmt, und eben deshalb dürfe es das reine Opfer verlangen. […]

*Hans-Ulrich Wehler, Nationalismus. Geschichte, Formen, Folgen, C. H. Beck, München 2001, S. 13, 36–40.**

1 *der Demiurg:* Schöpfer

1 Gruppenarbeit:

a) Bilden Sie Dreier- oder Vierergruppen und analysieren Sie Hans-Ulrich Wehlers Verständnis von Nation und Nationalismus (M 2). Klären Sie zunächst unbekannte Begriffe und stellen Sie Leitfragen.
Tipp: Vorschläge für Leitfragen siehe S. 150.

b) Präsentieren Sie Ihre Ergebnisse in Form einer Tabelle.

2 Überprüfen Sie gemeinsam im Kurs die Tragfähigkeit von Wehlers Darstellung zum Nationalismus anhand der deutschen und polnischen Geschichte des 19. und 20. Jahrhunderts.

3 Vertiefung: Verfassen Sie in verständlichen Worten eine eigene Definition von Nationalismus.

M 3 Der deutsche Politikwissenschaftler Herfried Münkler über Aufgaben und Funktionen politischer Mythen (1994)

Es ist bemerkenswert, dass fast alle politischen Gemeinwesen zum Zwecke ihrer Selbstdarstellung immer wieder auf Mythen zurückgegriffen haben. […] In allen Fällen geht es darum, dass durch sie der Gemeinschaft, die sich auf sie beruft, Sinn und Identität verliehen wird.

Entweder handelt es sich um Erzählungen, die gegen die Dunkelheit des Vergangenen abgrenzen, indem sie von einem Gründungsakt, dem Beginn des Gemeinwesens, berichten, etwa in der Erzählung von den Wolfskindern Romulus und Remus, oder in dem Bericht von der Herausführung der Juden aus Ägypten durch Moses und den anschließenden 40-jährigen Marsch durch die Wüste […], oder durch die Herausstellung jenes Mannes [Arminius bzw. Hermann der Cherusker], der mit einem Bündnis germanischer Stämme drei römische Legionen besiegt hat.

Immer wird ein Anfang markiert, der gleichwohl mehr ist als ein bloßes historisches Datum: Der politische Mythos unterscheidet sich vom historischen Bericht – auch wenn beide nicht immer sauber zu trennen sind […] – darin, dass es ihm weniger um das Ereignis als solches, sondern mehr um die Sinnhaftigkeit des Vorgangs geht.

In politischen Mythen überlieferte Anfänge sind mehr als bloße Anfänge in der Zeit; sie enthalten Sinnversprechen, durch welche die Vergangenheit mit der Gegenwart verbunden wird, und zwar so, dass die Vergangenheit über die Gegenwart hinaus in die Zukunft verweist. So wird der politische Mythos, der ein vergangenes Ereignis beschwört, zum Garanten der Zukunft.

Aber das ist nicht die einzige Funktion, die Mythen in der Politik innehaben: Geht es im einen Fall darum, gegen das Dunkel der Vergangenheit abzugrenzen und einen mythisch-historischen Anfang zu markieren, so haben andere Mythen die politische Funktion, präzise historische Daten zu verwischen und tatsächliche Anfänge in eine unaufgehellte Vergangenheit zurückzubinden. Hier wird der historisch fassbare Anfang durch herkunftsmythische Vernetzung in

das Dunkel der Vergangenheit zurückverlegt [...]. Um eine solche mythische Ansippung handelt es sich auch bei der Inversion1 von Friedrich I. Barbarossa[2] und Wilhelm I. Barbablanca [...], um die Hohenzollern an die Hohenstaufen ansippen und so das preußisch-deutsche Kaiserreich als Fortsetzung des mittelalterlichen Kaiserreichs darstellen zu können.
Für alle der bislang genannten Beispiele gilt: Der mythisch markierte oder aber auch mythisch verwischte Anfang einer Gemeinschaft – und genau dies macht den Unterschied zwischen einer mythischen Erzählung und einer historiografischen Darstellung aus – ist mehr als ein bloßer Anfang in der Zeit [...]: Er ist der Beginn einer sinnhaften Entwicklung, in welche die Gemeinschaft bis in die Gegenwart und darüber hinaus eingebettet bleibt und die dafür sorgt, dass dem auch in Zukunft so sein wird. Im Unterschied zum Mythos nämlich ist die historische Darstellung [...] nicht gegen den Verdacht gefeit, die Gründung Roms hätte auch unterbleiben [...] können.
Die mythische Ursprungserzählung ebenso wie die mythische Vernetzung von Geschichte ist ein Wegerzählen des Schreckens der Kontingenz[3], der Furcht vor Scheitern und Misslingen, der Drohung der Vergeblichkeit oder auch nur des schließlichen Untergangs.
Die mythische Erzählung versichert, dass Rom gegründet werden musste und dass es ewig sein werde, dass der im Berg verborgene und schlafende Kaiser einmal wiederkehren werde, um das Reich zu erneuern, dem dann eine heilsgeschichtliche Funktion zukommt [...].
Politische Mythen versichern der Gemeinschaft, der sie gelten, dass das, was geschehen ist, geschehen musste, dass die Ereignisse nicht zufällig, sondern notwendig vonstatten gingen und dass sie mehr waren und sind als bloße Ereignisse, sondern ihnen eine heilsgeschichtliche Dimension eigen ist.
Die [...] Gründung des Deutschen Reiches, der Sturm auf die Bastille [...] – sie alle integrieren politische Ereignisse sinnhaft in die Geschichte und enthalten Zukunftsversprechen, die weit über die der Gegenwart hinausreichen. Indem sie Vergangenheit und Zukunft verbinden, erheben sie Gegenwart über sich selbst. Sie stiften Sinn von Zugehörigkeitsempfinden zu einem politischen Verband.
Es ist der Mythos, mit dessen Hilfe die Bevölkerung mobilisiert werden soll, der eine politische Identität entfaltet, die Gemeinschaft festigt oder neu schafft und vieles mehr.

*Herfried Münkler: Politische Mythen und nationale Identität. Vorüberlegungen zu einer Theorie politischer Mythen, in Wolfgang Frindte/Harald Pätzold (Hg.): Mythen der Deutschen, Deutsche Befindlichkeiten zwischen Geschichten und Geschichte, Leske + Budrich, Opladen 1994, S. 21–23, 26.**

1 *die Inversion:* in diesem Zusammenhang Bezugnahme auf, eine Verbindungslinie konstruieren
2 *Friederich I. Barbarossa:* Deutscher Kaiser 1155–1190, eine der schillerndsten Persönlichkeiten des mittelalterlichen deutschen Kaiserreiches
3 *die Kontingenz:* Nicht notwendig sein

1 Geben Sie die zentralen Aussagen Münklers zu politischen Mythen in einem Schaubild wieder (M 3).
2 **Wahlaufgabe:** Bearbeiten Sie entweder Aufgabe a) oder b).
  a) Verfassen Sie einen Zeitungsbericht zum Thema „Der Hermanns-Mythos im deutschen Kaiserreich".
  b) Recherchieren Sie zur Bedeutung des Ortes Katyn im polnischen Nationen-Verständnis.
3 **Vertiefung:** „Die Nation – ein Mythos?" Erörtern Sie die Frage nach Bearbeitung von Aufgabe 1.
Tipp: Formulierungshilfe für eine historische Erörterung siehe S. 29.

Geschichte kontrovers: Deutungen des deutschen Selbstverständnisses im 19. und 20. Jahrhundert: die Sonderwegsdebatte

M 4 Der deutsche Politikwissenschaftler und Zeithistoriker Karl Dietrich Bracher über den „Sonderweg" Deutschlands in die Katastrophe des Nationalsozialismus (1979, zuerst 1969)

Man kann vier große Entwicklungszusammenhänge unterscheiden, in denen sich die spezifisch politischen Voraussetzungen des Nationalsozialismus herausgebildet haben. [...]
1. Die geografische Mittellage im Herzen Europas und die besondere Führungsstellung im mittelalterlichen Imperium hatten Deutschland daran gehindert, gleichzeitig mit den westlichen Nationen eine zentral regierte, historisch-national begründete Staatlichkeit zu finden, nachdem das alte Reich in lose verbundene Territorialstaaten zerfallen war. [...] Die anfängliche Begeisterung für die Prinzipien der Französischen Revolution machte dann unter dem Eindruck des Terrors und der aggressiven Expansion der Revolution und Napoleons einer tief greifenden Ernüchterung Platz. Es begann die romantisch-mysti-

sche Begründung eines nationalen Sonderbewusstseins, einer Sonderstellung der Deutschen gegenüber dem Westen und seiner Revolutions- und Staatsphilosophie. [...] Während die Freiheitskriege gegen Napoleon die nationalen Interessen in den Vordergrund rückten, ermöglichten sie schließlich der Restauration den Sieg über innere Reform- und Revolutionsbestrebungen.

2. Die weltgeschichtliche Folge, die zumal nach dem Scheitern der bürgerlich-liberalen Revolution von 1848 auftrat, war eine Entfremdung und Trennung des deutschen Staatsdenkens von der westeuropäischen Entwicklung. Während das deutsche Sonderbewusstsein immer stärker antiwestliche Züge entwickelte, geriet auch die starke liberale Bewegung zunehmend in den Bann einer außenpolitisch bestimmten Freiheits- und Einheitskonzeption, die das innenpolitische Freiheits- und Verfassungsideal verdrängte. [...] Indem sie den Primat der äußeren Einheit vor der inneren Freiheit anerkannte, unterwarf sich die demokratische Verfassungs- und Reformbewegung erneut den vordemokratischen Gewalten der Höfe, des Militärs und der Bürokratie. An der Spitze des preußischen Obrigkeitsstaates, der Hauptstütze und dem Symbol der reaktionären Ordnungsmächte, vermochte Bismarck den ersehnten deutschen Nationalstaat, das „Zweite Reich", in einer Revolution von oben zu erzwingen.

Es war eine autoritäre Ersatzlösung für den 1848 erstrebten liberal-demokratischen Nationalstaat. Aber indem sie den äußeren Wunsch der Einheitsbewegung erfüllte, gelang es ihr überraschend schnell, die bürgerlich-liberale Emanzipationsbewegung in die Struktur eines scheinkonstitutionellen, halb absoluten Feudal-, Militär- und Beamtenstaates einzugliedern. [...]

Unter dem Eindruck der Bismarck'schen Erfolge akzeptierten weite Kreise des Bürgertums jene vulgäre, zynische Auffassung, dass es in der „Realpolitik" allein auf die Macht und nicht auf Recht und Moral ankomme. [...] Machtkultur und Untertanengeist waren die beiden Pole dieser Fehlhaltung. [...]

3. So war das Bismarck-Reich von Anfang an großen Spannungen ausgesetzt und mit Strukturfehlern belastet, die vom Glanz der Gründerzeit nur oberflächlich verdeckt wurden. Sie behinderten die Entfaltung eines funktionsfähigen parlamentarischen Systems und verantwortungsfreudiger Parteien.

Besonders katastrophal war der Niedergang der Liberalen, die noch in den Siebzigerjahren die absolute Mehrheit im Reich und in Preußen besessen hatten. Zugleich blockierte der militärisch-bürokratische Obrigkeitsstaat die Mitwirkung der wachsenden Arbeitermassen und ihrer sozialdemokratischen und gewerkschaftlichen Organisationen. [...] Es bestand eine tiefe Diskrepanz zwischen gewandelter gesellschaftlicher Struktur und politischer Ordnung, die mit der industriellen Revolution so tief geänderte soziale Situation fand keine angemessene Berücksichtigung.

Nach dem Sturz Bismarcks wuchs die Neigung, dies Problem durch eine Ablenkung des Interessendrucks nach außen (im Sinne eines Sozialimperialismus) zu neutralisieren. Auch außenpolitisch verstand sich das neue deutsche Einheitsreich als „verspätete Nation". Konservative und Liberale trafen sich in der Überzeugung, Deutschland müsse möglichst rasch den nationalen und imperialen Vorsprung der Weltmächte aufholen, es habe einen natürlichen Anspruch, als Großmacht die Hegemonie über Mitteleuropa zu erringen und sich an der kolonial- und wirtschaftspolitischen Durchdringung und Verteilung der Welt zu beteiligen. [...]

4. Die reale Lage der Weimarer Republik war zwar durch die eindeutige Niederlage des Deutschen Reiches und seine rigorose Beschneidung im Versailler Friedensvertrag bestimmt. Aber gerade der Protest, die Nichtanerkennung dieses Rückschlags hat dem Gedanken des nationalen Machtstaats auf Kosten der demokratischen Neuordnung eine besondere Intensität verliehen. Die Versuche zu einer friedlichen Aufbau- und Verständigungspolitik in Europa waren auch durch das Misstrauen der Westmächte, die Schwäche des Völkerbunds und die Isolationspolitik der USA beeinträchtigt. Sie standen aber vor allem unter dem Druck eines nationalistischen Revisionismus, der zumal während der Krisen zwischen 1918 und 1923 und erneut mit dem Ausbruch der Wirtschaftskrise von 1929 weite Kreise der deutschen Bevölkerung erfasste. Die Weimarer Außenpolitik, zwischen Ost und West, Widerstand und Erfüllung, Kooperation und Revision schwankend, vermochte diese Dynamik nicht aufzufangen. [...]

Aber freilich ist ohne die militärisch-politische und staatliche Ordnungstradition Preußens weder die Militarisierung des Denkens und Lebens in weiten Kreisen des Kaiserreichs und der Weimarer Republik noch vor allem dann der Aufbau und die Kampfkraft des totalen Staates zu denken. Die Allianz von Nationalismus und Militarismus im Ersten Weltkrieg war Hitlers großes Erlebnis, ihre Fortsetzung im Kampf gegen die Weimarer Republik und im Bündnis der reaktionären Nationalisten mit der nationalsozialistischen Revolutionsbewegung hat 1933 erst möglich gemacht. [...]

*Karl Dietrich Bracher, Die deutsche Diktatur. Entstehung, Struktur, Folgen des Nationalsozialismus, 6. Aufl., Ullstein, Frankfurt/M. 1979, S. 16–23.**

1 Arbeitsteilige Gruppenarbeit:

a) Bilden Sie vier Gruppen und erklären Sie jeweils einen der von Bracher in M 4 genannten vier Entwicklungszusammenhänge, die den Aufstieg und die Durchsetzung des Nationalsozialismus in Deutschland begünstigt oder gefördert haben.

b) Präsentieren Sie Ihre Ergebnisse aus den vier Gruppenarbeiten in Form einer gemeinsamen Visualisierung.

Tipp: Clustering. Führen Sie die vier Entwicklungszusammenhänge in Form eines „Clusterings" als Gesamtüberblick zusammen. Zur Cluster-Methode, siehe S. 151.

M5 Der deutsche Historiker Heinrich August Winkler über das nationale Selbstverständnis

a) 1997

Wenn deutsche Historiker, Philosophen und Schriftsteller vor 1945 von einem besonderen deutschen Weg sprachen, der sich von dem Westeuropas abhebe, war das in der Regel positiv gemeint. Der angeblich bloß äußerlichen Zivilisation des Westens stellten sie die innerliche Kultur Deutschlands, der demokratischen Mehrheitsherrschaft den starken Staat gegenüber, den Deutschland schon wegen seiner bedrohten Grenzen gebraucht habe und weiterhin brauche. Nach dem Zweiten Weltkrieg erschien der „deutsche Sonderweg" auch vielen Deutschen in einem neuen Licht: Er wurde zum Inbegriff jener Traditionen, die die „deutsche Katastrophe" der Jahre 1933 bis 1945 möglich gemacht hatten.

Der Ausgangspunkt der wissenschaftlichen Debatte war die Frage, warum Deutschland als einziges hochentwickeltes Industrieland im Zuge der Weltwirtschaftskrise nach 1929 sein demokratisches System zugunsten einer totalitären Diktatur von rechts aufgab.

Die Antworten stimmten meist darin überein, dass Deutschland bis 1918 ein von vorindustriellen Eliten beherrschter Obrigkeitsstaat war und dass die erste deutsche Demokratie, die Weimarer Republik, vor allem an diesem autoritären Erbe zugrunde gegangen ist. Das Ende des deutschen Sonderweges kam nach dieser Deutung erst im Gefolge des „Zusammenbruchs" von 1945: Dem ostelbischen Rittergutsbesitz, der bei der Zerstörung der Weimarer Republik eine entscheidende Rolle gespielt hatte, wurde durch den Verlust der deutschen Ostgebiete und die „Bodenreform" in der sowjetischen Besatzungszone im Wortsinn der Boden entzogen; es gab jahrelang kein deutsches Militär; das Land Preußen wurde durch ein Gesetz des Alliierten Kontrollrats 1947 formell aufgelöst; der deutsche Nationalismus war durch den Nationalsozialismus langfristig diskreditiert, ja historisch entlegitimiert.

In der neueren Diskussion, die lange vor der deutschen Wiedervereinigung begann, hat sich ein komplexeres Bild vom deutschen Sonderweg durchgesetzt. Neben den autoritären Traditionen wird jetzt die frühe Teildemokratisierung Deutschlands und in diesem Zusammenhang besonders das allgemeine gleiche Wahlrecht für Männer hervorgehoben, das Bismarck 1867 im Norddeutschen Bund und 1871 im Deutschen Reich einführte. Das Nebeneinander von nichtparlamentarischer Regierung und demokratischem Wahlrecht vor 1918 war einer der Widersprüche im deutschen Modernisierungsprozess, von denen später Hitler profitierte.

Er konnte, seit 1930 ein autoritäres Präsidialsystem an die Stelle der gescheiterten parlamentarischen Demokratie von Weimar getreten war, an beides appellieren: an die verbreiteten Ressentiments gegenüber dem neuen, angeblich „undeutschen" Parlamentarismus und an den seit langem verbrieften, nunmehr fast wirkungslos gewordenen Anspruch des Volkes auf politische Mitbestimmung. Der tiefere Grund für das Scheitern der ersten deutschen Demokratie und für Hitlers Triumph lag mithin darin, dass es Weimar nicht gelungen war, das zwiespältige Erbe zu meistern, das ihm das Kaiserreich hinterlassen hatte.

Nach dem Ende aller deutschen Sonderwege, des antiwestlichen des Deutschen Reiches, des postnationalen der alten Bundesrepublik und des internationalistischen der DDR, ist ganz Deutschland erstmals ein demokratischer, fest in den Westen integrierter Nationalstaat.

*Heinrich August Winkler, Abschied von Sonderwegen. Die Deutschen vor und nach der Wiedervereinigung, in: ders., Streitfragen der deutschen Geschichte [zuerst 1994], C. H. Beck, München 1997, S. 144–147.**

1 Charakterisieren Sie anhand von M 5 a die unterschiedlichen Versionen der Sonderwegs-These.

2 Fassen Sie die Kritik Winklers (M 5 a) an den Sonderwegs-Thesen zusammen.

3 Vertiefung: Stellen Sie die Kritik Winklers an den Sonderwegs-Thesen der in M 4 entwickelten „negativen" Sonderwegs-These gegenüber.

b) Aus Winklers Rede zum 70. Jahrestag des Kriegsendes im Bundestag

Abgeschlossen ist die deutsche Auseinandersetzung mit der eigenen Vergangenheit nicht, und sie wird es auch niemals sein. Jede Generation wird ihren Zugang zum Verständnis einer so widerspruchsvollen Geschichte wie der deutschen suchen. Es gibt vieles Gelungene in dieser Geschichte, nicht zuletzt in der Zeit nach 1945, über das sich die Bürgerinnen und Bürger der Bundesrepublik Deutschland freuen und worauf sie stolz sein können. Aber die Aneignung dieser Geschichte muss auch die Bereitschaft einschließen, sich den dunklen Seiten der Vergangenheit zu stellen. Niemand erwartet von den Nachgeborenen, dass sie sich schuldig fühlen angesichts von Taten, die lange vor ihrer Geburt von Deutschen im Namen Deutschlands begangen wurden. Zur Verantwortung für das eigene Land gehört aber immer auch der Wille, sich der Geschichte dieses Landes im Ganzen bewusst zu werden. Das gilt für alle Deutschen, ob ihre Vorfahren vor 1945 in Deutschland lebten oder erst später hier eingewandert sind, und es gilt für die, die sich entschlossen haben oder noch entschließen werden, Deutsche zu werden. [...]

Es gibt keine moralische Rechtfertigung dafür, die Erinnerung an solche Untaten in Deutschland nicht wachzuhalten und die moralischen Verpflichtungen zu vergessen, die sich daraus ergeben. [...] Unter eine solche Geschichte lässt sich kein Schlussstrich ziehen.

Neben dem Vergessen gibt es freilich auch noch eine andere Gefahr im Umgang mit dem dunkelsten Kapitel der deutschen Geschichte: eine forcierte Aktualisierung zu politischen Zwecken. Wenn Deutschland sich an Versuchen der Völkergemeinschaft beteiligt, einen drohenden Völkermord oder andere Verbrechen gegen die Menschlichkeit zu verhindern, bedarf es nicht der Berufung auf Auschwitz. Auf der anderen Seite lässt sich weder aus dem Holocaust noch aus anderen nationalsozialistischen Verbrechen noch aus dem Zweiten Weltkrieg insgesamt ein deutsches Recht auf Wegsehen ableiten. Die Menschheitsverbrechen der Nationalsozialisten sind kein Argument, um ein Beiseitestehen Deutschlands in Fällen zu begründen, wo es zwingende Gründe gibt, zusammen mit anderen Staaten im Sinne der „responsibility to protect", einer Schutzverantwortung der Völkergemeinschaft, tätig zu werden.

Jede tagespolitisch motivierte Instrumentalisierung der Ermordung der europäischen Juden läuft auf die Banalisierung dieses Verbrechens hinaus.

Ein verantwortlicher Umgang mit der Geschichte zielt darauf ab, verantwortliches Handeln in der Gegenwart möglich zu machen. Daraus folgt zum einen, dass sich die Deutschen durch die Betrachtung ihrer Geschichte nicht lähmen lassen dürfen. Zum anderen gilt es, politische Entscheidungen nicht dadurch zu überhöhen, dass man sie als die jeweils einzig richtige Lehre aus der deutschen Vergangenheit ausgibt. Jeder Versuch, mit dem Hinweis auf den Nationalsozialismus eine deutsche Sondermoral zu begründen, führt in die Irre. [...]

Mit dem Selbstverständnis eines Staatenverbundes wie der Europäischen Union ist die Hegemonie *eines* Landes unvereinbar. Dem wiedervereinigten Deutschland fällt innerhalb der EU schon aufgrund seiner Bevölkerungszahl und seiner Wirtschaftskraft eine besondere Verantwortung für den Zusammenhalt und die Weiterentwicklung dieser supranationalen Gemeinschaft zu. Dazu kommt die Verantwortung, die sich aus der deutschen Geschichte ergibt. Es ist eine an Höhen und Tiefen reiche Geschichte, die nicht aufgeht in den Jahren 1933 bis 1945 und die auch nicht zwangsläufig auf die Machtübertragung an Hitler hingeführt, wohl aber dieses Ereignis und seine Folgen ermöglicht hat. Sich dieser Geschichte zu stellen, ist beides: ein europäischer Imperativ und das Gebot eines aufgeklärten Patriotismus.

Um es in den Worten des dritten Bundespräsidenten Gustav Heinemann aus seiner Rede zum Amtsantritt am 1. Juli 1969 zu sagen: „Es gibt schwierige Vaterländer. Eines davon ist Deutschland. Aber es ist *unser* Vaterland."

*Rede von Prof. Dr. Heinrich August Winkler zum 70. Jahrestag des Endes des Zweiten Weltkrieges 8. Mai 2015 (https://www.bundestag.de/dokumente/textarchiv/2015/kw19_gedenkstunde_wkii_rede_winkler/373858; Download vom 23. 8. 2018).**

1 Fassen Sie die zentralen Aussagen der Rede Winklers (M 5 b) zusammen.
2 Erläutern Sie die im Material dargestellte „Verantwortung", die sich nach Winkler aus der deutschen Geschichte ergibt.
3 **Streitgespräch:** Klären Sie in einem Streitgespräch im Kurs, welchen Stellenwert die Auseinandersetzung mit der deutschen Vergangenheit für das gegenwärtige Selbstverständnis der Deutschen besitzen sollte.

Formulierungshilfen „ein historisches Streitgespräch führen"
- Meiner Ansicht nach ...
- Ich muss hier deutlich widersprechen, da ...
- Man kann der Auffassung ... zustimmen, aber man muss auch berücksichtigen, dass ...
- Diese Einschätzung trifft nicht ganz zu ...
- Man kann nicht ausschließlich aus der Perspektive von ... argumentieren, sondern ...
- Es ist Fakt, dass ...
- Ein Beispiel für mein Argument ist, dass ...
- Abschließend möchte ich noch einmal deutlich hervorheben ...

4 **Vertiefung:** „Es gibt schwierige Vaterländer. Eines davon ist Deutschland. Aber es ist *unser* Vaterland." Nehmen Sie Stellung zu dieser Aussage von Gustav Heinemann (deutscher Bundespräsident 1969–1974).

Transnationale Geschichte

M6 Klaus Kiran Patel zur transnationalen Geschichte (2010)

Der Autor lehrt als Professor für Europäische und Globalgeschichte in Maastricht.

Eine relativ offene – und damit in den Augen mancher eventuell vage – Definition haben Akira Iriye und Pierre-Yves Saunier kürzlich dem von ihnen herausgegebenen Palgrave Dictionary of Transnational History vorangestellt: Danach geht es bei der transnationalen Geschichte um die *„links and flows",* die *„people, ideas, products, processes and patterns that operate over, across, through, beyond, above, under, or in-between polities and societies".*

Zugleich lässt sich für Iriye und Saunier transnationale Geschichte nicht nur über ihren (breit gefassten) Gegenstand definieren. Sie verstehen diese auch als wissenschaftlichen Ansatz – nicht jedoch als Theorie oder Methode, sondern als *„an angle, a perspective".* Wenngleich der Begriff der Perspektive in der Geschichtswissenschaft untertheoretisiert ist, verweist er grundsätzlich auf das Beziehungsverhältnis zwischen dem Objekt der Analyse (der Vergangenheit) und dem Betrachter (der Historikerin/dem Historiker). Im Kern definiert sich der Ansatz transnationaler Geschichte demnach primär über das wissenschaftliche erkenntnisleitende Interesse, dass sie und wie sie den oben erwähnten *„links and flows"* nachzugehen trachtet. [...]

Zusammengefasst: Es wäre falsch zu meinen, dass sich hinter der transnationalen Geschichte ein bislang gänzlich unbeachteter Gegenstand oder ein völlig neuer Zugriff auf die Geschichte verberge. Verbindungen zwischen Gesellschaften haben stets die Aufmerksamkeit von Historikerinnen und Historikern gefunden – seien diese diplomatischer und politischer, kultureller und sozialer oder schließlich ökonomischer Natur.

Neu an der transnationalen Geschichte ist vielmehr zum einen die Idee, eine Alternative zur Dominanz einer national zentrierten Geschichtsschreibung zu bieten. Wenngleich die meisten Praktiker transnationale Geschichte gerade nicht als neues Paradigma oder neue Meistererzählung verstehen wollen, sehen sie in ihr mehr als lediglich eine zusätzliche Ebene, die sich wie in einem Zwiebelmodell zwischen die lokale, regionale und nationale Geschichte einerseits und die globale andererseits schieben ließe. Denn transnationale Geschichte steht quer zu einer solchen Logik der Schichten und kann das Lokale direkt mit dem Übernationalen oder Transkontinentalen verbinden.

[...] Ohne die vielen Forschungen in den letzten Jahrzehnten, die das Verständnis von Interaktionen über Grenzen hinweg verfeinert haben – sei es durch Arbeiten zum historischen Vergleich und zu kulturellen Transfers, zu Netzwerken und Diasporas, durch Inspirationen aus der Anthropologie oder den *postcolonial studies* –, ohne all dies wäre die transnationale Geschichte nicht denkbar.

*Klaus Kiran Patel: Transnationale Geschichte, in: Europäische Geschichte Online (EGO), hg. vom Institut für Europäische Geschichte (IEG), Mainz 2010 (http://ieg-ego.eu/de/threads/theorien-und-methoden/transnationale-geschichte/klaus-kiran-patel-transnationale-geschichte/?searchterm=Klaus%20Kiran%20Patel&set_language=de, Download vom 13. 7. 2018).**

1 Arbeiten Sie mithilfe des Textes von Patel die Unterschiede der transnationalen zur traditionellen Geschichtsschreibung heraus (M6).
Tipp: Stellen Sie diese zunächst in Tabellenform dar.

2 Beschreiben Sie mögliche Themenfelder der transnationalen Geschichtsschreibung mit Blick auf das Kursthema „deutsch-polnisches Verhältnis".
Tipp: Siehe Hilfe S. 151.

M7 Jürgen Osterhammel über globalgeschichtliche Perspektiven des 19. Jahrhunderts (2010)

Weltgeschichte wird dann für den Historiker besonders gut legitimierbar, wenn sie an das Bewusstsein der Menschen in der Vergangenheit anschließen kann. Selbst heute, im Zeitalter von Satellitenkommunikation und Internet, leben Milliarden in engen, lokalen Verhältnissen, denen sie weder real noch mental entkommen können. Nur privilegierte Minderheiten denken und agieren „global". Doch schon im 19. Jahrhundert, oft und mit Recht als das Jahrhundert des Nationalismus und der Nationalstaaten bezeichnet, entdecken nicht erst heutige Historiker auf der Suche nach frühen Spuren von „Globalisierung" Handlungszusammenhänge der Überschreitung: transnational, transkontinental, transkulturell. Bereits vielen Zeitgenossen erschienen erweiterte Horizonte des Denkens und Handelns als eine besondere Signatur ihrer Epoche. Angehörige europäischer und asiatischer Mittel- und Unterschichten richteten Blicke und Hoffnungen auf gelobte Länder in weiter Ferne. Viele Millionen scheuten Fahrten ins Ungewisse nicht. Staatsführer und Militärs lernten in Kategorien von Weltpolitik zu denken. Das erste wahre Weltreich der Geschichte, das nun auch Australien und Neuseeland umfasste, entstand, das *British Empire*. Andere Imperien maßen sich ehrgeizig am britischen Muster. Handel und Finanzen verdichteten sich noch stärker als in den Jahrhunderten der frühen Neuzeit zu einem integrierten Weltsystem. Um 1910 wurden wirtschaftliche Veränderungen in Johannesburg, Buenos Aires oder Tokyo unverzüglich in Hamburg, London, oder New York registriert. Wissenschaftler sammelten Informationen und Objekte in aller Welt; sie studierten Sprachen, Bräuche und Religionen entlegenster Völker. Die Kritiker der herrschenden Weltordnung begannen sich ebenfalls auf internationaler Ebene – oft weit über Europa hinaus – zu organisieren: Arbeiter, Frauen, Friedensaktivisten, Anti-Rassisten, Gegner des Kolonialismus. Das 19. Jahrhundert reflektiert seine eigene Globalität. [...]

Weltgeschichte bleibt eine Minderheitenperspektive, aber eine, die sich nicht länger als abseitig oder unseriös beiseiteschieben lässt. Die fundamentalen Fragen sind freilich auf allen räumlichen und logischen Ebenen dieselben „Wie verbindet der Historiker in der Interpretation eines einzelnen historischen Phänomens die quellenmäßig vorgegebene Individualität mit dem allgemeinen, abstrakten Wissen, das erst die Interpretation des Einzelnen möglich macht, und wie gelangt der Historiker zu empirisch gesicherten Aussagen über größere Einheiten und Prozesse der Geschichte?“ [...]

Weltgeschichte zu schreiben ist auch ein Versuch, dem Spezialistentum der kleinteilig arbeitenden Fachhistorie ein wenig öffentliche Deutungskompetenz abzuringen. Weltgeschichte ist eine Möglichkeit der Geschichtsschreibung, ein Register, das gelegentlich ausprobiert werden sollte.

*Jürgen Osterhammel, Die Verwandlung der Welt: Eine Geschichte des 19. Jahrhunderts (BpB 1044), C. H. Beck, Bonn 2010, S. 13ff.**

1 Fassen Sie Osterhammels Definition von Weltgeschichte zusammen (M 7).
2 **Recherche:** Erläutern Sie, ausgehend von M 7, welche globalen Phänomene sich im 19. Jahrhundert entwickelt haben.
Tipp: Konzentrieren Sie sich auf folgende Aspekte: Energie, Industrie, Handel, Kommunikation, Migration, Wissenschaft.
3 Beurteilen Sie, inwiefern der Nationalismus ein globales Phänomen im 19. Jahrhundert gewesen ist.
4 **Vertiefung:** Seit den 2010er-Jahren lebt der Nationalismus in vielen Ländern wieder auf. Vergleichen Sie ausgehend von M 7 den Nationalismus um 1900 mit nationalistischen Entwicklungen der Gegenwart.
5 **Zusatzaufgabe:** Siehe S. 151.

Erklärvideo zur Transnationalen Geschichte
cornelsen.de/Webcodes
Code: diroyi

Präsentation

Blick auf den Zweiten Weltkrieg

Präsentieren Sie ausgewählte deutsche Reden zu den Jahrestagen des Kriegsendes und zeigen Sie auf, wie sich die Inhalte und der Blick auf die Ereignisse des Zweiten Weltkrieges verändert haben.

Heinrich August Winklers gesamte Rede im Bundestag, 8. 5. 2015
cornelsen.de/Webcodes
Code: yuvicu

8 Wahlmodul: Der Erste Weltkrieg

M1 Durch Gaseinsatz erblindete britische Soldaten (bei Estaires), Fotografie, 1918

1914 | Ermordung des österreichischen Thronfolgers in Sarajewo (Juni)
1914 | Österreich-Ungarn erklärt Serbien den Krieg (Juli)
1914 | Deutschland erklärt Russland und Frankreich, Großbritannien seinerseits Deutschland den Krieg (August)
1915 | Erster Einsatz von Giftgas durc deutsches Militä in Ypern, Belgien (April)

1912 | 1913 | 1914 | 1915

1912/13 Balkankriege

1914–1918 Erster Weltkrieg

1888–1918 Regierungszeit Kaiser Wilhelms II.

Als im Herbst des Jahres 1918 der Erste Weltkrieg zu Ende ging, lag das europäische Staatensystem in Trümmern. Der Krieg hatte nicht nur das Zeitalter des Imperialismus, sondern auch das „lange 19. Jahrhundert" (1789–1914) beendet, in dem Europa die Weltpolitik und die Weltwirtschaft bestimmt hatte. Die Bilanz dieser „Urkatastrophe des 20. Jahrhunderts", wie der amerikanische Diplomat George F. Kennan den Ersten Weltkrieg einmal genannt hat, war verheerend: Weltweit starben rund neun Millionen Soldaten und mehr als sechs Millionen Zivilisten, Unzählige waren verletzt und verstümmelt worden, weite Landstriche Europas blieben verwüstet zurück. Die Grausamkeiten dieses „ersten industriellen Massenvernichtungskrieges" zerstörten bereits kurz nach dessen Ausbruch nicht nur das Zutrauen, das in die Wissenschaft und die Industriezivilisation als Träger einer besseren, moderneren Welt gesetzt worden war, sondern auch den Glauben an die Humanität des Menschen überhaupt.

M 2 Deutsche Soldaten auf dem Weg an die Westfront, Fotografie, Oktober 1914

1 Erklären Sie, was die dargestellten Personen auf dem Bild M 1 machen. Recherchieren Sie dazu den historischen Kontext, in dem das Bild entstand.
2 Erläutern Sie, welche Perspektive auf den Krieg in dem Bild deutlich wird.
3 Vergleichen Sie Ihre Ergebnisse mit der Wirkung von M 2.
4 **Partnerarbeit:** Entwickeln Sie gemeinsam Fragen, die sich Ihrer Meinung nach aus der Untersuchung der Bilder (M 1, M 2) und dem Einleitungstext auf dieser Seite ergeben. Notieren Sie diese, sodass Sie sie nach Bearbeitung des Kapitels noch einmal aufrufen und bearbeiten können (siehe S. 127).

1916 | Schlacht bei Verdun (Febr. bis Dez.)
1917 | Kriegseintritt der USA
1918 | „14 Punkte"-Plan des US-Präsidenten Wilson (Jan.)
1918 | Revolution (Nov.)
1919 | Friedensvertrag von Versailles

1916 | 1917 | 1918 | 1919 | 1920

1914–1918 Erster Weltkrieg

1888–1918 Regierungszeit Kaiser Wilhelms II.

8 Wahlmodul: Der Erste Weltkrieg

In diesem Kapitel geht es um
- *die Auswirkungen des technisierten Krieges auf die Soldaten, die an der Front in Schützengräben Artilleriebeschuss und Giftgasangriffe erleben mussten,*
- *die Folgen des Weltkriegs für die Heimatfront, die durch Wirtschaftsblockaden und Bombardements in die militärischen Planungen einbezogen wurde,*
- *die gegenwärtig noch andauernde Diskussion um die Verantwortung für den Ausbruch des Kriegs.*

Entente cordiale
frz., „Herzliches Einverständnis"; 1904 geschlossenes Abkommen zwischen Frankreich und Großbritannien, das koloniale Konflikte bereinigte und faktisch ein Bündnis zwischen beiden Ländern etablierte.

▶ **M 10 (Bedeutung des Krieges)**

Ursachen und Anlass

Zwischen Frankreich und Deutschland bestand seit dem Deutsch-Französischen Krieg (1870/71) und der deutschen Annexion Elsass-Lothringens durch das Deutsche Reich eine „Erbfeindschaft". Wilhelms politischer Kurs der imperialistischen „Weltpolitik" und die Abkehr von Bismarcks Bündnispolitik hatten die politische Isolation Deutschlands zur Folge. Trotz aller kolonialen Differenzen fanden Frankreich und Großbritannien 1904 zu einem Interessenausgleich (***„Entente cordiale"****) – ein Bündnis, das sich drei Jahre später unter Einbeziehung Russlands zur *„Triple Entente"* erweiterte. Ihr stand der Zweibund, gebildet von Deutschland und Österreich-Ungarn, gegenüber.
Das tödliche Attentat auf den österreichisch-ungarischen Thronfolger Franz Ferdinand und seine Frau, das serbische Nationalisten am 28. Juni 1914 im bosnischen Sarajewo verübten, löste in der nun folgenden „Julikrise" eine Eigendynamik der Bündnissysteme aus: Deutschland sicherte Österreich-Ungarn, das mit Serbien „abrechnen" wollte, Anfang Juli uneingeschränkte Unterstützung zu. Ermutigt durch diese „Blankovollmacht", stellte Österreich-Ungarn am 23. Juli an Serbien bewusst unannehmbare Forderungen. Obwohl Serbien den Forderungen weitgehend entgegenkam, erklärte Österreich-Ungarn am 28. Juli Serbien den Krieg. Russland ordnete zwei Tage später die Generalmobilmachung an, um Serbien militärisch beizustehen. Deutschland richtete ein Ultimatum an Russland, die Mobilmachung umgehend einzustellen. Russland ging nicht auf das deutsche Ansinnen ein, woraufhin die deutsche Kriegserklärung an Russland am 1. August und an Frankreich am 3. August 1914 folgte. Nach dem Einmarsch in das neutrale Belgien stellte sich Großbritannien auf die Seite der Entente und erklärte Deutschland am 4. August den Krieg.

M 1 Zeitungsmeldung zum Attentat von Sarajewo am 28. 6. 1914

Gratis! 3. Extra-Blatt. Gratis!

Vossische Zeitung

Königlich privilegirte Berlinische Zeitung von Staats- und gelehrten Sachen.

Haupt-Geschäftsstelle Breite Str. 8/9, Berlin C.

Der österreichische Thronfolger und seine Gattin ermordet.

Einer grauenvollen Bluttat sind der Erzherzog-Thronfolger Franz Ferdinand von Oesterreich-Ungarn, und seine Gattin, die Herzogin von Hohenberg, zum Opfer gefallen. Durch Schüsse serbischer Fanatiker wurden sie ermordet, nachdem sie einem Bombenattentat, durch das einige Offiziere aus ihrem Gefolge und einige Personen aus dem Publikum verwundet wurden, entgangen waren. Ueber das furchtbare Ereignis wird uns telegraphiert:

Sarajewo, 28. Juni. (Telegramm unseres Korrespondenten.) Als der Erzherzog-Thronfolger Franz Ferdinand und seine Gattin, die Herzogin von Hohenberg, sich heute Vormittag

Kernmodul: ▶ S. 112, M 4 (Bracher)

Der technisierte Krieg und seine Folgen

Kernmodul: ▶ S. 116–118, „Transnationale Geschichte", M 6 (Patel), M 7 (Bracher)

Schlacht bei Verdun
Eine der größten und zugleich blutigsten Schlachten des Ersten Weltkriegs (Februar bis Dezember 1916). In ihr wurden mehr als eine halbe Millionen Soldaten getötet oder verwundet.

▶ **M 5–M 7: Leben an der Front**

Die jahrehundertealte Strategie des Bewegungskrieges erwies sich im Ersten Weltkrieg schnell als überholt. Als die Fronten zum Stillstand kamen, wurde deutlich, dass für keine Seite ein schneller Sieg möglich war. Der Bewegungskrieg wurde zum Stellungskrieg. Der Einsatz von Artillerie, Brandbomben und Giftgas forderte unzählige Menschenleben und verursachte große Umweltschäden: Ganze Landstriche waren von Granattrichtern und Schützengräben zerfurcht. Explodierten Minen oder Granaten, wurden riesige Mengen Erde hochgeschleudert und begruben Soldaten bei lebendigem Leib. Zum Inbegriff der Materialschlacht wurde die „Hölle von Verdun"*. Der Krieg beschleunigte auch die Erfindung und Weiterentwicklung von modernen Waffen wie Maschinengewehren, Flammenwerfern, Panzern, Kampfflugzeugen und U-Booten. Die Technisierung des Kriegs ließ die Opferzahlen in die Höhe schnellen: Von den insgesamt 65 Millionen an den Kampfhandlungen beteiligten Soldaten kamen mehr als acht Millionen ums Leben, über 21 Millionen erlitten Verletzungen. Die zivilen Opfer, die an Hunger und Entkräftung starben, werden auf sechs bis sieben Millionen geschätzt. Die Zivilbevölkerung, in erster Linie die Frauen an der „Heimatfront", waren mit anderen Problemen konfrontiert. Der Krieg forderte große Mengen an Rohstoffen und Nahrungsmitteln, was zu Teuerung und allgemeinem Mangel führte. Zudem fehlte es an Brennstoffen zum Heizen und für das Aufkochen von Wäsche. Die Regierung rief die Bürger zum Sparen in allen Lebensbereichen auf. Die Aufrufe zur Kriegsanleihe*, mit denen der Krieg finanziert wurde, wurden mit ausgeklügelter Propaganda im ganzen Land verbreitet. Die Rationierungsmaßnahmen der Regierung führten dazu, dass die Frauen häufig stundenlang in den Geschäften anstehen mussten, um karges Essen oder Konsumgüter erwerben zu können, die Lebensmittelkarten zuwiesen.

▶ M 6–M 9: Leben in der Heimat

Kriegsanleihe
Sparanleihe bei der die Bürger bei einem erfolgreichen Kriegsausgang durch hohe Zinsen belohnt werden sollten.

M 2 Plakat zur 8. Kriegsanleihe, 1918

Das Kriegsende

Nach dem Kriegseintritts der USA 1917 auf Seiten der Alliierten endete der Krieg Ende 1918 mit der deutschen Kapitulation. US-Präsident Woodrow Wilson legte im Januar 1918 ein 14-Punkte-Programm vor, das als wesentlichen Leitgedanken das Selbstbestimmungsrecht der Völker beinhaltete. Wilson forderte unter anderem die Räumung und Wiederherstellung der von den Mittelmächten völkerrechtswidrig besetzten Gebiete, besonders Belgiens. Deutschland und Österreich-Ungarn lehnten das 14-Punkte-Programm aber ab. Im Herbst 1917 hatte nämlich die Russische Revolution („Oktoberrevolution") die Mittelmächte entlastet und führte zum Kriegsende im Osten. Deutschland diktierte Anfang 1918 der neuen sowjetrussischen Regierung im Frieden von Brest-Litowsk* harte Bedingungen. Das Ausscheiden Russlands aus dem Krieg veranlasste die OHL im Frühjahr 1918, doch noch eine Kriegswende durch letztlich aber erfolglose Offensiven an der Westfront herbeizuführen. Als der militärische Zusammenbruch immer näher rückte, forderte die OHL die Reichsregierung Ende September 1918 auf, den Alliierten ein sofortiges Waffenstillstandsangebot zu unterbreiten. Der amerikanische Präsident lehnte es jedoch ab, mit Repräsentanten des deutschen Kaiserreichs zu verhandeln. Erst nach der erzwungenen Abdankung Kaiser Wilhelms II. am 9. November 1918 (Beginn der Novemberrevolution) wurde am 11. November 1918 in Compiègne ein Waffenstillstandsabkommen unterzeichnet.
Die Pariser Friedensverträge (1919 bis 1922) beendeten offiziell den Ersten Weltkrieg und gaben dem Deutschen Reich die Schuld an dem Konflikt. Diese Frage nach der Kriegsschuld wird jedoch heute noch heiß diskutiert.

Frieden von Brest-Litowsk
Am 3. März 1918 geschlossener Friedensvertrag zwischen Russland und dem Deutschen Reich, in dem Russland auf die nördlichen baltischen Provinzen (Livland, Kurland, Estland, Litauen) sowie Polen verzichtete und die Unabhängigkeit Finnlands und der Ukraine anerkennen musste.

Stand der Kriegsschuldfrage
cornelsen.de/Webcodes
Code: besaxu

▶ M 11–M 12: Kriegsschuldfrage

1 Stellen Sie die Julikrise und die Folgen in einem Schaubild dar.
Tipp: Ereigniskette. Schreiben Sie die Ereignisse in Kästchen und bringen Sie diese mit beschrifteten Pfeilen in eine sinnvolle Verbindung.
2 Beschreiben Sie die Folgen des Krieges für Soldaten und Zivilisten.
3 Skizzieren Sie das Ende des Krieges, indem Sie jeweils die Rolle und die Bedeutung der vier Hauptakteure z. B. in einer Tabelle festhalten.

Stationenpass Erster Weltkrieg

Station	Bearbeitet mit ... am ...	Lehrkraft vorgelegt am ...	Fragen oder Anmerkungen
Station 1: Leben an der Front			
Station 2: Leben in der Heimat			
Station 3: Die historische Bedeutung des Krieges			
Station 4: Die Kontroverse um den Kriegsausbruch 1914			

Hinweise zur Arbeit mit den Materialien
Der Materialteil zum Ersten Weltkrieg kann als Stationenarbeit durchgeführt werden. Jeder muss alle Stationen bearbeiten. Folgende Schwerpunkte gibt es:
- *Station 1: M 3–M 5 zeigen die technischen Neuerungen des Krieges und die Folgen für die Soldaten auf.*
- *Station 2: M 6–M 9 behandeln die Auswirkungen auf die Zivilisten an der Heimatfront.*
- *Station 3: M 10 stellt die Frage nach dem Charakter des Konfliktes und fordert zur Bewertung auf.*
- *Station 4: M 11, M 12 thematisieren die bis heute aktuelle Debatte um die Kriegsschuldfrage.*

Zur Vernetzung mit dem Kernmodul
- *Kernmodul „Sonderwegs-These": S. 112, M 4 (Bracher).*
- *Kernmodul „Transnationale Geschichtsschreibung": S. 116–118, M 6 (Patel), M 7 (Osterhammel).*

Station 1: Leben an der Front

M 3 Augenzeugenbericht eines französischen Generals (1915)

Der französische General Henri Mordacq erlebte den ersten deutschen Gasangriff am 22. April 1915 vor Ypern, der etwa 4500 Tote forderte. Seine Meldung lautete:

Ich werde heftig angegriffen. Jetzt breiten sich ungeheure gelbliche Rauchwolken, die von den deutschen Gräben herkommen, über meine ganze Front aus. Die Schützen fangen an, die Gräben zu verlassen und zurückzugehen. Viele fallen erstickt nieder. [...] Ich stieg sofort zu Pferde und galoppierte in die Gräben. Als wir uns aber Boezinge auf 300 oder 400 Meter genähert hatten, fühlten wir heftiges Prickeln in der Nase und Kehle; in den Ohren sauste es; das Atmen fiel schwer; ein unerträglicher Chlorgeruch umgab uns. [...] In der Nähe des Dorfes war das Bild, das sich uns bot, mehr als bedauernswert – es war tragisch. Überall Flüchtlinge: Landwehrleute, Afrikaner, Schützen, Zuaven[1] und Artilleristen ohne Waffen – verstört, mit ausgezogenen oder weit geöffneten Röcken und abgenommenen Halsbinden – liefen wie Wahnsinnige ins Ungewisse, verlangten laut schreiend nach Wasser, spuckten Blut, einige wälzten sich sogar am Boden und versuchten vergeblich, Luft zu schöpfen.

1 *der Zuave:* Infanterist aus den französischen Kolonien in Nordafrika

*Herbert Krieger (Hg.), Handbuch des Geschichtsunterrichts, Bd. 5, Verlag Moritz Diesterweg, Frankfurt/ M. 1965, S. 138.**

M 4 Tanks (Panzer) aus Großbritannien bei Saint-Quentin/Frankreich, ausgerüstet mit Grabenüberbrückungsgerät, Fotografie, 1918

M 5 Auszug aus einem Feldpostbrief von Anton Steiger vom 17. Juli 1916

Wie ein Fuchsloch war der Eingang. Dahinter führte eine ganz verschüttete Stiege in den Raum, in dem wir uns vier Tage lang befanden. Tote lagen unter dem Schutt, von einem schauten Beine heraus bis zu den Knien [...]; die ganze Zeit war es stockdunkel, da wir nur ein paar Kerzenstangen hatten. Dann war ein schrecklicher Modergeruch da unten, ein Modergeruch von Toten. Ich habe die vier Tage fast nichts essen können. Am dritten Tag schoss die französische Artillerie bis abends halb zehn Uhr. Was das heißt: zehn Stunden im Untergrund liegen unter Granatfeuer, zehn Stunden den Tod des Lebendig-begraben-Werdens vor Augen oder die Aussicht, in die Luft zu fliegen, falls eine Granate da einschlägt, wo der Sprengstoff liegt! Wir bekamen fast keine Luft mehr. Zum Schluss feuerten die Franzosen wahrscheinlich Gasgranaten vor unser Loch. Auf einmal steht der Feldwebel auf, es wird ihm schlecht und ein paar weitere stehen auf und fallen um. [...] Alles wollte hinaus. Viele hatten nicht mehr die Kraft, sich hinauszuschwingen. Ich hatte sie Gott sei Dank noch, half sogar noch einem hinaus.

*Zit. nach: http://www.lexikon-erster-weltkrieg.de/Feldpost:_Anton_Steiger (Download vom 1.9. 2016).**

1 Arbeiten Sie mithilfe von M 3 bis M 5 Merkmale der Kriegsführung im Ersten Weltkrieg heraus.
Tipp: Erstellen Sie eine Concept-Map; siehe S. 157.
2 Erklären Sie die Folgen des Krieges für die Soldaten.
3 **Wahlaufgabe:** Bearbeiten Sie entweder Aufgabe a) oder b).
a) Recherchieren Sie Feldpostbriefe aus Ihrem Ort.
b) Verfassen Sie einen eigenen Feldpostbrief.
4 **Zusatzaufgabe:** Siehe S. 151.

Station 2: Leben in der Heimat

M6 Doppeldecker der französischen Luftwaffe, Fotografie, o. J.

M7 Ausgabe von Kohlrübensuppe in Berlin, Fotografie, 1917

M8 Frauen in einer deutschen Munitionsfabrik, Fotografie, 1916

M9 Die Historikerin Barbara Guttmann (1989)

Als Arbeitskräfte und als Garantinnen des Bevölkerungswachstums wurden Frauen zum Objekt macht- und wohlfahrtsstaatlicher Interessen. [...] Erst der Sozialdemokrat Schulz hielt es aber für nötig, die Frage der Bevölkerungspolitik mit der Frauenfrage zu verbinden. Er forderte als Konsequenz das Frauenwahlrecht: „Die Frauen haben sich dieses Recht durch aufopferungsvolle Tätigkeit während des Krieges doppelt und dreifach erworben." [...] Die Sozialdemokraten wollten [...] die volle politische Gleichberechtigung der Frauen. [...] Die Nationalliberalen [...] vertraten ganz andere Vorstellungen von der künftigen Rolle der Frau. Zwar verband ihr Abgeordneter von Calker die Diskussion um die Rechte der Frauen ebenfalls mit der weiblichen Pflichterfüllung während des Krieges, er forderte jedoch eine Rückbesinnung auf die „eigentliche Domäne der Frau" [...], aber die Einführung des Frauenwahlrechts lehnte er ab. [...] Auch Staatssekretär Wallraf hielt eine politische Betätigung der Frauen für verfehlt. Er versicherte den Frauen den „Dank des Vaterlandes" für ihre Tätigkeit in „Heer und Heimat" und stellte fest, dass alte Vorurteile über die Grenzen weiblicher Kraft geschwunden seien. Doch schien es ihm bei Kriegsende vordringlich, die alten Verhältnisse wiederherzustellen [...]. Am Frauenbild der Politiker hatte sich nach fast vier Jahren Krieg dennoch wenig geändert. Die Aufgaben der Frau wurden nach wie vor am häuslichen Herd gesehen, die des Mannes im öffentlichen Leben.

*Barbara Guttmann, Weibliche Heimarmee. Frauen in Deutschland 1914–1918, Deutscher Studienverlag, Weinheim 1989, S. 31–33.**

1 Arbeiten Sie aus M 6 bis M 9 die Folgen des Krieges für die Zivilbevölkerung heraus.

2 **Wahlaufgabe:** Bearbeiten Sie entweder Aufgabe a) oder b).
   - **a)** Verfassen Sie mithilfe der Materialien einen Tagebucheintrag eines älteren Lehrers, der 1917 über die Familien seiner Schülerinnen und Schüler schreibt.
   - **b)** Verfassen Sie mithilfe der Materialien den Dialog zwischen zwei Frauen, von denen sich eine 1918 für eine Freiwilligengruppe des Reichsheeres gemeldet hat, in der Frauen zu Fernsprecherinnen, Funkerinnen und Telegrafistinnen ausgebildet wurden.

3 Überprüfen Sie ausgehend von M 9, ob und ggf. inwieweit der Krieg die Frauenemanzipation förderte.

4 **Zusatzaufgabe:** Siehe S. 151.

Station 3: Die historische Bedeutung des Krieges

M 10 Die Historikerin Ute Frevert über die Bedeutung des Ersten Weltkriegs (2004)

Bereits die Zeitzeugen jener Tage spürten es: Der Krieg, der im August 1914 begann und im November 1918 sein Ende fand, war etwas Einschneidendes. Er setzte eine historische Zäsur, trennte Altes von Neuem. Er trug, wie Kurt Tucholsky[1] 1920 schrieb, „das bürgerliche Zeitalter" zu Grabe, und er eröffnete eine neue Epoche, deren Signatur den damals Lebenden noch verborgen blieb: „Was jetzt kommt, weiß niemand." Man möchte sie um ihre Ahnungslosigkeit beneiden. Was kam, war eine Ära der Katastrophen, wie der 1917 geborene Historiker Eric Hobsbawm die Zeit bis 1945 nannte. Für seinen Fachkollegen Ernst Nolte leitete der Erste Weltkrieg die Epoche des „europäischen Bürgerkriegs" ein, die mit der Niederlage des Nationalsozialismus endete. Für Mark Mazower, Jahrgang 1958, markiert er den Anfang eines Jahrhunderts, das Europa in einen „dunklen Kontinent" verwandelte und es zum Schauplatz erbitterter weltanschaulicher Konflikte machte. Historiker, gleich welcher Generation oder politischen Haltung, stimmen mit den Zeitgenossen darin überein, die Jahre 1914 bis 1918 als epochalen Bruch zu deuten.

Was brach da ab und auseinander? Tucholsky und andere sprachen von einer „bürgerlichen" Epoche, die 1914 zu Ende gegangen sei. Sie meinten damit das 19. Jahrhundert, in dem die Wertmaßstäbe des gebildeten Bürgertums den Ton angaben: die Hochschätzung von Individualität, persönlicher Leistung, rationaler Wissenschaft, gepflegter Geselligkeit, familiärer Intimität und zivilen Betragens. Dazu gehörte aber auch die Überzeugung, dass Konflikte durch Kompromiss und Ausgleich zu lösen seien statt durch Gewalt und physischen Zwang. Das galt für familiäre oder Nachbarschaftsstreitigkeiten nicht anders als für Arbeitskämpfe und außenpolitische Spannungen. Krieg und Gewalt hielt man zwar nicht für gänzlich illegitim, doch sollten sie sich möglichst auf Fälle existenzieller Gefährdung beschränken und in ihrem Ausmaß streng begrenzt werden.

Sicherlich war die Geschichte des 19. Jahrhunderts nicht ganz so zivil, wie von Tucholsky und anderen gesehen. Dafür enthielt sie zu viele dunkle Schattierungen: die sozialen Ungleichheiten einer kapitalistischen Klassengesellschaft, die Diskriminierungen von Frauen, den Antisemitismus, autoritäre Regierungssysteme. Die zwischenstaatlichen Beziehungen waren mitnichten nur durch friedliche Verhandlungen und freundliche Monarchenbesuche geprägt; Kriege wurden sehr viel häufiger aus machtpolitischem Kalkül heraus angezettelt als aus existenziellen Zwängen.

Dennoch überwog – bei Zeitgenossen ebenso wie bei späteren Historikern – der Eindruck einer fortschrittlichen Entwicklung. Langsam, aber stetig schien alles besser zu werden: Die Wirtschaft boomte, der gesamtgesellschaftliche Wohlstand wuchs, krasse Not verschwand; rasante technische Innovationen erweiterten die Handlungs- und Bewegungsspielräume von Millionen, sozialpolitische Maßnahmen dämpften den Klassenkonflikt. Außenpolitisch hatte man sich an Spannungen und Krisen gewöhnt – lebte aber auch in der Gewissheit, sie seien diplomatisch zu lösen. Allen Rivalitäten zum Trotz waren die europäischen Nationen ökonomisch und kulturell eng miteinander verbunden. Zudem einte sie das Bewusstsein der Überlegenheit gegenüber allen nichteuropäischen Kulturen und Zivilisationen. Die meisten Menschen blickten somit zur Jahrhundertwende hoffnungsvoll in die Zukunft. Der Krieg zerstörte diesen Optimismus. Er veränderte Europa und die Welt tief greifend und dauerhaft [...].

Ute Frevert, Das Ende der Alten Welt, in: GEO Epoche, Der Erste Weltkrieg. Von Sarajevo bis Versailles: Die Zeitwende 1914–1918 Ausgabe 14, Gruner+Jahr, Hamburg, 2004 S. 22–23.

1 *Kurt Tucholsky (1880–1935):* deutscher Journalist und Schriftsteller

1 Geben Sie die zentralen Aussagen von Frevert (M 10) zur historischen Bedeutung des Krieges wieder.

2 Überprüfen Sie, ob und ggf. inwieweit der Erste Weltkrieg eine „historische Zäsur" darstellt.
Tipp: Klären Sie den Begriff „historische Zäsur".

3 **Wahlaufgabe:** Bearbeiten Sie entweder Aufgabe a) oder b).
Stellen Sie Aspekte zusammen, auf die eine Stellungnahme zur historischen Bedeutung des Ersten Weltkrieges aus der Sicht der „transnationalen Geschichtsschreibung" eingehen müsste, wie sie
a) der Historiker Patel (siehe S. 116 f., M 6) versteht oder
b) der Historiker Osterhammel (siehe S. 118, M 7).
Kernmodul: ▶ S. 116–118, M 6, M 7

Station 4: Die Kontroverse um den Kriegsausbruch 1914

M 11 Der australische Historiker Christopher Clark (2013)

Der Kriegsausbruch von 1914 ist kein Agatha-Christie-Thriller, an dessen Ende wir den Schuldigen im Konservatorium über einen Leichnam gebeugt auf frischer Tat ertappen. In dieser Geschichte gibt es keine Tatwaffe als unwiderlegbaren Beweis, oder genauer: Es gibt sie in der Hand jedes einzelnen wichtigen Akteurs. So gesehen war der Kriegsausbruch eine Tragödie, kein Verbrechen. Wenn man dies anerkennt, so heißt das keineswegs, dass wir die kriegerische und imperialistische Paranoia der österreichischen und deutschen Politiker kleinreden sollten, die zu Recht die Aufmerksamkeit Fritz Fischers[1] und seiner historischen Schule auf sich zog. Aber die Deutschen waren nicht die einzigen Imperialisten, geschweige denn die Einzigen, die unter einer Art Paranoia litten. Die Krise, die im Jahr 1914 zum Krieg führte, war die Frucht einer gemeinsamen politischen Kultur. Aber sie war darüber hinaus multipolar und wahrhaft interaktiv – genau das macht sie zu dem komplexesten Ereignis der Moderne, und eben deshalb geht die Diskussion um den Ursprung des Ersten Weltkriegs weiter [...]. In den Köpfen vieler Staatsmänner hoben sich anscheinend die Hoffnung auf einen kurzen Krieg und die Angst vor einem langen gegenseitig auf und rückten so eine umfassende Einschätzung der Risiken in weite Ferne. [...] So gesehen waren die Protagonisten von 1914 Schlafwandler – wachsam, aber blind, von Albträumen geplagt, aber unfähig, die Realität der Gräuel zu erkennen, die sie in Kürze in die Welt setzen sollten.

*Christopher Clark, Die Schlafwandler. Wie Europa in den Ersten Weltkrieg zog, übers. v. Norbert Juraschitz, Deutsche Verlags-Anstalt, München 2013, S. 715ff.**

1 *Fritz Fischer:* deutscher Historiker, der die Alleinschuldthese Deutschlands am Kriegsausbruch formulierte; sie fand vor allem durch sein Buch „Griff nach der Weltmacht" (1961) Verbreitung

M 12 Die deutsche Historikerin Annika Mombauer (2014)

Dennoch muss der Hauptteil der Verantwortung für den Kriegsausbruch nach wie vor in den Entscheidungen Österreich-Ungarns und Deutschlands verortet werden. [...]

Es gab in der Julikrise 1914 nicht nur eine „schuldige" Regierung unter den Großmächten; alle trugen durch ihre Entscheidungen absichtlich oder unabsichtlich zur Verschlechterung der Situation bei. Aber die Verantwortung einiger Regierungen war gravierender als die anderer, die Folgen der Entscheidungen verhängnisvoller, die Absicht, einen Krieg vom Zaun zu brechen, stärker und daher auch letztendlich ausschlaggebender. Wenn wir den Fokus neuerdings wieder auf die Handlungen aller Großmächte legen, hilft das nicht, wie es in der Zwischenkriegszeit von David Lloyd George beschwichtigend behauptet wurde, Europas Mächte seien hilflos in einen Krieg geschlittert, den niemand gewollt habe. Wie wir gesehen haben, war dieser Krieg nicht das Resultat von „professionellen Fehlern" einer relativ kleinen Gruppe von Diplomaten, Politikern und Militärs. Der Krieg war kein „Unfall", er war nicht das Resultat von Fehlern oder Versäumnissen, und die Verantwortlichen von 1914 waren keine „Schlafwandler", sondern sie wussten im Gegenteil ganz genau, was sie taten. Der Krieg brach aus, weil einflussreiche Kreise in Wien und Berlin ihn herbeiführen wollten und ihn absichtlich riskierten und weil man in Paris und Petersburg bereit war, diesen Krieg zu führen, wenn er denn käme. Gewiss, es gab auch in Paris und Petersburg und zu einem viel geringeren Teil sogar in London im Juli 1914 Befürworter des Krieges, vor allem unter den Militärs. Aber die Entscheidung, im Sommer 1914 einen Krieg zu führen, war in Wien und Berlin getroffen worden.

*Annika Mombauer, Die Julikrise. Europas Weg in den Ersten Weltkrieg, Verlag C. H. Beck, München 2014, S. 117f.**

1 Stellen Sie die Forschungspositionen von Clark (M 11) und Mombauer (M 12) vergleichend gegenüber.
Tipp: Nutzen Sie dafür eine Tabelle. Gehen Sie dabei auch auf den Sprachstil von Christopher Clark und Annika Mombauer ein.

2 **Wahlaufgabe:** Bearbeiten Sie entweder Aufgabe a) oder b).
   - a) **Internetrecherche:** Die Thesen von Clark hatten nach 2013 eine größere historische Debatte ausgelöst. Recherchieren Sie zur Clark-Kontroverse und beurteilen Sie die Stichhaltigkeit seiner Thesen.
   - b) **Zeitungsbericht:** Verfassen Sie ausgehend von M 11 und M 12 einen Bericht zum Ersten Weltkrieg für eine Ausgabe der Schülerzeitung Ihrer Schule.

3 **Zusatzaufgabe:** Siehe S. 151.

Anwenden

M1 US-amerikanisches Propagandaplakat mit Werbung für den Erwerb von Kriegsanleihen, 1917

M2 Soldat des Maori-Bataillons aus Neuseeland am ANZAC-Day (*Australian and New Zealand Armee Corps Day*) am 25. April 2016

Präsentation

Propaganda im Ersten Weltkrieg

Der Erste Weltkrieg brachte nicht nur technische Neuerungen in Bezug auf die Waffen. Um die Gesellschaft für den Krieg zu mobilisieren, wurde auch erstmals Massenpropaganda eingesetzt. Präsentieren Sie die Nutzung von Propaganda im Ersten Weltkrieg.

Literaturtipp

Anton Holzer, Die andere Front. Fotografie und Propaganda im Ersten Weltkrieg, 3. Auflage, Primus, Darmstadt 2012.

Der Erste Weltkrieg in der historischen Erinnerung

Der Weltkrieg hat in der historischen Erinnerung für die kriegsteilnehmenden Länder unterschiedliche Bedeutungen. Dies wird auch deutlich durch die Bezeichnung als „The Great War“ in Großbritannien bzw. „La grande Guerre“ in Frankreich. Recherchieren und präsentieren Sie die verschiedenen Erinnerungen an den Ersten Weltkrieg.

Literaturtipps

Martin Beier, Der Erste Weltkrieg in der internationalen Erinnerung, in: Aus Politik und Zeitgeschichte 64, 16–17/2014, S. 47–53.
Barbara Korte (Hg.), Der Erste Weltkrieg in der populären Erinnerungskultur, Klartext, Essen 2008, S. 7–24.

Wiederholen

M 3 Propagandaposter der USA zur Rekrutierung von Soldaten, 1917

Zentrale Begriffe

Clark-Kontroverse
Gleichgewicht der Mächte
Hegemonie
„Industrialisierte" Kriegführung
Kriegsschuldfrage
Nation
Nationalismus
Weltpolitik

Formulierungshilfen „Propagandaplakate analysieren"

- Das vorliegende Material ist ein amerikanisches Propagandaplakat …
- Im Zentrum des Plakats ist ein überdimensionaler Affe abgebildet, der …
- Als Erstes fällt dem Betrachter ins Auge, …
- Im Vordergrund sieht man …
- Im Hintergrund sind … zu erkennen.
- Des Weiteren fallen die … ins Auge.
- Das Plakat ist überschrieben mit dem Slogan „…", welcher in knallroten Großbuchstaben gestaltet ist.
- Am unteren Bereich findet sich „…".
- Die dargestellte Szene wirkt auf den Betrachter, …
- Der überdimensionierte Affe mit Pickelhaube soll … darstellen.
- Die Frau …
- Die zentrale Aussage ist, dass die …
- Das Poster ist Teil der amerikanischen Kriegspropaganda und soll …

1 Interpretieren Sie das Plakat M 3.
Tipp: Beachten Sie die Arbeitsschritte auf der Methodenseite 68 sowie die Formulierungshilfen auf dieser Seite. Achten Sie auch auf inhaltliche Details, z. B. den Helm oder die Keule.
2 Setzen Sie M 3 in Verbindung zur Sonderwegs-These (d. h. zur Vorstellung von der Geschichte Deutschlands im 19./20. Jahrhundert als einem „negativen" Sonderweg).
3 **Wahlaufgabe:** Bearbeiten Sie entweder Aufgabe a) oder b).
a) Verfassen Sie einen Feldpostbrief eines Soldaten der Westfront an seine Familie.
b) Verfassen Sie einen Tagebucheintrag einer Frau zum Kriegsalltag 1917.
4 **Partnerarbeit:** Tauschen Sie jeweils mit einem/einer Partner/in, der die jeweils andere Wahlaufgabe 3 bearbeitet hat, und verbessern Sie dessen Ergebnis.
5 **Vertiefung:** Recherchieren Sie zum Ersten Weltkrieg und seinen Folgen in Ihrer eigenen Heimatgemeinde. Stellen Sie Ihre Ergebnisse im Kurs vor.
6 Erörtern Sie die These, dass der Erste Weltkrieg die Folge des europäischen Nationalismus des 19. Jahrhunderts darstellt.
Tipp: Siehe auch die Formulierungshilfen für eine „historische Erörterung", S. 29.
7 Geben Sie Antworten auf Ihre Fragen von der Einstiegsseite 119.

Kernmodul: ▶ Sonderwegsdebatte, S. 112, M 4 (Bracher)

9 Wahlmodul: Nationalsozialismus und deutsches Selbstverständnis

M 1 Judenverfolgung in Cuxhaven, Fotografie, 1933.
Auf dem Bild sind Oskar Dankner und seine angebliche Geliebte Adele Edelmann zu sehen, die am 27. Juli 1933, sechs Monate nach der Machtübernahme der Nationalsozialisten, durch die Straßen von Cuxhaven getrieben und dabei mit Peitschen geschlugen wurden.

1918	Novemberrevolution, Ausrufung der Republik, Ende der Monarchie in Deutschland
1919	Wahlen zur Nationalversammlung, Versailler Vertrag
1920	25-Punkte-Programm der NSDAP
1921	Wahl Hitlers zum NSDAP-Vorsitzenden
1923	Hitler-Putsch
1925	Veröffentlichung von Hitlers „Mein Kampf", Bd. 1
1929	Beginn der Weltwirtschaftskrise

1920 — 1925 — 1930

1914–1918 Erster Weltkrieg

1919–1933 Weimarer Republik

Die Ernennung Adolf Hitlers zum Reichskanzler am 30. Januar 1933 war ein tiefer Einschnitt in der deutschen Geschichte. Nach nur vierzehn Jahren endete die erste deutsche Demokratie, Hitler und die Nationalsozialisten veränderten Deutschland im atemberaubenden Tempo in eine totalitäre Diktatur.
Hitler und sein Programm, das für die Menschen in Zeiten der Weltwirtschaftskrise nach 1929 attraktiv erschien, wurzelten ideell jedoch tief im 19. Jahrhundert. Aus diesem Grund ist eine Auseinandersetzung mit den zentralen Ideologemen der Nationalsozialisten wichtig, auch um die Traditionen des Nationalismus in diesem Ideengerüst nachweisen zu können.

1 Erläutern Sie, welches Menschenbild der Nationalsozialisten in der Fotografie M 1 deutlich wird.

2 Stellen Sie weitere biografische Nachforschungen zu Oskar Dankner und Adele Edelman an.

3 **Partnerarbeit:** Entwickeln Sie gemeinsam Fragen, die sich Ihrer Meinung nach aus dem Bildmaterial ergeben. Notieren Sie diese, sodass Sie sie nach Bearbeitung des Kapitels noch einmal aufrufen und bearbeiten können.

1933 Ernennung Hitlers zum Reichskanzler, Reichstagsbrand, Außerkraftsetzung der Grundrechte, „Ermächtigungsgesetz"

1936 Verkündung des „Vierjahresplans", Olympische Spiele in Garmisch-Partenkirchen und Berlin, Ernennung Himmlers zum Chef der deutschen Polizei

1939 Deutscher Angriff auf Polen, Beginn des Zweiten Weltkriegs

1941 Angriff auf die UdSSR, Kriegseintritt der USA

1945 Kapitulation Deutschlands

1935 1940 1945

1933–1945 NS-Herrschaft

9 Wahlmodul: Nationalsozialismus und deutsches Selbstverständnis

In diesem Kapitel geht es um
- *die ideologischen Grundlagen des Nationalsozialismus,*
- *die Auswirkungen dieser Ideologie nach 1933,*
- *die Bedeutung der Begriffe „Volksgemeinschaft" und „Untermenschen",*
- *die Auswirkungen dieser Klassifizierungen.*

NSDAP
Nationalsozialistische Deutsche Arbeiterpartei, gegründet 1920 in München, ab 1921 unter Führung von Adolf Hitler.

M 1 Adolf Hitler, Fotografie, 1920

„Mein Kampf"
Von Adolf Hitler in seiner Haftzeit nach einem gescheiterten Putschversuch verfasste Biografie.

▶ **M 3 und M 4: zur NS-Ideologie**

Kernmodul: ▶ S. 112–114, M 4, M 5 (Sonderwegsdebatte)

Ideologie des Nationalsozialismus

Mit Beginn der 1930er-Jahre, als die Weltwirtschaftskrise in Deutschland das Vertrauen vieler Menschen in Regierung, Parlament und Parteien sowie in deren Fähigkeiten zur Lösung der ökonomischen und sozialen Probleme erschüttert hatte, gelang der **NSDAP*** der Durchbruch zu einer Massenpartei. Die Nationalsozialisten fanden in der Bevölkerung mit ihrer Forderung nach Beseitigung des „Weimarer Systems" und einem „starken Mann" an der Spitze des Deutschen Reiches zunehmend Rückhalt.
Ihr „Führer" **Adolf Hitler*** könne als Retter Deutschland aus der Wirtschaftskrise herausführen und den nationalen Wiederaufstieg des Reiches durchsetzen. Die politischen Lösungen, die Hitler und die Nationalsozialisten anboten, beruhten sowohl auf der charismatischen Führergestalt Adolf Hitlers als auch auf der ebenso radikalen wie aggressiven Ideologie der nationalsozialistischen Bewegung. Diese „Weltanschauung" verband die faschistischen Grundelemente Antiparlamentarismus, Antiliberalismus und Antimarxismus mit völkischen Auffassungen von imperialistischem Nationalismus, Antisemitismus und Rassismus. Dabei bestand das Prinzip der NS-Ideologie in der radikalen Vereinfachung der übernommenen Thesen und Argumente. Hitler, der seine Ansichten und Ziele bereits 1925 in seinem Buch „Mein Kampf"* formuliert hatte, glaubte umso mehr Zustimmung zu erlangen, je stärker er die nationalsozialistischen Leitgedanken auf wesentliche Inhalte reduzierte.

Rassenlehre, Antisemitismus und „Untermensch"-Propaganda

Einer der Grundpfeiler nationalsozialistischen Denkens war der Rassismus. Er beruhte erstens auf der pseudo-wissenschaftlichen Auffassung, dass biologische und damit erbliche Merkmale das gesamte menschliche, also auch das politisch-gesellschaftliche Verhalten bestimmen. Zweitens unterstellte der Rassismus die Höher- bzw. Minderwertigkeit unterschiedlicher „Rassen". Mit dieser Annahme untrennbar verbunden ist eine sozialdarwinistische Interpretation der Geschichte: Sie erschien als ein ständiger Kampf der Individuen und Völker, der Staaten und „Rassen", wobei sich stets die Stärkeren gegenüber den Schwächeren durchsetzten.
In der NS-Ideologie verbanden sich außerdem Rassismus und Antisemitismus zum Rassenantisemitismus, d. h., die Judenfeindschaft wurde nun nicht zuvorderst religiös oder sozial begründet, sondern es wurde argumentiert, dass die jüdische Rasse gegenüber der „arischen" bzw. germanischen minderwertig sei und sich nur der geistigen und materiellen Güter höherstehender Rassen bediene. Daraus wurde gefolgert, dass „die Juden" der oberste Feind der Menschheit seien.
Mit der Machtübernahme der Nationalsozialisten wurde der Rassenantisemitismus zum Dreh- und Angelpunkt staatlichen Handelns. Der Historiker Michael Wildt bezeichnet den nationalsozialistischen Judenhass im Unterschied zum Antisemitismus der Kaiserzeit als „Antisemitismus der Tat". Ideen bezüglich gesetzlicher Einschränkun-

Antisemitismus im 19. und 20. Jahrhundert
cornelsen.de/Webcodes
Code: sosexa

▶ **Bezug zum Antisemitismus im deutschen Kaiserreich: S. 36** gen oder erste Vernichtungsgedanken, wie sie z. B. der Philosoph und Antisemit Eugen Karl Dühring (1833–1921) angestellt hatte, gab es, aber sie blieben Theorie. In der NS-Zeit wurde daraus staatliche Politik. Die Nationalsozialisten klassifizierten auch Sinti und Roma, Menschen afrikanischer und asiatischer Herkunft sowie die slawischen Völker, vor allem Russen und Polen, als „minderwertige Rassen" bzw. als „Untermenschen". Pseudo-wissenschaftliche und programmatische NS-Schriften sprachen den „Untermenschen" pauschal Kraft, intellektuelle Leistungsfähigkeit, Kreativität, Moral und Ehrbarkeit ab. Die NS-Propaganda entmenschlichte sie zudem als Artfremde und Volksschädlinge, als „Ungeziefer" und „Parasiten". So bereitete der NS-Staat die Ausgrenzung, Entrechtung, Deportation und schließlich die Vernichtung von Millionen von Menschen ideologisch vor. Gleichzeitig senkte die kollektive Entmenschlichung die Hemmschwelle bei Soldaten, Polizisten und **SS***, wehrlose Menschen auszubeuten und in den besetzten Ländern sowie in den Konzentrationslagern zu töten.

SS
1925 von Hitler begründete Organisation, die ursprünglich seine „Leibgarde" darstellte („Schutzstaffel"); nach 1933/34 entwickelte sich die SS zur zentralen Unterdrückungs- und Machtorganisation – die SS leitete auch die Konzentrations- wie Vernichtungslager.

M2 „Nürnberg 1933, einig das Volk, stark das Reich", Postkarte, 1933

„Volksgemeinschafts"-Ideologie

Der „nationale Sozialismus", den die NSDAP vertrat, zielte nicht auf die sozialistische Umgestaltung der wirtschaftlichen und sozialen Verhältnisse, wie sie von den Arbeiterparteien und den Gewerkschaften angestrebt wurde. Die „nationale Wiedergeburt" des Deutschen Reiches konnte nach ihrer Auffassung nur gelingen, wenn Staat und Gesellschaft nicht länger von Klassenkampf und Parteienzwist bestimmt würden. Als Alternative zu sozialistischen und demokratischen Ordnungsvorstellungen formulierte die NS-Propaganda das Ideal der „Volksgemeinschaft", in der alle sozialen Gruppen – außer den Gegnern, die ausgegrenzt werden müssten – zu einem einheitlichen ethnischen Verband zusammengeschlossen seien. Damit jeder seinen natürlichen Platz in der Gesellschaft einnehmen könne, sollten alle sozialen Unterschiede eingeebnet werden. Die Verheißung der Nationalsozialisten, die deutsche Bevölkerung zu einer „Volksgemeinschaft" zusammenzuführen, war nach dem Ersten Weltkrieg ein wirksames Propagandamittel, um die Unzufriedenen für die NSDAP zu gewinnen. Nach der Machtübernahme 1933 trat ein anderes Ziel in den Vordergrund: Die Nationalsozialisten betrachteten die Schaffung einer homogenen und starken deutschen Nation als unabdingbare Voraussetzung für ihre Kriegs- und Expansionspolitik. Erst eine von allen inneren Konflikten und Schwächen befreite „Volksgemeinschaft" habe die Kraft und Willensstärke, den in ihren Augen erforderlichen „Lebensraum" im Osten gegen eine Welt äußerer Feinde zu erobern.

▶ **M5 (Hitler über „Volksgemeinschaft")**

Kernmodul: ▶ S. 110, M2 (Wehler, Nation und Nationalismus)

1 **Schaubild:** Arbeiten Sie aus der Darstellung die zentralen Merkmale der „NS-Volksgemeinschafts"-Ideologie heraus und stellen Sie sie in einem Schaubild dar.

2 Erläutern Sie mithilfe der Darstellung die Begriffe „Rassenantisemitismus" und „Antisemitismus der Tat". Zeigen Sie dabei die Unterschiede zwischen dem traditionellen und dem nationalsozialistischen Antisemitismus auf.
Tipp: Sammeln Sie Merkmale des traditionellen Antisemitismus (S. 43) und stellen Sie diesen den Antisemitismus im Dritten Reich gegenüber.

Hinweise zur Arbeit mit den Materialien
Der Materialteil setzt folgende Schwerpunkte:
- *M 3 zeigt mithilfe von Auszügen aus „Mein Kampf" zentrale Merkmale der NS-Ideologie auf.*
- *M 4 behandelt die Auswirkungen der rassistischen Propaganda auf die Gesellschaft.*
- *M 5 thematisiert die Idee der „Volksgemeinschaft", mit der die Nationalsozialisten für die Gesellschaft attraktiv waren.*

Zur Vernetzung mit dem Kernmodul
- *Kernmodul „Sonderwegsdebatte": S. 112, M 4 (Bracher), S. 114 (Winkler).*
- *Kernmodul „Nation: Begriff und Mythos": S. 110, M 2 (Wehler).*

M 3 Auszüge aus Hitlers „Mein Kampf" (1925)

a) „Der Jude"
Siegt der Jude mithilfe seines marxistischen Glaubensbekenntnisses über die Völker dieser Welt, dann wird seine Krone der Totenkranz der Menschheit sein, dann wird dieser Planet wieder wie einst vor Jahrmillionen menschenleer durch den Äther ziehen.
Die ewige Natur rächt unerbittlich die Übertretung ihrer Gebote.
So glaube ich heute im Sinne des allmächtigen Schöpfers zu handeln: Indem ich mich des Juden erwehre, kämpfe ich für das Werk des Herrn.

b) „Volk und Rasse"
Schon die oberflächlichste Betrachtung zeigt als nahezu ehernes Grundgesetz all der unzähligen Ausdrucksformen des Lebenswillens der Natur ihre in sich begrenzte Form der Fortpflanzung und Vermehrung. Jedes Tier paart sich nur mit einem Genossen der gleichen Art. Meise geht zu Meise, Fink zu Fink, der Storch zur Störchin, Feldmaus zu Feldmaus, Hausmaus zu Hausmaus, der Wolf zur Wölfin usw. [...]
Die Folge dieses in der Natur allgemein gültigen Triebes zur Rassereinheit ist nicht nur die scharfe Abgrenzung der einzelnen Rassen nach außen, sondern auch ihre gleichmäßige Wesensart in sich selber. [...]
So wenig sie [= die Natur] aber schon eine Paarung von schwächeren Einzelwesen mit stärkeren wünscht, so viel weniger noch die Verschmelzung von höherer Rasse mit niederer, da ja andernfalls ihre ganze sonstige, vielleicht jahrhunderttausendelange Arbeit der Höherzüchtung mit einem Schlage wieder hinfällig wäre.
Die geschichtliche Erfahrung bietet hierfür zahllose Belege. Sie zeigt in erschreckender Deutlichkeit, dass bei jeder Blutsvermengung des Ariers mit niedrigeren Völkern als Ergebnis das Ende des Kulturträgers herauskam. [...] Den gewaltigsten Gegensatz zum Arier bildet der Jude.

c) „Antiparlamentarismus" und „Führerprinzip"
Die junge Bewegung ist ihrem Wesen und ihrer inneren Organisation nach antiparlamentarisch, d.h., sie lehnt im Allgemeinen wie in ihrem eigenen inneren Aufbau ein Prinzip der Majoritätsbestimmung ab, in dem der Führer nur zum Vollstrecker des Willens und der Meinung anderer degradiert wird. Die Bewegung vertritt im Kleinsten wie im Größten den Grundsatz der unbedingten Führerautorität, gepaart mit höchster Verantwortung. Die praktischen Folgen dieses Grundsatzes in der Bewegung sind nachstehende: Der erste Vorsitzende einer Ortsgruppe wird durch den nächsthöheren Führer eingesetzt, er ist der verantwortliche Leiter der Ortsgruppe. [...]
Der völkische Staat hat, angefangen bei der Gemeinde bis hinauf zur Leitung des Reiches, keinen Vertretungskörper, der etwa durch Majorität beschließt, sondern nur Beratungskörper, die dem jeweilig gewählten Führer zur Seite stehen und von ihm in die Arbeit eingeteilt werden, um nach Bedarf selber auf gewissen Gebieten wieder unbedingte Verantwortung zu übernehmen, genau so wie sie im Größeren der Führer oder Vorsitzende der jeweiligen Korporation selbst besitzt.

*Adolf Hitler, Mein Kampf, Franz Eher Nachfolger, München 1942, S. 69f., 311ff., 378, 501f.**

1 Analysieren Sie anhand von M 3 a bis c das von Hitler entworfene Menschenbild.
Tipp: Sammeln Sie zunächst die zugeschriebenen Eigenschaften und die Bezüge zur Biologie.
2 Erklären Sie anhand von M 3 a bis c, was Hitler unter „Führerprinzip" versteht.
3 **Wahlaufgabe:** Bearbeiten Sie entweder Aufgabe a) oder b).
Verfassen Sie zu den Aussagen in M 3 a bis c
a) ein historisches Sachurteil oder
b) ein Werturteil.

Formulierungshilfen „Urteile verfassen":
- Der Verfasser stellt die These/Behauptung auf ...
- Einer der wichtigsten Gründe für/gegen diese Meinung ...
- Dafür/Dagegen spricht ...
- Ich bin der Meinung/Ansicht/Auffassung, dass ...
- Mich stützend auf das Recht der Gleichheit der Menschen ...
- Ausgehend von dem erkenntnisleitenden Interesse, dass die Würde des Menschen unantastbar ist, ...
- Alles in allem zeigt sich daher, dass ...

M 4 Die Historikerinnen Hilde Kammer und Elisabet Bartsch über den Begriff des „Untermenschen“ in der NS-Propaganda (2002)

Die wissenschaftlich eindeutig widerlegte nationalsozialistische Rassenkunde, deren Auswirkungen für Millionen Menschen den Tod bedeuteten, stellte die Behauptung auf, es gebe eine höherstehende nordische Rasse, zu der in ihrer Mehrzahl die Deutschen gehörten, und andere minderwertige Rassen, zu denen unter anderen Slawen, Sinti und Roma und Juden gehörten. Auf der Grundlage der Rassenkunde wurden Juden und Slawen in Zeitungen, in Reden, Büchern, Filmen, auf Plakaten, auf Schulungsveranstaltungen der NSDAP, der SS, der Hitlerjugend und aller anderen Organisationen des Nationalsozialismus immer wieder und mit einhämmernden Wiederholungen diskriminiert, das heißt herabgewürdigt. In einer Schrift der SS von 1935 hieß es: „[...] Der Untermensch – jene biologisch scheinbar völlig gleichgeartete Naturschöpfung mit Händen, Füßen und einer Art von Gehirn, mit Augen und Mund, ist doch eine ganz andere, eine furchtbare Kreatur, ist nur ein Wurf zum Menschen hin, mit menschenähnlichen Gesichtszügen – geistig, seelisch jedoch tiefer stehend als jedes Tier [...]. Untermensch – sonst nichts [...]. Und diese Unterwelt der Untermenschen fand ihren Führer: – den ewigen Juden [...].“ In einer der Reichspressekonferenzen, durch die die gesamte Presse des Deutschen Reiches, gelenkt vom Propagandaministerium, ihre Anweisungen über Inhalt und Aufmachung ihrer Berichte erhielt, hieß es 1939, kurz nach Beginn des Zweiten Weltkrieges, 1939–1945: „[...] Dagegen muss erreicht werden, dass die gegenwärtige Abneigung gegen alles Polnische für Jahre aufrechterhalten wird [...]. Polen ist Untermenschentum. Polen, Juden, Zigeuner sind in einem Atemzug zu nennen [...]. Es muss auch der letzten Kuhmagd in Deutschland klargemacht werden, dass das Polentum gleichwertig ist mit Untermenschentum [...], bis jeder in Deutschland jeden Polen, gleichgültig ob Landarbeiter oder Intellektuellen, im Unterbewusstsein schon als Ungeziefer ansieht. Diese Anweisung wird ausdrücklich über das Propagandaministerium an alle Zeitungen gegeben.“ Menschen, die nicht mehr als Menschen angesehen wurden, als Untermenschen, als Volksschädlinge „auszurotten“, war der nächste Schritt. Die als Untermenschen und „Parasiten“ bezeichneten Menschen wie Ungeziefer „auszumerzen“, wurde als Absicht öffentlich verkündet. Auf einer Kundgebung der NSDAP 1933 sprach Hermann Göring es aus: „Volksgenossen! Meine Maßnahmen werden nicht angekränkelt sein durch irgendwelche juristischen Bedenken. Hier habe ich keine Gerechtigkeit zu üben, hier habe ich nur zu vernichten und auszurotten, weiter nichts.“

*Hilde Kammer, Elisabet Bartsch, Lexikon Nationalsozialismus. Begriffe, Organisationen und Institutionen, 6. Aufl., Rowohlt Taschenbuch Verlag, Reinbek bei Hamburg 2002, S. 253 f.**

1 Arbeiten Sie mithilfe von M 4 die Hauptmerkmale der NS-Auffassung vom Menschen heraus.
2 Zeigen Sie anhand von M 4 die Folgen der NS-Ideologie für Polinnen und Polen auf.
Tipp: Ziehen Sie auch Kapitel 5 hinzu.

M 5 Hitler über „Volksgemeinschaft“, 1920

Wir wissen, dass im Augenblick, wo Einzelbeschäftigung aufhörte, den einzelnen zu ernähren, eine Gruppe gezwungen war, einem besonders Fähigen eine bestimmte Arbeit zuzuweisen, und dass, wo Teilung der Arbeit erfolgt, der Zusammenschluss größerer Menschengruppen notwendig wurde. So ist in der Arbeit letzten Endes die Kraft zu suchen, die erst die Sippen, dann die Stämme zusammenband und die später endlich Staaten gründete.
Wenn wir als erste Notwendigkeit zur Staatenbildung die Auffassung der Arbeit als soziale Pflicht ansehen müssen, dann ist die zweite Notwendigkeit, die Voraussetzung hierzu: Rassen-Gesundheit und Rassenreinheit, und nichts kam diesen nordischen Eroberern so sehr zugute als ihre geläuterte Kraft gegenüber den morschen faulen Südrassen. [...]
Wir sehen, dass hier schon in der Rasse zwei große Unterschiede liegen: Ariertum bedeutet sittliche Auffassung der Arbeit und dadurch das, was wir heute so oft im Munde führen: Sozialismus, Gemeinsinn, Gemeinnutz vor Eigennutz – Judentum bedeutet egoistische Auffassung der Arbeit und dadurch Mammonismus und Materialismus, das konträre Gegenteil des Sozialismus [...]. Und in dieser Eigenschaft [...] allein schon liegt die Notwendigkeit für den Juden, unbedingt staatenzerstörend auftreten zu müssen. Er kann nicht anders, ob er will oder nicht. [...]

*Zit. nach: Eberhard Jäckel u. a. (Hg.), Hitler. Sämtliche Aufzeichnungen 1905–1924, DVA, Stuttgart 1980, Nr. 136, S. 184–195.**

1 Untersuchen Sie in M 5 den von Hitler vorgenommenen Kontrast zwischen „Ariern“ und Juden.
2 Erklären Sie den Inklusions- bzw. Exklusionscharakter der „Volksgemeinschafts“-Ideologie.
3 **Zusatzaufgabe:** Siehe S. 151.
4 Interpretieren Sie M 3–M 5 im Kontext des deutschen Selbstverständnisses im 19. und 20. Jahrhundert.
Kernmodul: ▶ S. 112–114, M 4, M 5

Anwenden

M 1 Predigt des katholischen Bischofs von Münster, Clemens August Graf von Galen am 3. August 1941

Im August 1939 hatte die NS-Regierung die Gesundheitsämter angewiesen, Geburtshelfern, Hebammen, Ärzten und Entbindungskliniken eine Meldepflicht für behinderte Neugeborene und Kleinkinder aufzuerlegen. Danach begann sie mit der „Kinder-Euthanasie", der rund 5000 Kinder zum Opfer fielen. Im Oktober 1939 dehnte der NS-Staat die Tötungen auf erwachsene Behinderte aus. Die Ermordungen, meist durch Gas, fanden in abseits gelegenen Anstalten statt. Bis 1945 wurden dadurch ca. 250 000 Menschen umgebracht.

Ich hatte bereits am 26. Juli bei der Provinzialverwaltung der Provinz Westfalen, der die Anstalten unterstehen, der die Kranken zur Pflege und Heilung anvertraut sind, schriftlich ernstesten Einspruch erhoben. Es hat nichts genützt. Der erste Transport der schuldlos zum Tode Verurteilten ist von Mariental abgegangen. Und aus der Heil- und Pflegeanstalt Warstein sind, wie ich höre, bereits 800 (achthundert) Kranke abtransportiert.

So müssen wir damit rechnen, dass die armen, wehrlosen Kranken über kurz oder lang umgebracht werden. Warum? Nicht weil sie ein todeswürdiges Verbrechen begangen haben, nicht etwa, weil sie ihren Wärter oder Pfleger angegriffen haben, sodass diesem nichts anderes übrigblieb, als dass er zur Erhaltung des eigenen Lebens in gerechter Notwehr dem Angreifer entgegentrat. Das sind Fälle, in denen neben der Tötung des bewaffneten Landesfeindes im gerechten Krieg Gewaltanwendung bis zur Tötung erlaubt und nicht selten geboten ist.

Nein, hier handelt es sich um Menschen, unsere Mitmenschen, unsere Brüder und Schwestern – arme Menschen, kranke Menschen – „unproduktive Menschen" meinetwegen. Aber haben sie damit das Recht auf das Leben verwirkt? Hast du, habe ich nur so lange das Recht zu leben, als wir produktiv sind, so lange wir als produktiv von andern anerkannt werden?

Wenn man den Grundsatz aufstellt und anwendet, dass man den „unproduktiven Menschen" töten darf, dann wehe uns allen, wenn wir alt und altersschwach werden!

Wenn man die „unproduktiven Menschen" gewaltsam beseitigen darf, dann wehe unseren braven Soldaten, die als Schwerkriegsverletzte, als Krüppel, als Invaliden in die Heimat zurückkehren!

Wenn einmal zugegeben wird, dass Menschen das Recht haben, „unproduktive Menschen" zu töten, und wenn es jetzt zunächst auch nur arme, wehrlose Geisteskranke betrifft, dann ist grundsätzlich der Mord an allen unproduktiven Menschen, also an den unheilbar Kranken, den arbeitsunfähigen Krüppeln, den Invaliden der Arbeit und des Krieges, dann ist der Mord an uns allen, wenn wir alt und altersschwach und damit unproduktiv werden, freigegeben. Wer kann noch Vertrauen haben zu einem Arzt? Vielleicht meldet er den Kranken als „unproduktiv" an und erhält die Anweisung, ihn zu töten. Es ist nicht auszudenken, welche Verwilderung der Sitten, welch allgemein gegenseitiges Misstrauen bis in die Familien getragen wird, wenn diese furchtbare Lehre geduldet, angenommen und befolgt wird! Wehe den Menschen, wehe unserm deutschen Volke, wenn das heilige Gebot Gottes „Du sollst nicht töten", das der Herr unter Donner und Blitz verkündet hat, das Gott der Schöpfer von Anfang an in das Gewissen der Menschen getrieben hat, nicht nur übertreten, sondern wenn diese Übertretung sogar geduldet und ungestraft ausgeübt wird!

*Zit. nach: Herbert Michaelis/Ernst Schraepler, Ursachen und Folgen, Bd. 19, Wendler, Berlin 1975, S. 518 f.**

1 Ordnen Sie M 1 kurz in den historischen Kontext ein.
2 Arbeiten Sie anhand von M 1 heraus, inwieweit der politische und geistig-ideologische Herrschaftsanspruch der Nationalsozialisten für von Galen zur Herausforderung wurde.
3 Beurteilen Sie M 1 im Kontext des deutschen Selbstverständnisses im 19. und 20. Jahrhundert.
Kernmodul: ▶ S. 112–114, M 4, M 5

Präsentation

Polnische Sicht auf Zwangsmigrationen

Polen war durch die Besetzung durch Deutschland und die Sowjetunion doppelt betroffen. Deportationen innerhalb des Deutschen Reiches (vor allem zur Zwangsarbeit), aus den annektierten Gebieten ins „Generalgouvernement" sowie aus Ostpolen in die Sowjetunion waren die Folge.
Recherchieren Sie Erinnerungen von polnischen Zeitzeugen zu den Zwangsmigrationen. Stellen Sie wesentliche Zitate in Form einer Collage zusammen.

Literaturtipps

Hans-Jürgen Bömelburg u. a. (Hg.), Vertreibung aus dem Osten. Deutsche und Polen erinnern sich, Borussia, Olsztyn 2000.
Gerhard Besier u. a. (Hg.), Deutsche und Polen während und nach dem Zweiten Weltkrieg, LIT Verlag, Berlin 2007.

Wiederholen

M2 „Deutsche Symphonie", Ölgemälde von Hans Toepper, 1938

Zentrale Begriffe

Antisemitismus
Charismatische Herrschaft
„Lebensraum"
„Führerprinzip"
Radikalnationalismus
Rassenpolitik
„Untermensch"-Propaganda
Völkermord
„Volksgemeinschafts"-Ideologie

1 Arbeiten Sie aus M 2 zentrale Merkmale der NS-Ideologie heraus.
Tipp: Siehe die Formulierungshilfen zur Analyse von Gemälden auf dieser Seite.

2 Beschreiben Sie weitere Merkmale der nationalsozialistischen Ideologie und zeigen Sie die Wirkungen und Folgen auf.

3 **Wahlaufgabe:** Bearbeiten Sie entweder Aufgabe a) oder b).
a) Beschreiben Sie die sich aus der NS-Ideologie ergebenden Konsequenzen für die konkrete Politik des NS-Staates.
b) Analysieren Sie die politisch-sozialen Folgen der Angriffe des nationalsozialistischen Deutschland auf Polen.

4 **Vertiefung:** Im Jahre 1943 umriss Heinrich Himmler vor SS-Männern in Posen seine Vorstellungen vom „germanisch-deutschen Reich" mit den Worten: „Der Osten wird die Voraussetzung sein, dass das germanische Reich in der Welt in den kommenden Jahrhunderten fähig ist, die nächsten Stöße [...] zurückzuschlagen, um abermals dann in den kommenden Generationen die Volkstumsgrenzen hinauszuschieben, um letzten Endes nur das zurückzuholen, was Goten und Vandalen, was unsere germanischen Vorfahren einst als Reich und ihr Land besessen haben." Erörtern Sie die zentralen Inhalte dieser „Reichsidee" und ordnen Sie sie in die Geschichte des Nationalismus ein. Prüfen Sie dabei, ob sich diese Definition als „Radikalnationalismus" bezeichnen lässt.

5 Notieren Sie stichpunktartig die Ergebnisse zu Ihren Fragen von der Einstiegsseite 129.

Formulierungshilfe für die Analyse eines Gemäldes
- Im Zentrum des Gemäldes ...
- Im Vordergrund/Hintergrund ...
- Am rechten/linken/oberen/unteren Bildrand ...
- Das Gemälde wir dominiert von ...
- Der Maler hat überwiegend ... Farben verwendet.
- Die Wirkung der Farben ...
- Der Blick/die Perspektive auf ...
- Während ... im Licht erscheinen, liegt ... im Dunkeln.
- Der Blick der Personen richtet sich auf den Betrachter/nach oben ...

Kernmodul: ▶ S. 110, M 2 (Nation und Nationalismus, Wehler)

AV Abiturvorbereitung

Hinweise zu den Operatoren

Operatoren sind Verben in Aufgabenstellungen, die Ihnen signalisieren, welche Tätigkeiten beim Lösen dieser Aufgaben von Ihnen erwartet werden. Schwerpunktmäßig sind sie einem der drei Anforderungsbereiche (AFB I, II oder III) zugeordnet.
Die folgenden Hinweise sollen Ihnen helfen, die Operatoren in Arbeitsaufträgen zu verstehen und sinnvoll zu bearbeiten.
Beachten Sie bitte: Operatoren werden durch die Formulierung bzw. Gestaltung der jeweiligen Aufgabenstellung und durch den Bezug zu den begleitenden Textmaterialien, Abbildungen und Problemstellungen präzisiert. **Lesen Sie sich also immer die Aufgabenstellung genau durch.**

Operator	Definition	Beispielaufgabe	Tipps und Formulierungshilfen
Anforderungsbereich (AFB) I			
beschreiben	strukturiert und fachsprachlich angemessen Materialien vorstellen und/oder Sachverhalte darlegen	Beschreiben Sie Details der Fotos.	**Tipp:** Die Beschreibung eines Materials erfordert eine präzise und fachsprachlich angemessene Wortwahl. Außerdem sollten Sie sich eine sinnvolle Reihenfolge für die Präsentation der einzelnen (Bild-) Elemente überlegen. **Formulierungshilfen:** – Die Fotos ... thematisieren ... – Bei dem vorliegenden Material handelt es sich um ... – Die Statistik befasst sich mit ... – Hierbei zeigt die x-Achse ..., die y-Achse stellt ... dar. – Hier fällt auf, ... – Es wird deutlich, dass...
gliedern	einen Raum, eine Zeit oder einen Sachverhalt nach selbst gewählten oder vorgegebenen Kriterien systematisierend ordnen	Gliedern Sie die Auszüge aus der polnischen Verfassung von 1791 (M 13) in Abschnitte und benennen Sie wichtige Inhalte in Stichpunkten.	– Der Text lässt sich gliedern in ... Abschnitte. – Die Abschnitte beschäftigen sich mit folgenden Themen: ...
wiedergeben	Kenntnisse (Sachverhalte, Fachbegriffe, Daten, Fakten, Modelle) und/oder (Teil-)Aussagen mit eigenen Worten sprachlich distanziert, unkommentiert und strukturiert darstellen	Geben Sie Wehlers Thesen, Argumente und Schlussfolgerungen mit eigenen Worten wieder.	– In dem Text geht es um ... – Der Autor/die Autorin formuliert in seinem/ihrem Text ... – Der Autor/die Autorin behauptet/verdeutlicht/kritisiert/erläutert/beschreibt/fasst zusammen/stellt klar ... – Daraus entwickelt sich ... – Die Folgen sind ...

Operator	Definition	Beispielaufgabe	Tipps und Formulierungshilfen
zusammenfassen	Sachverhalte auf wesentliche Aspekte reduzieren und sprachlich distanziert, unkommentiert und strukturiert wiedergeben	Fassen Sie, nach einer quellenkritischen Einleitung, die zentralen Aussagen Stieffs zusammen.	– Siehe „wiedergeben".
Anforderungsbereich (AFB) II			
analysieren	Materialien, Sachverhalte oder Räume beschreiben, kriterienorientiert oder aspektgeleitet erschließen und strukturiert darstellen	Analysieren Sie Hans-Ulrich Wehlers Verständnis von Nation und Nationalismus (M 2).	**Tipp:** Lesen Sie die Aufgabenstellung genau durch und werten Sie einen Sachverhalt oder das Material anhand der aufgeworfenen Frage/Problemstellung aus. Nutzen Sie die Methodenseiten S. 46 f. und S. 86 f.
charakterisieren	Sachverhalte in ihren Eigenarten beschreiben, typische Merkmale kennzeichnen und diese dann gegebenenfalls unter einem oder mehreren bestimmten Gesichtspunkten zusammenführen	Charakterisieren Sie anhand von M 5 a die unterschiedlichen Versionen der Sonderwegs-These.	– Es lässt sich beobachten, dass ... – Ein typisches Kennzeichen für ... – Allgemeine Merkmale waren ...
einordnen	begründet eine Position/Material zuordnen oder einen Sachverhalt begründet in einen Zusammenhang stellen	Ordnen Sie M 1 in den historischen Kontext ein.	**Tipp:** Ordnen Sie Aussagen des Materials Ihnen bekannten Positionen bzw. Theorien zu. Stellen Sie bei Ihrer Einordnung Textbezüge her. – Die Quelle handelt von ... – Die Aussage in Zeile xx zeigt, dass ... – Seine politische Einstellung änderte sich, weil ...
erklären	Sachverhalte so darstellen – ggf. mit Theorien und Modellen –, dass Bedingungen, Ursachen, Gesetzmäßigkeiten und/oder Funktionszusammenhänge verständlich werden	Erklären Sie die Ursachen für diese Strategie der polnischen Nationalisten.	– Besonders diese Ereignisse führten zu ... – Deshalb spricht man von ... – In diesem Zusammenhang lässt sich feststellen, dass ...
erläutern	Sachverhalte erklären und in ihren komplexen Beziehungen an Beispielen und/oder Theorien verdeutlichen (auf Grundlage von Kenntnissen bzw. Materialanalyse)	Erläutern Sie anhand von M 12 die Nationalitätenprobleme in der neuen Republik Polen.	**Tipp:** Die Vorgehensweise ist wie beim Operator „erklären", allerdings sollten Sie Ihre Erläuterung mit Beispielen verdeutlichen. – An dieser Stelle (Z. xx) wird deutlich, dass ... – Wie der letzte Satz zeigt ...

Operator	Definition	Beispielaufgabe	Tipps und Formulierungshilfen
gegenüberstellen	Sachverhalte, Aussagen oder Materialien kontrastierend darstellen und gewichten	Stellen Sie die Ansätze von Bade und Oswald hinsichtlich der Aspekte Anlässe, Motive, Formen sowie kollektive wie individuelle Folgen gegenüber.	**Tipp:** Achten Sie wie beim Vergleich darauf, nicht nur Gemeinsamkeiten, sondern auch Unterschiede der zu vergleichenden Sachverhalte darzulegen. Berücksichtigen Sie dabei den Ihnen bekannten historischen Kontext. Am Ende Ihrer Bearbeitung wird von Ihnen eine Gewichtung der Gemeinsamkeiten und Unterschiede erwartet. – Beide Texte/Bilder handeln von/stammen aus ... – Beide Materialien thematisieren ... – Während der Autor von Material A jedoch ... betont, legt der Autor von Material B den Schwerpunkt auf ... – Schlüssig und nachvollziehbar ist die Argumentation von ... – Autor B vernachlässigt dagegen folgende Punkte ...
herausarbeiten	Materialien auf bestimmte, explizit nicht unbedingt genannte Sachverhalte hin untersuchen und Zusammenhänge zwischen den Sachverhalten herstellen	Arbeiten Sie mithilfe des Textes von Patel die Unterschiede der transnationalen zur traditionellen Geschichtsschreibung heraus (M 6).	**Tipp:** Erarbeiten Sie sich zunächst die wesentlichen Aussagen des Materials. Achten Sie dabei auf Zusammenhänge, auch auf solche, die nicht explizit im Text benannt werden. – Zu den wichtigsten Ergebnissen gehörte ... – Die Hauptaussage des Autors lässt sich so wiedergeben: ...
in Beziehung setzen	Zusammenhänge zwischen Materialien, Sachverhalten aspektgeleitet und kriterienorientiert herstellen und erläutern	Setzen Sie die Kernaussagen von M 13 in Beziehung zu den Ausführungen in M 14.	– Im Vergleich der beiden Texte zeigt sich ... – Während Autor A stärker ... thematisiert, legt Autor B den Schwerpunk auf ... – Beiden gemeinsam ist ... – Sie unterscheiden sich in der Bewertung von ...
nachweisen	Materialien auf Bekanntes hin untersuchen und belegen	Weisen Sie nach, inwiefern in der im Gräberfeld abgebildeten Kultur christliche und vorchristliche Elemente eine Rolle spielten.	– Die Aussage von ... lässt sich bei ... wiederfinden/belegen/wird widerlegt. – Ein Beleg für ... ist ... – Dieser Fund stützt die These von ... – Es lässt sich zeigen, dass ...
vergleichen	Gemeinsamkeiten, Ähnlichkeiten und Unterschiede von Sachverhalten kriterienorientiert darlegen	Vergleichen Sie das Polenbild der Deutschen und das Deutschlandbild der Polen (M 5, M 6).	**Tipp:** Achten Sie immer darauf, nicht nur Gemeinsamkeiten, sondern auch Unterschiede der zu vergleichenden Sachverhalte darzulegen. – Im Vergleich mit ... – Die Entwicklung verlief ähnlich wie/anders als in ...

Operator	Definition	Beispielaufgabe	Tipps und Formulierungshilfen
Anforderungsbereich (AFB) III			
beurteilen	den Stellenwert von Sachverhalten oder Prozessen in einem Zusammenhang bestimmen, um kriterienorientiert zu einem begründeten Sachurteil zu gelangen	Beurteilen Sie die Argumente Paderewskis in M 11.	**Tipp:** Beachten Sie bei Ihrer Urteilsbildung auch die Ergebnisse der zuvor bearbeiteten Aufgabenstellungen. Vergessen Sie nicht, die Ihrem Sachurteil zugrunde gelegten Kriterien zu verdeutlichen. – Die eigentliche Absicht des Redners war es, … – Diese Sichtweise/Konstellation/Handlung führte dazu, dass … – Diese Entscheidung hatte negative Folgen: …
entwickeln	zu einem Sachverhalt oder zu einer Problemstellung eine Einschätzung, ein Lösungsmodell, eine Gegenposition oder ein begründetes Lösungskonzept darlegen	Entwickeln Sie einen Ansatz zur Lösung der deutsch-polnischen Probleme im Hinblick auf Oberschlesien nach dem Ersten Weltkrieg.	– Nach Abwägung der Positionen/Analyse der Argumentationen plädiere ich dafür, dass … – Meiner Meinung nach …
erörtern	zu einer vorgegebenen Problemstellung eine reflektierte, abwägende Auseinandersetzung führen und zu einem begründeten Sach- und/oder Werturteil kommen	Erörtern Sie, wie ein angemessenes polnisches Gedenken an die Opfer- und Täterrolle im Zweiten Weltkrieg aussehen könnte.	**Tipp:** Wägen Sie das Für und Wider hinsichtlich der Frage/Aufgabenstellung ab und fällen Sie dann ein begründetes Sachurteil oder zusätzlich, wenn sich das vom Thema her anbietet, ein Werturteil. – Dafür/Dagegen spricht … – Insgesamt gesehen … – Die Behauptung/These/Argumentation passt (nicht) zu den Informationen aus dem Darstellungstext/den Aussagen des Historikers XY …
sich auseinandersetzen	zu einem Sachverhalt, einem Konzept, einer Problemstellung oder einer These usw. eine Argumentation entwickeln, die zu einem begründeten Sach- und/oder Werturteil führt	Setzen Sie sich kritisch mit dem Begriff „Ostkolonisation" auseinander, der früher für den Landesausbau in Osteuropa verwendet wurde.	**Tipp:** Beziehen Sie ggf. (laut Aufgabenstellung) Materialien in Ihre Argumentation ein. An deren Ende kann ein Sach- oder ein Werturteil stehen. – Siehe „erörtern".
Stellung nehmen	Beurteilung mit zusätzlicher Reflexion individueller, sachbezogener und/oder politischer Wertmaßstäbe, die Pluralität gewährleisten und zu einem begründeten eigenen Werturteil führt	Nehmen Sie Stellung zur Verfolgung der Sozialdemokraten im Kaiserreich.	**Tipp:** Siehe „beurteilen". Zusätzlich haben Sie ein Werturteil zur Problemfrage zu fällen, dessen Maßstäbe bzw. Kriterien Sie nachvollziehbar verdeutlichen müssen. – Aus meiner Sicht …/meiner Meinung nach … – Nach den Maßstäben der freiheitlich-demokratischen Grundordnung … – Mich überzeugt (nicht), … – Andere sind möglicherweise der Ansicht, dass …

Operator	Definition	Beispielaufgabe	Tipps und Formulierungshilfen
überprüfen	Inhalte, Sachverhalte, Vermutungen oder Hypothesen auf der Grundlage eigener Kenntnisse oder mithilfe zusätzlicher Materialien auf ihre sachliche Richtigkeit bzw. auf ihre innere Logik hin untersuchen	Überprüfen Sie, inwiefern der Aufstand auch heute noch geeignet ist, eine polnische Identität zu schaffen. Beziehen Sie Denkmal M 4 auf S. 77 in Ihre Überlegungen mit ein.	– Die Behauptung/These/Argumentation passt (nicht) zu den Informationen aus dem Darstellungstext/den Aussagen des Historikers XY …
Operator, der Leistungen in allen drei Anforderungsbereichen verlangt			
interpretieren	Sinnzusammenhänge aus Quellen erschließen und ein begründetes Sachurteil oder eine Stellungnahme abgeben, die auf einer Analyse beruhen	Interpretieren Sie M 3–M 5 im Kontext des deutschen Selbstverständnisses im 19. und 20. Jahrhundert.	Nutzen Sie die Methodenseiten S. 26 f., S. 46 f., S. 66 f. und S. 68 f.

Formulierungshilfen für die Bearbeitung von Quellen und Darstellungen

Arbeitsschritte	Strukturierungsfunktion	Formulierungsmöglichkeiten	Beispiel
Analyse formale Aspekte	Einleitung	– Der Verfasser thematisiert/behandelt/greift (auf) … – Er beschäftigt sich/setzt sich auseinander mit der Frage/mit dem Thema … – Die Autorin legt dar/führt aus/äußert sich zu … – Das zentrale Problem/Die zentrale Frage des Textes/Briefes/der Rede ist …	Der SPD-Politiker Philipp Scheidemann thematisiert in seiner Rede vor der Weimarer Nationalversammlung am 12. Mai 1919 den Versailler Vertrag.
inhaltliche Aspekte	Wiedergabe der Position/Kernaussage	– Die Autorin vertritt die These/Position/Meinung/Auffassung … – Er behauptet …	Der Historiker Detlev Peukert vertritt die These, der Untergang der Weimarer Republik sei auf „vier zerstörerische Prozesse" zurückzuführen (Z. xx).
	Wiedergabe der Begründung/Argumentation/wesentlichen Aussagen	– Sie belegt ihre These … – Als Begründung/Beleg seiner These/Behauptung führt der Autor an … – Der Reichskanzler legt dar/führt aus … – Die Historikerin argumentiert/kritisiert/bemängelt … – Der Verfasser weist darauf hin/betont/unterstreicht/hebt hervor/berücksichtigt … – Weiterhin/Außerdem/Darüber hinaus/Zudem argumentiert er …	Kennan betont, dass die Amerikaner in Deutschland Konkurrenten der Russen seien und daher in „wirklich wichtigen Dingen" keine Zugeständnisse machen dürften (Z. xx).
	Abschließende Ausführungen	– Am Ende unterstreicht/betont der Autor noch einmal … – Der Autor schließt seine Ausführungen mit … – Sie kommt am Ende ihrer Argumentation zu dem Schluss, dass … – Zum Abschluss seiner Rede … – Abschließend/Zusammenfassend führt die Abgeordnete aus …	Am Ende seines Briefes betont Bismarck noch einmal die Notwendigkeit eines Bündnisses mit Österreich (Z. xx).
Vergleich von Texten	Übereinstimmung	– Der Historiker ist derselben Meinung/Auffassung/Position … – Sie teilt dieselbe Meinung/Auffassung/Position … – Die Autoren stimmen darin überein …	Brandt und Grass stimmen darin überein, dass die Bildung einer Großen Koalition mit Risiken verbunden sei (vgl. M 1, Z. xx; M 2, Z. xx).
	Gegensatz	– Im Gegensatz zu … – Die Positionen widersprechen sich/weichen voneinander ab/sind unvereinbar/konträr …	Die Positionen der beiden anonymen Verfasser sind hinsichtlich ihrer Haltung zum Terror der Jakobiner unvereinbar.

Arbeitsschritte	Strukturierungsfunktion	Formulierungsmöglichkeiten	Beispiel
Historischer Kontext		- Die Quelle(n) lassen sich/sind in ... ein(zu)ordnen. - Die Texte sind im Zusammenhang mit ... zu sehen. - Die Rede stammt aus der Zeit des/der ...	Veröffentlicht wurden beide Zeitungsartikel in der Zeit der Jakobinerherrschaft, die von 1793 bis 1794 andauerte und auch als „Schreckens- und Gewaltherrschaft" bezeichnet wird.
Urteil Sachurteil	Intention des Autors	- Der Autor beabsichtigt/intendiert/will/strebt an/fordert/plädiert für ... - Die Politikerin verfolgt die Absicht/das Ziel ... - Der Außenminister appelliert/ruft auf ...	Der Ministerpräsident will mit seiner Rede die Abgeordneten von der Notwendigkeit wirtschaftlicher Reformen überzeugen.
	Beurteilung des Textes	- Die Argumentation ist (nicht) nachvollziehbar/überzeugend/stichhaltig/schlüssig ... - Der Verfasser argumentiert einseitig/widersprüchlich ... - In seiner Darstellung beschränkt sich der Historiker nur auf ...	Der britische Historiker Peter Heather begründet seine These in drei stichhaltigen Argumentationssträngen.
Werturteil	Bewertung des Textes	- Aus heutiger Sicht/Perspektive kann gesagt werden/lässt sich sagen ... - Der Position/Meinung/Auffassung/Ansicht des Autors stimme ich (nicht) zu ... - Ich stimme der Position/ ... des Autors (nicht) zu ... - Die Position/ ... der Verfasserin teile ich (nicht) ... - Ich teile die Position/ ... des Historikers (nicht) ... - Meiner Meinung/Auffassung/Ansicht zufolge/nach ...	- Ich stimme der Kritik von Francisco de Vitoria am Vorgehen der Spanier in der Neuen Welt zu, weil ... - Die Position des anonymen Verfassers des ersten Zeitungsartikels (M 1) teile ich nicht, da heute in unserer freiheitlichen Grundordnung Terror zur Durchsetzung politischer Ziele abgelehnt wird.

Tipps zur Vorbereitung auf die Abiturthemen

Übung 1: Inhalte der Lehrplanthemen wiederholen
Das Thema „deutsch-polnisches Verhältnis" wird im vorliegenden Schulbuch in sieben Teilthemen gegliedert. Jedes Teilthema ist in Form eines Kapitels aufbereitet.

1 Ein kurzer Darstellungstext führt zu Beginn jedes Kapitels in das Teilthema ein. Daran schließt sich ein umfangreicher Materialienteil mit entsprechenden Aufgaben an. Lesen Sie die Darstellungstexte wiederholend und fertigen Sie eine Zusammenfassung an. Die Zwischenüberschriften und Fettdrucke können Ihnen hierbei Hilfestellung geben.
2 Suchen Sie sich aus jedem Kapitel drei bis vier Materialien aus und bearbeiten Sie die dazugehörigen Aufgaben.
3 Halten Sie Ihre Ergebnisse auf Karteikarten fest (s. unten).

Übung 2: Wichtige Daten merken und anwenden
Auf den Auftaktseiten der Kapitel finden Sie jeweils einen Zeitstrahl. Auf drei Arten können Sie damit für das Abitur üben:

1 Geben Sie jeden Eintrag des Zeitstrahls mit eigenen Worten wieder.
2 Schreiben Sie auf die Vorderseite einer Karteikarte ein Ereignis, auf die Rückseite das Datum (s. unten).
3 Vertiefen Sie Ihre Kenntnisse über zentrale Daten, indem Sie noch einmal die dazugehörigen Darstellungen und Materialien aus dem Kapitel durcharbeiten. Schreiben Sie auf Ihre Karteikarten,
   a) welche Ursachen zu einem Ereignis geführt haben,
   b) wie es abgelaufen ist,
   c) welche Folgen es gehabt hat.

Übung 3: Zentrale Begriffe verstehen und erklären
Zentrale Begriffe sind u.a. auf der Seite „Anwenden und wiederholen" aufgeführt. Erläuterungen dazu finden Sie im entsprechenden Kapitel und im Begriffslexikon auf S. xx f.

1 Lesen Sie zu jedem Begriff die Erläuterung.
2 Klären Sie Fremdwörter.
3 Erläutern Sie den Inhalt jedes Begriffs anhand von historischen Beispielen. Halten Sie Ihre Ergebnisse auf Karteikarten fest (s. unten).

Ergebnisse sichern – Arbeitskartei anlegen

1 Halten Sie die Ergebnisse der Übungen 1 bis 3 auf Karteikarten fest: Notieren Sie auf der Vorderseite eine Frage, einen Begriff oder ein Datum, schreiben Sie auf die Rückseite Ihre Erläuterungen.
2 Wiederholen Sie mithilfe Ihrer Arbeitskartei die Inhalte, Daten und Begriffe der Schwerpunktthemen – alleine, in Partnerarbeit oder in Gruppen.

Übung 4: Methodentraining – Interpretation schriftlicher Quellen
Die Interpretation schriftlicher Quellen ist eine der zentralen Anforderungen im Abitur:

1 Prägen Sie sich die systematischen Arbeitsschritte zur Interpretation einer schriftlichen Quelle von S. 46 ein.
2 Merken Sie sich die „Faustregel" zur Analyse der formalen Merkmale schriftlicher Quellen und üben Sie die Beantwortung der „W-Fragen" anhand von fünf selbst ausgewählten schriftlichen Quellen des Schülerbuches.

„Faustregel"
für die Analyse der formalen Merkmale schriftlicher Quellen:

WER sagt WO, WANN, WAS, WARUM, zu WEM und WIE?

Probeklausur mit Lösungshinweisen

M1 Prophezeiung, Gedicht von Georg Herwegh (1871)

Georg Herwegh (1817–1875) war ein sozialistisch-revolutionärer Dichter; er kämpfte in der Märzrevolution 1848 aufseiten der radikaldemokratischen Kräfte in Baden. Im Februar 1871 veröffentlichte er nachstehendes Gedicht, das in unterschiedlichen Versionen erhalten ist.

Germania, der Sieg ist dein!
Die Fahnen wehn, die Glocken klingen,
Elsass ist dein und Lotharingen:
Du sprichst: „Jetzt muss der Bau gelingen,
bald holen wir den letzten Stein."

Gestützt auf deines Schwertes Knauf,
lobst du in frommen Telegrammen
den Herrn[1], von dem die Herren stammen[2],
und aus Zerstörung, Tod und Flammen
steigt heiß dein Dank zum Himmel auf.

Nach vierundzwanzig Schlachten liegt
der Feind am Boden überwunden;
bis in die Stadt voll Blut und Wunden[3],
die keinen Retterarm gefunden,
brichst du dir Bahn: du hast gesiegt!

Schwarz, weiß und rot! Um ein Rapier[4]
vereinigt stehen Süd und Norden;
du bist im ruhmgekrönten Morden
das erste Land der Welt geworden:
Germania, mir graut vor dir!

Mir graut vor dir, ich glaube fast,
dass du, in argen Wahn versunken,
mit falscher Größe suchst du prunken
und dass du, gottesgnadentrunken,
das Menschenrecht vergessen hast.

Zit. nach: Joachim Rohlfes (Hg.), Staat und Nation im 19. Jahrhundert, Klett, Stuttgart 1990, S. 123.

1 Anspielung auf das Kirchenlied „Lobet den Herren"
2 Gemeint ist das von den Herrschern („Herren") beanspruchte Konzept des Gottesgnadentums.
3 Paris
4 Degen

M2 Deutschland – August 1914, Ölgemälde von Friedrich August von Kaulbach, 1914.

Bei der auf dem Bild erkennbaren Krone handelt es sich um die mittelalterliche deutsche Kaiserkrone.

1 Arbeiten Sie nach einer quellenkritischen Einführung aus M 1 die Einstellung des Autors zur deutschen Nationalstaatsgründung heraus.

2 Analysieren Sie das Bild M 2 im Hinblick auf die darin zum Ausdruck kommende Aussage.

3 Vergleichen Sie das jeweilige deutsche Selbstverständnis in M 1 und M 2.

4 Erörtern Sie unter Einbeziehung von M 2, inwieweit sich Herweghs „Prophezeiung" (M 1) in der Zeit nach 1871 bewahrheitet hat.

Lösungshinweise

Aufgabe 1

Vorbemerkung
Die Aufgabenstellung fordert Sie auf, die dem Gedicht zugrunde liegende „Einstellung des Autors zur deutschen Nationalstaatsgründung" herauszuarbeiten. Das bedeutet für Sie, dass Sie sich die wesentlichen Aussagen des Gedichtes zu erarbeiten haben und dabei auf Zusammenhänge, auch solche, die nicht explizit aus dem Gedicht hervorgehen, zu achten haben. Eine vollständige Analyse des Gedichtes fordert der Operator „herausarbeiten" nicht.

Formale Aspekte
Autor: Georg Herwegh (1817–1875), Dichter, Gegner der Monarchie und Vertreter eines demokratisch-republikanischen Nationalstaats
Textsorte: Quelle, ein politisches Gedicht
Adressaten: Gleichgesinnte, die vom Charakter der Reichsgründung enttäuscht waren, aber auch die deutsche Bevölkerung insgesamt
Historischer Kontext: unmittelbar nach der Proklamation des deutschen Kaiserreichs am 18. Januar 1871 im Spiegelsaal von Versailles
Intention: Warnung vor dem durch Gewalt und Krieg gegründeten Kaiserreich

Inhaltliche Aspekte
Das Gedicht „Prophezeiung" ist zeitnah zur Reichsgründung erschienen. Herwegh äußert sich in diesem Gedicht ablehnend gegenüber der deutschen Nationalstaatsgründung infolge des Deutsch-Französischen Krieges. Die (kleindeutsche) Einigung sei zwar zu Ende geführt, aber auf militärischem Wege (Z. 16 f.: „Um ein Rapier vereinigt stehen Süd und Norden"). Die Öffentlichkeit sei in einem patriotischen Rausch, die Einigung werde feierlich begangen (Z. 2: „Die Fahnen wehn, die Glocken klingen"). Die Reichsfarben des neuen Reiches sind die Farben des von Preußen dominierten Norddeutschen Bundes. Im Ausruf „Schwarz, weiß und rot!" (Z. 16) klingen sie wie ein empörter Aufschrei. Die politische Einstellung des Autors gegen die konstitutionelle Monarchie, gegen preußischen Militarismus und für die Ideale der Revolution von 1848/49 ist zu spüren.
Das Deutsche Reich taucht personifiziert in Gestalt der bewaffneten „Germania" auf (Z. 6: „Gestützt auf deines Schwertes Knauf"). Diese „Germania" habe zwar gesiegt (Z. 1: „Germania, der Sieg ist dein!", Z. 15: „du hast gesiegt!") und sei „das erste Land der Welt geworden" (Z. 19). Für Herwegh ist diese Gründung aber mit Krieg, Tod und Gewalt verbunden (Z. 9 f.). Das Vorgehen der Armeen des Norddeutschen Bundes und der süddeutschen Staaten gegen Frankreich wird als „Morden" (Z. 18) bezeichnet, das von der Bevölkerung mit Ruhm überhäuft werde (Z. 18 „ruhmgekrönt"), und sogar als Verstoß gegen das „Menschenrecht" (Z. 25). Gespeist und legitimiert werde die Gewalt durch das Gottesgnadentum (Z. 24 „gottesgnadentrunken"). Als Akt der Barbarei werden die Kämpfe in Paris (Z. 13 ff. „Bis in die Stadt voll Blut und Wunden ...") dargestellt. In der ersten Strophe spricht Herwegh die Eroberung von Elsass-Lothringen im August 1870 und dessen Angliederung an das Deutsche Reich an.
Der Abscheu Herweghs gipfelt in dem warnenden Ausruf „Germania, mir graut vor dir!". Seine „Germania" ist gekennzeichnet von einem „argen Wahn" (Z. 22), von „falscher Größe" (Z. 23) und trügerischem Blendwerk (Z. 23 „prunken"). Folglich sei vom Deutschen Kaiserreich nichts Gutes zu erwarten. Auch der Titel „Prophezeiung" kündigt weiteres Unheil an.

Aufgabe 2

Vorbemerkung
Der Operator Analysieren verlangt von Ihnen sowohl eine Beschreibung des vorliegenden Materials als auch dessen kriterienorientierte oder aspektgeleitete Erschließung. Im vorliegenden Fall wird auf den Aspekt der Bildaussage fokussiert. Ihre Ausführungen habe zudem strukturiert zu sein. Dem tragen Sie Rechnung, wenn Sie zunächst die Bildbeschreibung vornehmen und anschließend die Bildaussage herausarbeiten. Denken Sie daran, dass der Bildbeschreibung eine zumindest knappe quellenkritische Einleitung vorausgehen muss.

Inhaltliche Aspekte
Das Gemälde „Deutschland – August 1914" von Friedrich August von Kaulbach ist aufgrund seiner Entstehungszeit als unmittelbare Reaktion auf den Beginn des Ersten Weltkriegs anzusehen.
Das Zentrum des Bildes wird dominiert durch eine mit Brustpanzer, Schwert und Schild ausgestattete Frauengestalt. Sie trägt einen schwarzen, knöchellangen Rock und Stiefel. Das Schild zeigt den Reichsadler, und auf dem Kopf trägt die Gestalt die mittelalterliche deutsche Kaiserkrone, wodurch sie eindeutig als Germania, d. h. die Personifizierung Deutschlands, gekennzeichnet ist. Germania ist mit finster-entschlossenem Gesichtsausdruck dargestellt. Dies wird durch den vorwärts gerichteten Ausfallschritt und das wehende blonde Haar noch unterstrichen. Im Hintergrund ist ein dunkler, im unteren Teil hinter Wolken auch blutrot gefärbter Himmel zu erkennen. Direkt hinter der Gestalt ist ein gelb-rot gefärbter

Streifen erkennbar, der am ehesten als ein von den Himmelsfarben geprägter Flusslauf interpretierbar ist.
Das Gemälde stellt – in der Gestalt der bewaffneten Germania – Deutschland für den gerade ausgebrochenen Krieg als kampfbereit dar. Jedem Feind tritt sie furchtlos entgegen, um das Land zu verteidigen. Wenn Ihnen das Gedicht „Die Wacht am Rhein" bekannt ist, können Sie hier darauf verweisen: Deutschland steht immer wachsam bereit, sich gegen einen Angriff des „Erbfeindes" Frankreich von jenseits des Rheins zu verteidigen.
Auf diesen Mythos greift das Bild zurück, ignoriert dabei allerdings die eigentlichen Zusammenhänge, die zum Ausbruch des Ersten Weltkriegs führten. Es zeigt zugleich, wie sehr das nationalistische Denken, der Militarismus und das imperialistische Weltmachtstreben die kriegerische Einstellung in Deutschland befördert hatte, ohne die die Bereitschaft des Reiches, sich auf den Ersten Weltkrieg einzulassen, kaum zu verstehen ist.

Aufgabe 3

Vorbemerkung
Bei einem Vergleich sollten Sie immer darauf achten, dass nicht nur Gemeinsamkeiten, sondern auch Unterschiede der zu vergleichenden Sachverhalte dargelegt werden müssen.

Inhaltliche Aspekte
Die beiden Materialien haben gemeinsam, dass ihre Urheber eine dezidiert deutsche Sicht vertreten, sich also als Deutsche verstehen und davon ausgehen, dass es eine deutsche Nation mit dem Anspruch auf einen Nationalstaat gibt. Ansonsten aber stehen sie im Kontrast zueinander. Herwegh entwickelt in M 1 die in M 2 zum Ausdruck kommenden Aspekte in gewisser Weise als eine negative Folie für seine eigenen Vorstellungen von Deutschland. Die beiden Materialien sind somit den beiden großen Strömungen des deutschen Nationalbewusstseins im 19. Jahrhundert zuzuordnen.
Herwegh steht in der Tradition der deutschen Nationalbewegung, die sich in der Auseinandersetzung mit der Französischen Revolution geformt hatte und in dem Staatsgründungsversuch von 1848/49 ihren Höhepunkt, aber durch dessen Scheitern auch ihre große Niederlage erlitten hatte. In der Folge löste sich die Hoffnung auf einen deutschen Nationalstaat immer klarer von liberaldemokratischen Gedanken und fand in nationalistischem Denken ihre Heimat, sodass viele der Gründung des deutschen Nationalstaats als autoritären Obrigkeitsstaat in der Folge des Krieges von 1870/71 zustimmten. Diesem Denken gibt Herwegh in kritischer Absicht Ausdruck, wenn er Germania angesichts der Reichsgründung 1871 die Worte in den Mund legt: „Jetzt muss der Bau gelingen" (Z. 4).
Im neugegründeten Reich griff ein aggressiver Nationalismus immer weiter um sich und nahm auch militaristische Züge an. Eine Überhöhung der eigenen Nation in Abgrenzung von anderen Nationen wurde üblich und fand z. B. Ausdruck in der Verbreitung nationaler Mythen, wie sich auch in Kaulbachs Gemälde widerspiegelt. In der mittelalterlichen Symbolik von Reichskrone und ritterlicher Rüstung der Germania sah sich dieses deutsche Selbstverständnis auch in der Tradition des mittelalterlichen Reiches stehend (von Herwegh als „gottesgnadentrunken" kritisiert, Z. 24). Die militaristische Einstellung, die (vgl. Aufg. 2) das Gemälde prägt, barg Gefahren, auf die Herwegh in seinem Gedicht sehr deutlich hinweist: Krieg bringt „Zerstörung, Tod und Flammen" (Z. 9) und führt zu „ruhmgekrönte[m] Morden" (Z. 18).
Mit dem Hinweis auf „das Menschenrecht" (Z. 25), das das militaristisch-obrigkeitsstaatliche Deutschland vergesse, gibt Herwegh seinem Selbstverständnis Ausdruck: Für ihn verbindet sich in der Tradition der Französischen Revolution und der Revolution von 1848 nationalstaatliches Denken mit demokratischen und liberalen Werten, deren Fehlen er im gesamten Gedicht kritisiert.
Herwegh schreibt 1871 in unmittelbarer Reaktion auf die Reichsgründung. Die Zeile „Germania, mir graut vor dir!" (Z. 20) macht deutlich, dass er sich das vereinigte Deutschland in dieser Form nicht gewünscht hat. Demgegenüber gibt Kaulbach in seinem Gemälde klar zu verstehen, dass er hinter dem Kaiserreich von 1871 und seinem militaristisch-nationalistischen Selbstverständnis steht.

Aufgabe 4

Vorbemerkung
Der Arbeitsauftrag verlangt eine das Für und Wider abwägende Auseinandersetzung hinsichtlich der Frage, ob sich die Aussagen Herweghs nach 1871 bewahrheitet haben. Im Rahmen Ihrer Bearbeitung fällen Sie ein begründetes Sach- und/oder Werturteil.

Inhaltliche Aspekte
Das vorliegende Gedicht Herweghs wird häufig als Hinweis auf den kaiserzeitlichen Chauvinismus bzw. sogar als Ankündigung des Ersten Weltkriegs verstanden.
Einige Stellen lesen sich in der Tat wie Vorausdeutungen künftigen Unheils (Z. 5 „Bald holen wir den letzten Stein", Z. 18 f. „Du bist im ruhmgekrönten Morden das erste Land der Welt geworden", die Wiederholung „Germania, mir graut vor dir! (Z. 20)/Mir graut vor dir" (Z. 21). Die

Personifikation der wehrhaften Germania Kaulbachs scheint die Befürchtungen Herweghs ikonografisch umzusetzen.
Unterstützt wird diese Interpretationsrichtung durch den Titel „Prophezeiung" und die letzte Strophe der vorliegenden Fassung. Aussagen wie „in argen Wahn versunken" (Z. 22), „mit falscher Größe suchst du prunken" (Z. 23) oder „und dass du, gottesgnadentrunken, das Menschenrecht vergessen hast" (Z. 24 f.) können wie Anspielungen auf die aggressiv-nationalistische Politik des Kaiserreichs verstanden werden, wie sie sich z. B. in der Behandlung der polnischen Minderheit und der Germanisierungspolitik im Osten des Reichs und später auch in der „Weltpolitik" Wilhelms II. zeigten.
Als weitere Belege für die Kritik Herweghs können Sie z. B. die Schwäche der Volksvertretung in der Verfassung vom April 1871 oder den Umgang mit „Reichsfeinden" zum Zweck der „nationalen Einheit" anführen. Gegen ein Reich aus „Eisen und Blut" spricht nach Langewiesche (Kursheft, S. 42) der Begriff der „Revolution von oben". Einerseits markiere diese Bezeichnung die Grenzen der Parlamentarisierungs- und Demokratisierungschancen der deutschen Nationalstaatsgründung, andererseits schränke sie aber auch den individuellen Anteil Bismarcks und des Krieges ein, da ihr ein Prozess der inneren Nationsbildung vorausgegangen sei. So können Sie z. B. herausstellen, dass die Verse Herweghs nachträglich – also nach dem Ersten Weltkrieg, der an Grausamkeit und Zerstörung alle bisher gemachten Erfahrungen überstieg – als Kassandrarufe gedeutet worden sind. Herwegh selber bezieht sich in seinem Gedicht ausschließlich auf den Deutsch-Französischen Krieg, der von ihm als Unrecht gebrandmarkt wird.
Die Außenpolitik des Deutschen Reiches war unter Bismarck zunächst durchaus nicht aggressiv ausgeprägt und nahm erst zur Zeit Wilhelms II. unter dem Einfluss imperialistischen Denkens militaristische Züge an. In weiten Teilen des Bürgertums sowie in nationalistischen und imperialistischen Vereinen traf eine solche Politik allerdings weithin auf große Zustimmung.
Für ein Werturteil können Sie auf die Wirkung seines Gedichtes eingehen. Herweghs pathetische Sprache und seine ablehnende Haltung gegenüber der Reichsgründung haben möglicherweise die von Bismarck angestrebte „nationale Einheit" behindert und einen radikalen Nationalismus befördert.

A Anhang

Zusatzaufgaben und Tipps

Kapitel 1, S. 8–15: Einführung

S. 12: Zusatzaufgabe zu M 3

4 Diskutieren Sie in Ihrem Kurs die These, dass die Bürgerinnen und Bürger der europäischen Nationalstaaten wie auch ihre Regierungen zugleich national und europäisch denken müssen. Reflektieren Sie in diesem Zusammenhang auch Ihr eigenes Denken und Handeln: Wann denken Sie national und wann in europäischen oder internationalen Dimensionen? Nennen Sie Beispiele.

S. 14: Zusatzaufgabe zu M 6

4 **Wahlaufgabe:** Recherchieren Sie im Internet Informationen zum Grenzübergang in Bild M 6 (z. B. unter dem Stichwort „Ostseeboulevard") und zum „Schengener Abkommen" und bearbeiten Sie anschließend Aufgabe a oder b.

a) **Essay:** Verfassen Sie einen Essay zu der Frage, ob die deutsch-polnische Grenze heute etwas „Trennendes" oder etwas „Verbindendes" zwischen beiden Ländern und Völkern darstellt.

b) **Gestaltungsentwurf Grenzstelle:** Stellen Sie sich vor, Sie sollten die Gestaltung der in M 6 gezeigten deutsch-polnischen Grenzstelle neu überarbeiten oder neu entwerfen. Skizzieren Sie einen Entwurf und begründen Sie die Auswahl und Anordnung Ihrer Gestaltungselemente.

Tipp: Halten Sie in Ihrer Skizze auch fest, über welche historischen Themen/Fragen zur Geschichte des deutsch-polnischen Verhältnisses Sie genauer Bescheid wissen müssten, um diese Aufgabe im Sinne einer weiterhin guten Beziehung beider Länder zu erfüllen.

Kapitel 2, S. 16–29: Ursprünge und Auflösung des Königreichs Polen

S. 20: Hilfe zu Aufgabe 2

Verwenden Sie folgende Basisbegriffe und -daten und ergänzen Sie sie mit eigenen:

- Lubliner Union 1569
- Liberum veto
- Königswahl
- Teilungsmächte
- 1772
- Verfassung 1791
- Kościuszko-Aufstand
- 1793
- 1795

S. 21 f.: Hilfe zu M 6, Aufgabe 1 b

Unterscheiden Sie:

- Ursachen,
- Ziele,
- tatsächliche Abläufe,
- Folgen.

S. 22: Zusatzaufgabe zu M 4–M 6

3 Setzen Sie sich kritisch mit dem Begriff „Ostkolonisation" auseinander, der früher für den Landesausbau in Osteuropa verwendet wurde (siehe Darstellung, S. 18, und recherchieren Sie eigenständig).

S. 23: Zusatzaufgabe zu M 10

3 Untersuchen Sie die Frage, welche Haltung eigentlich Großbritannien, das im 18. Jahrhundert ebenfalls eine Großmacht war, zu den Teilungen Polens eingenommen hat. Erläutern und erklären Sie die britische Position. Recherchieren Sie hierzu eigenständig.

S. 28: Zusatzaufgabe zu M 1

3 Erklären Sie in Quelle M 1 die Übereinkunft in den Zeilen 10–14 (zum Tragen regionaler Herrschaftstitel durch die Regenten der drei Großmächte).

S. 29: Hilfen zu M 3, Aufgabe 3

Personen am Tisch (von links nach rechts):

- König Ludwig XV.
- Kaiser Joseph II.
- König Friedrich II.
- Zarin Katharina II.

Personen stehend:

- König Stanisław II. (links)
- Sultan Abdülhamid I. (rechts)

Unter dem Tisch:

eine Teufelsfigur, der im englischen Begleittext zur Karikatur von 1774 die Worte zugeschrieben sind: „Obwohl Sie seinen (Friedrichs II.) Willen erfüllt haben, werden sie den Raub nicht lange genießen können."

Schriftzug unter dem Bild (deutsche Übersetzung):

„Das Königreich Stanislaws steht nicht auf dem Spiel. Für vier solche Mägen ist es bloß ein Lot-Kuchen."

Kapitel 3, S. 30–49: Nationalismus und Nationalstaatsbildung im 19. Jahrhundert: Deutschland und Polen im Vergleich

S. 37: Hilfe zu Aufgabe 2

Beginnen Sie z. B. mit dem Gegensatz „liberale Nationalbewegung" versus „Adel". Denken Sie auch z. B. an politische Strömungen, Parteien, Personen, soziale Gruppen. Beschränken Sie sich auf die Beispiele Deutschland und Polen.

S. 40: Zusatzaufgabe zu M 6 und M 7

4 Stellen Sie sich vor, Sie sollen angesichts eines Jahrestages zur Erinnerung an die Posendebatte 1848 in Frankfurt/Main einen Leserbrief verfassen. Verfassen Sie diesen
  a) entweder aus der Sicht einer Zeitgenossin bzw. eines Zeitgenossen oder
  b) aus Ihrer heutigen Sicht.

S. 40: Hilfe zu M 8, Aufgabe 5

Dargestellt sind u. a.: eine weibliche Statue, eine Christus-Figur im Himmel; Schriftzüge u. a.: *„Droits de l'homme", „Fraternité"*; verschiedene Flaggen, am linken Bildrand: die amerikanische Flagge.

S. 42: Hilfe zu M 10, Aufgabe 2 b

Literaturtipps:

- *Beate Althammer, Das Bismarckreich 1871–1890, Paderborn 2009.*
- *Christian Jansen, Gründerzeit und Nationsbildung 1849–1871, Paderborn 2011.*
- *Volker Ullrich, Otto von Bismarck, Reinbek bei Hamburg 1998.*

S. 42: Zusatzaufgabe zu M 11

2 Formulieren Sie eine eigene These oder Definition des Nationalstaatsbildungsprozesses in Deutschland bis 1871.

S. 43: Hilfe zu M 13, Aufgabe 1

Schriftzüge u. a.:

- „Neu-Jerusalem am fränkischen Jordan."
- „Kaiser Wilhelm-Denkmal"
- „Einziges judenfreies Hotel in Frankfurt/M."
- „Hauptbahnhof rechter Ausgang"

S. 47: Zusatzaufgabe zu M 1 und M 2

3 a) Recherchieren Sie im Internet nach weiteren Personen, die neben der Person in M 1 (siehe S. 46) den Text M 2 mitunterzeichnet haben.
  b) Entwerfen Sie Kurzporträts; gehen Sie dabei insbesondere auf soziale Herkunft und politische Haltungen der Unterzeichner ein.

S. 48: Hilfe zu M 1 a und b, Aufgaben 1 und 2

Formulierungshilfen:

antiquiert: veraltet
charismatische Herrschaft: Herrschaft, die auf der besonderen Ausstrahlung einer Person beruht sowie auf einem Volk, das dieser Person aufgrund seiner Ausstrahlung folgt. Der Begriff wurde 1919 von dem Soziologen Max Weber geprägt.
exklusiv/Exklusionsdenken: politisches Denken, das als „anders" erklärte Menschen aus der Gesellschaft ausschließt.
Legitimität: Rechtmäßigkeit einer Herrschaft. Gemeint ist die rechtliche Anerkennung einer Herrschaft, z. B. eines Königs oder einer Regierung, durch Bezug auf gemeinsame höhere Werte, z. B. das Gottesgnadentum oder den Mehrheitswillen.
Nimbus: Ansehen, Glanz, Ruhm
primär: vor allem
sakrosankt: unantastbar, heilig
sozialpsychisch: Erlebnis- und Verhaltensweisen von Menschen unter dem Einfluss von gesellschaftlichen Bedingungen.
Status quo: gegenwärtiger Zustand
Stigmatisierung: Diskriminierung, Anprangern

Weitere Fachbegriffe und Personen:
siehe im Begriffs- und Personenlexikon

Kapitel 4, S. 50–71: Konfliktfeld Nationalstaat: Deutschland und Polen von 1871 bis in die 1920er-Jahre

S. 63: Zusatzaufgabe zu M 14

3 **Wahlaufgabe:** Bearbeiten Sie Aufgabe a oder b.
  a) **Zeitungsartikel:** Entwickeln Sie aus zeitgenössischer Perspektive in schriftlicher Form einen Lösungsansatz, um aus dem in M 14 (Z. 59) konstatierten „Teufelskreis" der Unterdrückung herauszukommen.
  b) **Eine Konferenz nachspielen:** Versetzen Sie sich in die Situation der Zeitgenossen und halten Sie eine deutsch-polnische Konferenz ab, auf der die Beteiligten Lösungsmöglichkeiten für den Umgang mit den jeweiligen Minderheiten erarbeiten.

S. 63: Hilfe zu M 15, M 16, Aufgabe 1

Literaturtipp (im Internet als PDF über die Online-Seite des Herder-Instituts einsehbar):

- *Juliane Haubold-Stolle, Mythos Oberschlesien in der Weimarer Republik, in: Heidi Hein-Kirchner, Hans Henning Hahn: Politische Mythen im 19. und 20. Jahrhundert in Mittel- und Osteuropa, Verlag Herder-Institut, Marburg 2006, S. 279–300.*

S. 64: Zusatzaufgabe zu M 17

4 Stellen Sie das Leben Gustav Stresemanns und sein politisches Wirken in der Weimarer Republik in einem Kurzreferat vor und beurteilen Sie insbesondere seine Rolle in der Außenpolitik.

S. 65: Zusatzaufgabe zu M 18, M19

3 Recherchieren Sie ausgehend von M 4, S. 57, im Internet nach einem Veranstaltungsprogramm einer polnischen Grunwald-Feier (die seit 1998 jährlich im Juli in Grunwald begangen werden). Fassen Sie das Programm zusammen und nehmen Sie Stellung.

S. 70: Hilfe zu M 1, Aufgabe 1

Dargestellt ist u. a. ein Grenzpfahl, auf dem die Figur eines Adlers zu sehen ist.
Methodische Hilfe: Siehe die systematischen Arbeitsschritte zur Analyse von Plakaten, S. 68.

S. 71: Hilfe zu M 2, Aufgabe 1

Inhaltlicher Hinweis: Denken Sie dabei auch an die zentralen Begriffe „nationale Stereotypen" und „nationale Mythen".
Methodische Hilfe: Siehe die systematischen Arbeitsschritte zur Analyse von Karikaturen.

Kapitel 5, S. 72–89: Die deutsche Besetzung Polens im Zweiten Weltkrieg

S. 79: Zusatzaufgabe zu M 7

3 Entwickeln Sie eine Beschreibung Osteuropas für den Fall, dass die Deutschen den Zweiten Weltkrieg gewonnen hätten.

S. 80: Zusatzaufgabe zu M 10

3 Recherchieren Sie im Internet zu weiteren Berichten zum Umgang der deutschen Besatzer im Generalgouvernement.

S. 82: Zusatzaufgabe zu M 16

3 Recherchieren Sie zu weiteren Fotos aus dem Warschauer Ghetto und stellen Sie die brutalen Lebensbedingungen mithilfe einer Fotocollage dar.

Kapitel 6, S. 90–107: Das deutsch-polnische Verhältnis nach dem Zweiten Weltkrieg

S. 100: Zusatzaufgabe zu M 9

3 Vergleichen Sie die Denkschrift mit der Charta der Heimatvertriebenen, die 1950 veröffentlicht wurde (M 7).
Beurteilen Sie, welches Dokument eher zur Versöhnung angelegt war.

S. 101: Zusatzaufgabe zu M 10

3 Verfassen Sie ein Antwortschreiben aus Sicht der deutschen Bischöfe.

S. 103: Zusatzaufgabe zu M 16

3 Erklären Sie mithilfe des Darstellungsteils und einer Recherche die Reaktionen auf den Kniefall in der Bundesrepublik Deutschland und in Polen.

Kapitel 7, S. 108–117: Kernmodul

S. 110: Hilfe zu M 1, Aufgabe 1

Ordnen Sie den Text zunächst in Abschnitte und geben Sie diesen Überschriften. Sie können die folgenden, *in ungeordneter Reihenfolge*(!) aufgeführten stichpunktartigen Vorschläge nutzen:
- Erörterung des Problemkreises, Nationsvorstellungen seien „begrenzt".
- Kernproblem des Nationalismus und Ursachen dieses Problems nach Anderson
- Erörterung des Problemkreises, Nationen seinen „souverän"
- Drei Paradoxa (d. h. Widersprüchlichkeiten) des Nationen-Begriffs
- Andersons Definition von Nation
- Erörterung des Problemkreises Nationen als „Gemeinschaften"
- Erörterung des Problemkreises „Erfindung" oder „Vorstellung" von Nationen

S. 110: Zusatzaufgabe zu M 1

4 **Wahlaufgabe:** Bearbeiten Sie Aufgabe a), b) oder c). Entwerfen Sie eine kurze Präsentation, in der Sie Andersons Konzept von Nation auf eine andere Nation als Deutschland oder Polen anwenden:
a) auf die USA,
b) auf Frankreich,
c) auf eine Nation Ihrer Wahl.

S. 111: Hilfe zu M 2, Aufgabe 1 a)

Nutzen Sie für Ihre Tabelle folgende Leitfragen:
- Wie entstehen Nationen, Nationalstaaten, Nationalismus?
- Wer definiert Nation?
- Welche Merkmale zeichnen eine Nation aus?
- Welche Kriterien sind bei der Begriffsbestimmung der Nation entscheidend?
- Welche Formen von Nationen gibt es?
- Welche Folgen haben nationales Denken und Fühlen für die Menschen, die sich zu einer nationalen Gemeinschaft bekennen?

S. 114: Hilfe zu M 4, Aufgabe 1 b)

Cluster-Methode:
Schritt 1: Blatt Papier vor sich hinlegen (am besten im Querformat).
Schritt 2: Kernbegriff oder Frage oder Thema in die Mitte schreiben, umkreisen.
Schritt 3: Gedanken freien Lauf lassen und alle Einfälle (Definitionen, Fragen, verwandte Themen, Teilaspekte) in neuen Kreisen um den Kernbegriff gruppieren; alle verwandten Gedanken durch Linien miteinander verbinden.
Schritt 4: Wenn die Suche abgeschlossen ist, nach weiteren Verbindungen und Zusammenhängen zwischen den gefundenen Aspekten suchen und weitere Verbindungen markieren.

S. 116: Hilfe zu M 6, Aufgabe 2
Als Starthilfe der Hinweis auf z. B. folgende Begriffe, die Sie verwenden können. Suchen Sie weitere:
- Ostbesiedlung
- Polenbegeisterung
- Posenfrage

S. 117: Zusatzaufgabe zu M 7
5 **a)** Sichten Sie das folgende Erklärvideo zum Thema „Nationalismus".

cornelsen.de/Webcodes
Code: hakedo

b) Überprüfen Sie, inwiefern die Aussagen und Erklärungen zum Nationalismus im Erklärvideo mit Ihren Merkmalen zum Begriff Nationalismus (Aufgabe 3) übereinstimmen.
c) Verbessern Sie kritische Aussagen im Video.
d) Erstellen Sie in Gruppen zu Ihrer jeweiligen Nationalismus-Definition ein eigenes kurzes Erklärvideo.

Kapitel 8, S. 118–127: Wahlmodul – Der Erste Weltkrieg

S. 122: Zusatzaufgabe zu M 5
4 Recherchieren Sie zu Feldpostbriefen aus Ihrer Heimatgemeinde. Stellen Sie Ihre Beispiele im Kurs vor.

S. 123: Zusatzaufgabe zu M 9
4 Verfassen Sie einen Brief aus der Perspektive einer deutschen Frau an ihren im Feld stehenden Mann im Jahre 1917.

S. 125: Zusatzaufgabe zu M 11/M 12
3 Verfassen Sie einen Bericht zum Ersten Weltkrieg für eine Ausgabe der Schülerzeitung an Ihrer Schule.

Kapitel 9, S. 128–135: Wahlmodul – Nationalsozialismus und deutsches Selbstverständnis

S. 133: Zusatzaufgabe zu M 5
3 Schauen Sie sich im Internet auf der Seite der Bundeszentrale für politische Bildung den Videobericht einer Tagung mit dem Thema „Volksgemeinschaft als Terror und Traum" an und erklären Sie, was der Tagungstitel bedeuten soll.
Link: http://www.bpb.de/mediathek/194406/volksgemeinschaft-als-terror-und-traum

Lösungen zu den Methodenseiten

Zu Kapitel 2, S. 26–27: Geschichtskarten und historische Karten interpretieren

Leitfrage:
Wie wird der Gebietsstand Polens vor 1772 und die Verkleinerung des polnischen Staatsgebietes in den Teilungen dargestellt?

Analyse
Der erste Eindruck ist eine Vielfalt von unterschiedlichen Farbabstufungen und Staats- bzw. Landesbezeichnungen mit den Gebieten des heutigen Polens im Zentrum.
Der Kartentitel lautet: „Die polnischen Teilungen im 18. Jahrhundert".
Der Maßstab ist oben links angegeben, die Karte ist farbig gestaltet.
Topografisch sind Polen sowie ein schmaler Teil der im 18. Jahrhundert angrenzenden Länder dargestellt. Die Staaten, Staats- und Landesteile sind aufgeführt, mit wichtigen Städten. Außerdem sind die Aufstände des Jahres 1794 eingezeichnet.
Legende: Zunächst wird die Linie markiert, die das polnische Staatsgebiet vor 1772 zeigt. Sodann werden die drei Teilungen 1772, 1793 und 1795 in Farbabstufungen mit den Territorien angegeben, die an Preußen (blau), Russland (grün) und Österreich (gelb/orange) fielen. Schließlich wird das Zeichen für Aufstände mit Jahreszahl aufgeführt.
Die Karte zeigt den Gebietsstand Polens vor 1772 und die schrittweise Verkleinerung des polnischen Staatsgebietes in den Teilungen von 1772, 1793 und 1795. Und sie verdeutlicht die geografischen Schwerpunkte der polnischen Freiheits- und Unabhängigkeitsbewegung 1794.

Beurteilung
Die Geschichtskarte stellt die schrittweise Aufteilung des polnischen Staatsgebietes von 1792 durch die Nachbarn Preußen, Österreich und Russland dar. Diese drei Mächte teilen Polen nach und nach unter sich auf, bis nach der dritten Teilung die Polen nicht mehr über einen eigenen Staat verfügen. Österreich war an der zweiten Teilung allerdings nicht beteiligt. Die größten Teile hat 1793 und 1795 Russland an sich gerissen.
Die Staats- und Landesbezeichnungen verdeutlichen alte und neue Namen für bestimmte polnische Gebiete, die sich die Teilungsmächte einverleibt haben. Es wird deutlich, dass historisch gewachsene Landesteile teilweise auseinandergerissen wurden.
Die Karte markiert die Aufstände des Jahres 1794, die niedergeschlagen wurden. Andere Aufstände werden nicht angezeigt.
Die Karte benutzt in Titel und Legende als Territorialbegriff „Polen", wie es in wissenschaftlicher und außerwissenschaftlicher Tradition üblich ist und womit die stärker polnische Perspektive auf diese Geschichte zum Ausdruck kommt. Präziser müsste es „Polen-Litauen" heißen, da die Realunion von Königreich Polen und Großfürstentum Litauen bis zur Auflösung 1795 bestand.

Zu Kapitel 3, S. 46–47: Schriftliche Quellen interpretieren

1. Leitfrage
Wie soll der deutsche Nationalstaat geschaffen werden und wie soll er aussehen?

2. Analyse
Formale Aspekte:
Autor: Die Erklärung trug 25 Unterschriften, davon stammten 20 von liberalen Abgeordneten der Zweiten Hannoverschen Kammer. Zu den Unterzeichnern gehörten führende liberale Politiker wie Rudolf von Bennigsen und Johannes Miquel.
Entstehung: Der Text entstand 1859 bei einem Treffen von Liberalen in Hannover, deswegen wird er auch oft als „Hannoversche Erklärung" bezeichnet. Bei dem Treffen wurde von liberaler Seite die Gründung des Deutschen Nationalvereins programmatisch vorbereitet. Der Text ist eine öffentliche Erklärung. Zur gleichen Zeit trafen sich Demokraten in Eisenach und berieten über ihre politischen Ziele. Beide Programme flossen in die gemeinsame Eisenacher Erklärung vom 14. August ein, die der Gründung des Deutschen Nationalvereins im September als deutschlandweit agierendem Propagandaverein vorausging.
Thema des Textes ist die Schaffung eines deutschen Einheitsstaates und sein Aufbau. Im Mittelpunkt steht die Frage, wer diesen deutschen Nationalstaat herstellen soll: Preußen mit Unterstützung einer deutschen Volksbewegung oder Österreich.
Adressat: Der Text richtet sich an die preußische Regierung wie an die patriotische deutsche Bevölkerung, die die Einigungsbemühungen unterstützen sollte.

Inhaltliche Aspekte:
Textaussagen: Ein deutscher Einheitsstaat muss geschaffen werden, um die innere Entwicklung Deutschlands voranzutreiben und Deutschland gegen äußere Feinde zu schützen. Allein Preußen kann Deutschland einigen, Österreich ist dazu nicht in der Lage. Preußen soll dem

deutschen Nationalstaat eine einheitliche und freie Verfassung mit einem Parlament geben.
Die Einzelstaaten des Deutschen Bundes müssen Opfer bringen, d. h. auf Rechte verzichten, um den deutschen Nationalstaat zu ermöglichen.
Kernaussage: Der deutsche Nationalstaat muss von Preußen als kleindeutsch-preußischer Nationalstaat geschaffen werden.
Textsprache: Der Text ist sachlich und nüchtern aus der Sicht der deutschen Bevölkerung geschrieben. Er soll den Eindruck erwecken, dass die Bevölkerung auf einen kleindeutschpreußischen Einheitsstaat hofft. Insofern besitzt der Text auch appellative, d. h. auffordernde Züge; er soll die preußische Regierung motivieren, die deutsche Einheit im Interesse des deutschen Volkes voranzutreiben. Die Volksbewegung soll diesen Prozess unterstützen.

Schlüsselbegriffe:
- einheitliche Verfassung Deutschlands
- Reform der deutschen Verfassung
- Österreich
- Preußen, preußische Regierung
- deutsche Bundesregierungen
- Gefahren für Europa und Deutschland

3. Historischer Kontext
Der Text ist geschrieben worden nach dem Scheitern der deutschen Revolution 1848/49 und vor den Einigungskriegen Preußens unter Bismarck. Den unmittelbaren Kontext bilden die verstärkten Reformdebatten des Deutschen Bundes, der wachsende Dualismus zwischen Österreich und Preußen sowie der 2. Italienische Unabhängigkeitskrieg von 1859, in dem italienische Teilstaaten mithilfe Frankreichs gegen Österreich für ihre nationale Selbstbestimmung kämpften. Liberale und demokratische Politiker wollten die deutsche Einheit ebenfalls aktiv vorantreiben, indem sie nach dem Vorbild der italienischen *Società nazionale* (gegr. 1856) mit dem Deutschen Nationalverein ein gemeinsames Agitationsmedium schufen.

4. Urteil
Sachurteil:
Die Autoren sind führende Persönlichkeiten mit liberaler Überzeugung, die einen kleindeutsch-preußischen Nationalstaat anstreben. Die preußische Regierung soll zu solchem Handeln aufgefordert werden. Der Text ist für den Anhänger des kleindeutsch-preußischen Nationalstaats insgesamt glaubwürdig und widerspruchsfrei. Das gilt nicht für die Verfechter der großdeutsch-österreichischen Lösung. Diese werden ausgeblendet. Deswegen sprechen die Autoren des Textes weder für die gesamte deutsche Bevölkerung noch für alle deutschen Bundesstaaten. Die süddeutschen Staaten und Österreich vertraten eine andere Position. Der Text sollte die preußische Regierung zum Handeln bewegen für einen kleindeutsch-preußischen Nationalstaat; es sollten durch die Argumente der Sicherheit und der Einheit neue Anhänger für eine kleindeutsche Lösung gewonnen werden, so dass eine breite nationale Volksbewegung die Regierung in ihrem Handeln bestärken konnte.

Werturteil:
Der Text spiegelt das Dilemma der deutschen Nationalbewegung wider. Für die Schaffung der Einheit wird Preußen als starker, notfalls auch militärisch handelnder Staat gebraucht. Dann soll sich aber dieser starke Staat quasi selbst beschränken und eine parlamentarisch-freiheitliche Demokratie einführen. Die Hoffnung des Deutschen Nationalvereins, mit der Einheit auch Freiheit zu erhalten, musste sich demnach zerschlagen. Über der Forderung nach mehr Freiheit im neu geschaffenen Deutschen Reich fiel die liberale Partei tatsächlich auseinander, in einen nationalliberalen Flügel, der Bismarcks Verdienste würdigte und lange mit ihm zusammenarbeitete, sowie einen freisinnigen Flügel, der sich mit der Einheit ohne weitgehende Freiheitsrechte nicht zufrieden geben wollte. Einer der Mitunterzeichner der Erklärung, Rudolf von Bennigsen, arbeitete als Führer der Nationalliberalen im Reichstag mit Bismarck eng zusammen, 1883 legte er aber im Zuge der Verlängerung der Sozialistengesetze alle Mandate nieder.

Zu Kapitel 4, S. 66–67: Karikaturen interpretieren

1. Leitfrage
Inwieweit beleuchtet die Karikatur Konfliktfelder im Prozess der Nationalstaatsbildung?

2. Analyse – Formale Aspekte
Bei dem Material handelt es sich um eine Karikatur von Hans Gabriel Jentzsch mit dem Titel „Aus Preußisch-Polen. Die beginnende Enteignung", die am 16. November 1912 in der Ausgabe der Zeitung „Der Wahre Jacob" erschienen ist. Die Bildunterschrift lautet:
„Die Auswanderer: Weshalb werden wir von Haus und Hof gejagt, Panje Landrat, und wohin sollen wir ziehen? Kein Mensch wird uns aufnehmen!
Der Landrat: Geht nur ins Kohlengebiet – da ist Platz für euch alle. Hier wird jetzt germanisiert."
„Panje" ist eine veraltete, aus dem Russischen und Polnischen stammende Anredeform für „Herr".

3. Analyse – Inhaltliche Aspekte
Auf dem Bild erkennt man im Bildzentrum, auf das der Blick des Betrachters zunächst gezogen wird, einen Reiter, der vornehm gekleidet auf einem schwarzen Pferd

sitzt. Ihm gegenüber befindet sich eine größere Gruppe von Menschen, die eher ärmlich gekleidet sind, darunter auch etliche Ältere, Frauen, Kinder. Den Vordergrund dominierend sieht man einen Mann, der seinen Hut gezogen und den Kopf leicht nach vorne geneigt hat. Vor ihm steht eine Holzkarre mit Habseligkeiten, um den Hals trägt er eine Transporthilfe zum Schieben der Karre. Davor eine Frau mit Kind auf dem Arm. Zwischen ihm und dem Reiter im Bildzentrum gibt es eine Blickachse. Hinter dem Reiter, am Feldrand, stehen uniformierte Männer, die eine Pickelhaube aufhaben, ein Gewehr mit Bajonett tragen und den Reiter militärisch grüßen. Im Bildhintergrund erkennt man ein größeres Anwesen mit Kirchturm. Die Szenerie spielt an einem Feldrand.
Bei der ärmer gekleideten Gruppe handelt es sich um die polnischstämmige Bevölkerung in Preußen. Nach dem Titel und den Schriftzügen unter der Karikatur führt in dieser Szene ein preußischer Landrat zusammen mit den Soldaten die Enteignung und Vertreibung der Polen durch.

4. Historischer Kontext
Die Karikatur entstand 1912, das war das Jahr, in dem der preußische Staat vier polnische Güter auf Druck der „Ansiedlungskommission“ (s. Darstellung, S. 53) und des „Ostmarkenvereins“ (s. Darstellung, S. 54) enteignet hatte, um dort Deutsche ansiedeln zu können.

5. Urteil
Sachurteil:
Auf die Fragen der polnischstämmigen Bevölkerung nach einem Zufluchtsort wird ihnen beschieden, ins „Kohlengebiet“ zu gehen, damit war seinerzeit das Ruhrgebiet gemeint. Hier ist der ironische Kern der Karikatur verortet, denn die „Germanisierung“ in Ostpreußen wird ad absurdum geführt, wenn gleichzeitig der polnischen Bevölkerung mitgeteilt wird, dass sie einfach in einen anderen Teil Deutschlands gehen solle.
Die Karikatur kritisiert also die sinnlosen Germanisierungsbestrebungen in Preußen. Da das Medium in der Satirezeitschrift „Wahrer Jacob“ erschienen ist, welcher ein sozialdemokratisches Blatt mit starker politischer Distanz zum Kaiserreich war, wird deutlich, dass der Zeichner das Vorgehen gegen eine Minderheit kritisieren will und dazu appelliert, diese Politik zu beenden. Sie ist damit auch ein Beleg dafür, dass in der Kaiserzeit nicht alle Bevölkerungsgruppen hinter der Germanisierungspolitik der Regierung standen.

Werturteil:
Gemessen an unseren heutigen Ansprüchen an einen freiheitlichen, demokratischen Staat, der Minderheiten, die sich im Rahmen des Grundgesetztes bewegen, toleriert und unterstützt, ist die Karikatur der zeitgenössische Ausdruck der Kritik an einer kaiserzeitlichen Gesellschaftspolitik, die auf Ausgrenzung und Diskriminierung gerichtet war und die zum Teil zynisch handelte, weil sie die Gefühle von Minderheiten verachtete bzw. deren Interessen missachtete.

Zu Kapitel 4, S. 68–69: Plakate interpretieren

1. Leitfrage:
Mit welchen Mitteln versuchen die Deutschen 1921 die Oberschlesier davon zu überzeugen, dass sie für die Zugehörigkeit zu Deutschland und nicht zu Polen stimmen sollen?

2. Analyse – Formale Aspekte
Auftraggeber: vermutlich die deutsche Regierung
Entstehungsort und -datum: unbekannt; 1921
Anlass: Nach Artikel 88 des Versailler Vertrags sollte die Bevölkerung in Teilen Oberschlesiens über ihre zukünftige Zugehörigkeit zu Deutschland oder Polen abstimmen. Die im Versailler Vertrag geforderten Grenzveränderungen und damit verbundene Volksabstimmungen leiteten sich aus Woodrow Wilsons Forderung nach dem Selbstbestimmungsrecht der Völker (14-Punkte-Programm des US-Präsidenten vom 8. Januar 1918) her.
Adressat: alle abstimmungsberechtigten Oberschlesier, vor allem aber die deutschen und deutschfreundlichen Wähler

3. Analyse – Inhaltliche Aspekte
Thema: Bedrohung des Wohlstandes im Falle einer Abstimmung zugunsten einer polnischen Zugehörigkeit von Schlesien
Beschreibung: Im Mittelpunkt steht ein Skelett. Während sein linker Arm mit ausgestreckten Fingern in die Höhe zeigt, hält das Skelett in seiner rechten Hand eine Fahnenstange mit Spitze, an der eine rote Fahne mit dem polnischen Staatswappen (Adler mit Krone) angebracht ist. Der Blick des Betrachters richtet sich sofort auf die das Bild beherrschende Fahne. Der dominierende Charakter der großen Fahne wird durch deren rote Farbe unterstrichen, in deren Mitte das Staatswappen leuchtet. Bei der Flagge handelt es sich nicht um die rot-weiße polnische Fahne. Vielmehr soll die einheitliche rote Färbung der Fahne verdeutlichen, dass ein Abstimmungserfolg Polens eine kommunistische Zukunft Oberschlesiens und damit Armut und Mühsal bedeute. Der in die Ferne blickende Totenkopf besitzt ein bedrohliches Aussehen, das durch die schwarzen Punkte in den Augen hervorgehoben wird. Die rot leuchtende Fahne hebt sich scharf vom hellen Skelett ab. Das Skelett steht breitbeinig in der Landschaft, die Oberschlesien symbolisieren soll. Das eine Bein ist in einer Ortschaft im Horizont veran-

kert, während das andere Bein auf die Stadt im Vordergrund zugreift. Diese scheint die Heimat wohlhabender Menschen zu sein, die in ansehnlichen Häusern wohnen; die Rauchschwaden aus den Fabriken oder Gewerbebetrieben verdeutlichen ein reges und erfolgreiches Wirtschaftsleben. Die warmen und leuchtenden Braun- und Gelbtöne, die die Wohnhäuser und die sie umgebende Landschaft prägen, sollen beim Betrachter ein angenehmes Gefühl erzeugen. Dass das Leben der Bewohner durch Wohlstand bestimmt wird, zeigen nicht nur die die Ortschaft umgebenden Felder und Wiesen, sondern auch der schwarze Rauch der Fabriken und Gewerbebetriebe im Hintergrund. Die üppigen Rauchschwaden zeigen, dass in dieser Stadt viel und intensiv gearbeitet wird. Nur durch eine florierende Wirtschaft, will das Bild sagen, kann auch Wohlstand entstehen. Die große rote Schrift unter dem Bild ermahnt die Oberschlesier, nicht zu vergessen, dass der Wohlstand nur durch die Zugehörigkeit zu Deutschland garantiert wird. Kommt Oberschlesien dagegen unter polnische Herrschaft, verbreitet sich wirtschaftlicher Abstieg, es kommt zum wirtschaftlichen Zusammenbruch und zu Armut. Das bedeute letztlich den Tod.
Wirkung: aus deutscher Sicht bedrohlich und angsteinflößend, zur prodeutschen Stimmabgabe anstachelnd; aus polnischer Sicht beleidigend, provokativ
Intention: Das Plakat besitzt eine antipolnische Stoßrichtung. Es soll Polen und die polnische Politik als wirtschaftsfeindlich und kommunistisch diffamieren. Bei den Deutschen wird so Angst, Wut, Hass gegen die Polen geschürt. Wer in Zukunft im Wohlstand leben will, so die zentrale These des Plakats, muss für die Zugehörigkeit zu Deutschland stimmen.
Bei der Volksabstimmung in Oberschlesien am 20. März 1921 stimmten etwa 60 Prozent der Bewohner für die weitere Zugehörigkeit zu Deutschland und etwa 40 Prozent für einen Anschluss an Polen. Daraufhin entschied die Botschafterkonferenz in Paris, Oberschlesien zu teilen und dem polnischen Staat anzugliedern.

4. Historischer Kontext
1918 war nicht klar, welche Grenzen das neu gegründete unabhängige Polen haben sollte. Siegermächte und Kriegsverlierer, z. B. Deutschland, hatten ebenso wie die Polen unterschiedliche Vorstellungen über die territoriale Gestalt Polens. Und in Oberschlesien, wo der Versailler Vertrag eine Abstimmung vorschrieb, musste die Bevölkerung für die polnischen oder deutschen Interessen gewonnen werden. So entstand ein heftiger Wahlkampf um die Wählerstimmen. Die Methoden der Wahlwerbung waren nicht immer vornehm und zurückhaltend, sondern für die jeweilige Gegenseite diffamierend und beleidigend.

5. Urteil
repräsentativ für die Zeit: Propagandaplakate, sowohl zur Diffamierung des Gegners als auch zum Lob der eigenen Politik, waren nach dem Ersten Weltkrieg und dem Versailler Vertrag weit verbreitet. Das Plakat beruht auf nationalen Stereotypen. Auch andere Staaten oder Parteien bedienten sich derartiger Denkweisen.
Bewertung aus heutiger Sicht: Das deutsche antipolnische Plakat aus dem Jahre 1921 zeichnet das Bild des Polen als brutale und tote Kreatur. Es weist auf die Bedrohung hin, die von dem polnischen Skelett für die oberschlesische Bevölkerung ausgeht. Die Schriftzüge „Schlesier, seid auf der Hut! – Der Tod Eures Wohlstandes naht sich." fordert zur Stimmabgabe für Deutschland bzw. gegen Polen auf.

Zu Kapitel 5, S. 86–87: Darstellungen analysieren

Die Verfasser Hans-Jürgen Bömelburg und Bogdan Musiał, die zum Veröffentlichungszeitpunkt für das Historische Institut in Warschau tätig sind, behandeln unter fachwissenschaftlicher Perspektive die Folgen des Zweiten Weltkrieges für Polen.
Sie vertreten dabei die These, dass die deutsche und sowjetische Besatzungspraxis gravierende Auswirkungen auf die polnische Gesellschaft hatten. Die Autoren verweisen zunächst auf die hohen Opferzahlen der Polen, bis zu 6 Millionen Polen starben, von denen die deutliche Mehrzahl Zivilisten waren. Besonders ist hier der Verweis auf die Tatsache, dass kein Land höhere Verluste pro tausend Einwohner habe hinnehmen müssen. Außerdem stellen Bömelburg und Musiał heraus, dass als Folge auch eine große Anzahl der Menschen dauerhaft behindert oder physisch krank war.
Neben den menschlichen Verlusten habe Polen aber durch alliierten Beschluss nach Kriegsende auch territoriale Verluste hinnehmen müssen, ferner sei ein Großteil der Städte zerstört gewesen. Daran anschließend verdeutlichen die Autoren den gravierenden Verlust an polnischen Kulturgütern durch Raub und Zerstörung.
Die Besatzung habe als Folge auch eine Spaltung der polnischen Gesellschaft bewirkt, da es in dieser Ausnahmesituation idealistische, aber auch ethisch bedenkenswerte Verhaltensmuster gegeben habe. Dies hätte sich in Widerstandshandlungen, aber auch in der Bereitschaft zur Kollaboration gezeigt.
Die Autoren schließen ihre Ausführungen mit dem Hinweis, dass es während des Zweiten Weltkrieges alleine in Warschau mehr Opfer gegeben habe als in ganz Frankreich. Dies sei im Westen weitgehend unbekannt.

Unterrichtsmethoden

Einen Kurzvortrag halten
- Vorbereitung: Sammeln und ordnen Sie alle Informationen zu Ihrem Thema (z. B. in einer Mindmap).
- Entwickeln Sie eine Ordnung für Ihren Vortrag: Legen Sie zu jedem Hauptpunkt eine Karteikarte mit den wichtigsten Informationen an und nummerieren Sie die Karteikarten in einer sinnvollen Reihenfolge.
- Überlegen Sie sich einen interessanten Einstieg und Schluss für Ihren Vortrag.
- Versuchen Sie möglichst frei vorzutragen. Sprechen Sie laut, deutlich und nicht zu schnell.
- Schauen Sie Ihr Publikum an. So sehen Sie auch, wenn es Zwischenfragen gibt.
- Unterstützen Sie Ihren Vortrag durch Anschauungsmaterial (Bilder, Grafiken, Gegenstände).

Ein Lernplakat gestalten
- Verwenden Sie für das Plakat mindestens die Größe DIN A2, besser DIN A1 (= 8 DIN-A4-Blätter).
- Beschränken Sie sich auf die wesentlichen Informationen.
- Die Informationen auf dem Plakat müssen sachlich stimmen (z. B. richtige Jahreszahlen).
- Das Thema des Plakats muss deutlich zu lesen sein.
- Formulieren Sie in Stichpunkten oder in kurzen Sätzen.
- Unterstreichen Sie Schlüsselbegriffe oder rahmen Sie sie ein.
- Verwenden Sie für die Schrift einen schwarzen oder dunkelblauen Stift. Andere Farben eignen sich für Pfeile, Linien oder Hervorhebungen.
- Achten Sie auf die Lesbarkeit der Schrift (Größe und Ordnung).
  Tipp: Sie können Hilfslinien mit Bleistift zeichnen und später wegradieren.
- Gliedern Sie Ihre Informationen durch unterschiedliche Schriftgrößen. Verwenden Sie Ordnungszahlen, wenn Sie eine bestimmte Reihenfolge darstellen möchten.

Eine Mindmap anfertigen
- Werten Sie Materialien (Bilder, Texte) zunächst aus, bevor Sie mit der Mindmap anfangen. Sammeln Sie Ihre Ergebnisse in Stichpunkten.
- Schreiben Sie das Thema in die Mitte des Blattes.

- Überlegen Sie sich eine Struktur für die Mindmap: Finden Sie zunächst Schlüsselbegriffe, die Sie auf die großen Äste schreiben.
  Tipp: Mindmaps werden meist im Uhrzeigersinn gelesen. Bedenken Sie das bei Ihrem Aufbau.
- Gruppieren Sie die zugehörigen Stichpunkte, Wörter und Namen. Gehen Sie vom Abstrakten zum Konkreten.
- Beschränken Sie sich auf 4–6 Hauptäste, um die Mindmap übersichtlich zu halten.
- Verdeutlichen Sie Verbindungen innerhalb der Mindmap mit Pfeilen.
- Arbeiten Sie mit Symbolen (z. B. Blitz für Konflikte). Geben Sie den Ästen unterschiedliche Farben.

Ein Begriffscluster erstellen
- Nehmen Sie ein DIN-A4- oder DIN-A3-Blatt, schreiben Sie einen Schlüsselbegriff darauf und kreisen Sie ihn ein.
- Schreiben Sie nun spontane Assoziationen um das Kernwort herum auf.
- Verwenden Sie diese Assoziationen als neue Schlüsselbegriffe und notieren Sie wiederum Assoziationen dazu.
- Die so entstehende Assoziationskette ergibt eine netzartige Skizze aus Ideen.

Der Unterschied zwischen Mindmapping und Clustern:
Beim Clustering liegt der Schwerpunkt auf der Ideenfindung und dabei insbesondere der assoziativen Verknüpfung von Ideen und Vorstellungen in Bildmustern. Daher eignet sich diese Methode besonders gut zur Stoff*sammlung* z. B. bei Problemerörterungen.
Das Mindmapping geht einen Schritt weiter, indem die notierten Begrifflichkeiten und Assoziationen durch die Baumstruktur bereits eine logische Ordnung erfahren. Dabei ist die Baumstruktur so offen angelegt ist, dass sie ständig mit weiteren Einfällen auf einer bestimmten Ebene ergänzt werden kann. Wegen seiner begrifflichen Hierarchisierung (= Über- und Unterordnung von Begriffen bzw. Gesichtspunkten) eignet sich das Mindmapping für die Stoff*ordnung* z. B. bei Problemerörterungen gut.

Ein Placemat gestalten (Gruppenarbeit für vier Personen)

- Finden Sie sich in Vierergruppen zusammen.
- Nehmen Sie ein DIN-A2- oder DIN-A3-Blatt und zeichnen Sie folgendes Schema darauf:

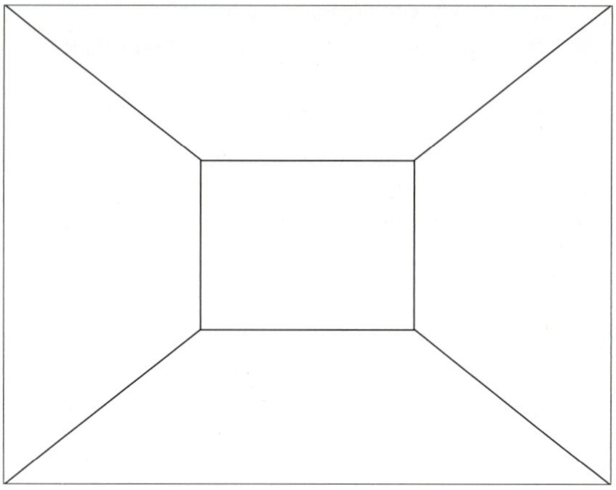

- Legen Sie das Blatt auf den Tisch. Vor jeder weißen Fläche sitzt ein Teilnehmer/eine Teilnehmerin aus Ihrer Gruppe.
- Es wird ein Thema gestellt. Jede/-r notiert in der festgelegten Zeit (ca. 5 min), was er/sie darüber weiß, wissen möchte und welche Ideen er/sie dazu hat.
- Drehen Sie das Blatt, sodass jeder lesen kann, was die anderen aufgeschrieben haben. Stellen Sie Fragen zum Verständnis (ca. 5 min).
- Entscheiden Sie am Ende als Gruppe, welche der Notizen Sie als Ergebnis in die Mitte des Blattes schreiben wollen. Einigen Sie sich auf 4–6 Stichpunkte (ca. 10 min).
- Präsentieren Sie Ihr Ergebnis dem Kurs.

Eine Concept-Map erstellen

Mit einer Concept-Map lassen sich Beziehungen zwischen Ideen visuell darstellen. Konzepte werden häufig als Kreise oder Boxen dargestellt, die mit Linien oder Pfeilen verbunden werden. Verbindungswörter zeigen zudem, wie Ideen zusammenhängen.

- Nehmen Sie ein DIN-A4- oder DIN-A3-Blatt sowie mehrere Blätter für Vorskizzen.
- Bestimmen Sie einen zentralen Gedanken oder eine Frage, der/die eine Verbindung zu allen anderen Ideen in Ihrer Map aufweist, und schreiben ihn auf das Skizzenblatt.
- Listen Sie im nächsten Schritt damit verbundene Konzepte, Begriffe oder Ideen auf das Blatt auf.
  Tipp: Beschreiben Sie jedes Konzept so knapp wie möglich; ein bis zwei Wörter reichen pro Idee aus.
- Schreiben Sie den zentralen Begriff, Gedanken oder die zentrale Frage in einen Kasten oder ein Oval oben auf das eigentliche Konzeptblatt.
- Wählen Sie die nächstwichtigen Begriffe Ihrer Liste aus und setzen Sie sie in Kasten oder Oval unter den Schlüsselbegriff. Zeichnen Sie Pfeile zur Verbindung dieser Begriffe.
- Fahren Sie darunter mit den nächstwichtigen Schlüsselwörtern fort.
- Erklären Sie die Zusammenhänge zwischen den Begriffen, indem Sie sie mit Linien verbinden und durch Beschriftung der Linien ihren Zusammenhang in ein oder zwei Wörtern erklären.
  Tipp: Der Zusammenhang kann ganz unterschiedlich sein: Ein Begriff kann Teil eines anderen sein, er kann entscheidend für einen anderen Begriff sein, er kann für die Produktion eines anderen Begriffes verwendet werden oder es kann eine Reihe anderer Verbindungen geben.

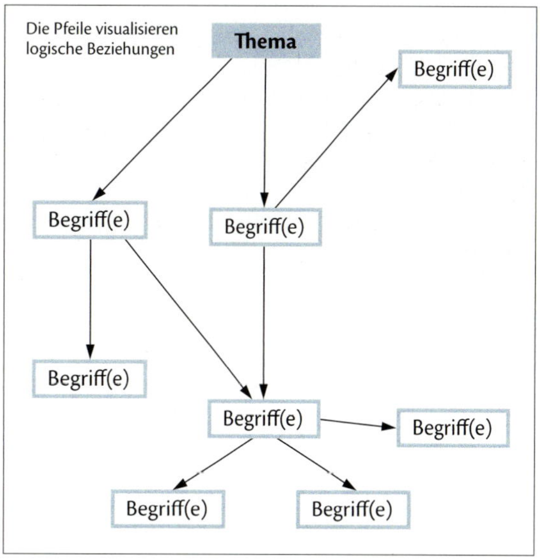

Fachmethoden

In diesem Band sind enthalten:

Weitere Fachmethoden

Das Internet nutzen

Suche beginnen

1. Welche Suchmaschine wähle ich aus?
2. Welche Internethinweise gibt das Schulbuch?

Suchabsicht festlegen

3. Welche Suchwörter helfen mir zur Beantwortung meiner Fragen weiter?

Überblick über das Suchergebnis bekommen

4. Welche Links sind interessant und brauchbar?
5. Welche Links stammen von glaubwürdigen Anbietern?

Ergebnisse ordnen

6. Wie gehe ich mit den Informationen einer Webseite um?

Informationen sichern und auswerten

7. Wie halte ich die gefundenen Informationen fest?

Einen Sachtext lesen und verstehen

Ersten Überblick verschaffen

1. Welche Überschrift hat der Text?
2. Wie ist der erste Eindruck vom Inhalt und Aufbau?

Fragen stellen

3. Was weiß ich schon über das Thema?
4. Wer kommt im Text vor?
5. Wo und wann findet das Dargestellte statt?
6. Worum geht es?
7. Welche Fragen bleiben offen?

Schlüsselwörter klären

8. Welche schwierigen Wörter oder Unklarheiten muss ich klären?
9. Welche Schlüsselwörter hat der Text?

Textaufbau erfassen

10. In welche Abschnitte lässt sich der Text gliedern?
11. Welche Überschriften passen dazu?

Inhalt wiedergeben

12. Geben Sie mithilfe der Überschriften und Schlüsselwörter den Inhalt des Textes wieder.

Schriftliche Quellen vergleichen

Ersten Eindruck festhalten

1. Wie ist Ihr Eindruck nach dem ersten Lesen beider Quellen?

Informationen zu Verfassern und Texten sammeln

2. Wann wurden die Texte geschrieben?
3. Wie groß ist der zeitliche Abstand zwischen Ereignis und Bericht?
4. Waren die Autoren Augenzeugen? Wenn nicht: Wen geben sie als Informanten an?

Inhalt vergleichen

5. Geben Sie Hauptaussagen und Schlüsselbegriffe der Texte wieder und vergleichen Sie sie im nächsten Schritt.
6. Welche Informationen stimmen überein?
7. Gibt es Einzelheiten, die nicht in den Texten erscheinen, die unterschiedlich genau oder ausführlich wiedergegeben werden?
8. Was wird berichtet, ist es logisch oder enthält es Unstimmigkeiten?
9. Ist ein Urteil oder eine Meinung der beiden Verfasser zu erkennen?

Weitere Informationen sammeln

10. Ziehen Sie weitere Informationen hinzu, z. B. aus Sachbüchern, dem Schulbuch oder dem Internet.

Ergebnisse formulieren

11. Vergleichen Sie die Notizen aus den einzelnen Arbeitsschritten miteinander. Formulieren Sie eine eigene Meinung.

Kontroverse Texte untersuchen

Thema benennen und Vorwissen aktivieren

1. Was sind kontroverse Texte?
2. Um welches Thema handelt es sich? Welches Vorwissen habe ich dazu?

Texte analysieren

3. Wann wurden die Texte verfasst?
4. Welche Behauptungen werden dort aufgestellt?
5. Wie werden bestimmte Behauptungen und Einschätzungen begründet?

Wertungen und Interessen in den Texten erkennen und beurteilen

6. Wie wird der Leser durch die Texte beeinflusst?
7. Aus welchen Gründen wird das Thema so beurteilt?
8. Lässt sich die Beurteilung auf Sachwissen zurückführen oder ist sie unsachlich?

Zu einem eigenen Urteil gelangen

9. Welche Fragen bleiben offen?
10. Wie beurteile ich selbst den Gegenstand der Texte?

Eine Bildquelle auswerten

Einzelne Elemente beschreiben

1. Was ist dargestellt (Personen, Gegenstände)?
2. In welchen Haltungen oder Bewegungen sind sie zu sehen?
3. Wie lässt sich die Situation beschreiben?
4. Was erscheint merkwürdig?

Zusätzliche Informationen hinzuziehen und Bedeutung der Bildelemente entschlüsseln

5. Welche Hinweise gibt die Bildunterschrift?
6. Welche Bedeutung würden Sie heute der entsprechenden Geste, Gebärde, Handlung oder dem Gegenstand zuordnen?
7. Recherchieren Sie Hintergrundinformationen zu den Symbolen (Bibliothek, Internet ...).
8. Welche Einzelaussagen ergeben sich aus den Symbolen und Gesten?

Bildaussage formulieren

9. Welche Gegenstände oder Handlungen scheinen besonders wichtig für die Aussage des Bildes? Woran lässt sich das erkennen?
10. Welche Gesamtaussage lässt sich formulieren? Gibt es mehrere Deutungen?

Bilder vergleichen

Einzelheiten der zu vergleichenden Bilder erfassen

1. Welche Personen sind dargestellt?
2. Welches Verhältnis zwischen den Personen wird angedeutet?
3. Ist es eine naturgetreue, eine stilisierte oder eine vereinfachte Darstellung?
4. Beschreiben Sie Kleidung, Aussehen, Hintergrund, Bildrahmen.

Zusätzliche Informationen heranziehen

5. Ist der Titel der Bilder bekannt? Gibt es eine Bildunterschrift?
6. Wann sind die Bilder entstanden?
7. Wer sind die Künstler?
8. Sind Auftraggeber bekannt?

Bildaussage erkennen

9. Welchen Zweck verfolgt die Darstellung (z. B. Erinnerung, Erhöhung, Kritik, Veranschaulichung, Verschleierung ...)?

Bilder vergleichen

10. Welche Gemeinsamkeiten lassen sich erkennen?
11. Wie unterscheiden sich die Bilder in Aufbau, Farbgebung, Gestaltung?
12. Wie lassen sich besondere Unterschiede, aber auch besondere Gemeinsamkeiten erklären?

Eine Karikatur analysieren

Ersten Eindruck festhalten

1. Wie wirkt die Karikatur auf Sie?

Einzelne Text- und Bildelemente beschreiben

2. Welche Personen, Gegenstände und anderen Details lassen sich erkennen? Achten Sie auf den Gesichtsausdruck, die Kleidung und die Körperhaltung. Beziehen Sie Beschriftungen mit ein.

Zusätzliche Informationen heranziehen und erste Deutung vornehmen

3. Wer ist der Zeichner?
4. Wann und wo ist die Karikatur entstanden?
5. Gibt es einen Titel?
6. Welches Thema hat die Karikatur?
7. Welche Bedeutung haben die Personen und Gegenstände?
8. Auf welches Ereignis bezieht sich die Karikatur?

Aussage formulieren

9. Was ist die Botschaft?
10. Was wird kritisiert?
11. Welche Wirkung könnte die Karikatur haben?

Eine historische Fotografie analysieren

Entstehung der Fotografie

1. Wann ist das Foto entstanden?
2. Was stellt es dar?
3. Wer hat in wessen Auftrag fotografiert?
4. Für welchen Adressaten ist die Fotografie angefertigt worden?
5. Welche Bildtechnik ist zu erkennen (Perspektive, Brennweite, Entfernung, Ausschnitt)?

Aussage und Deutung

6. Was ist der erste Eindruck?
7. Welche Gesamtaussage lässt sich formulieren?
8. Welche Fragen bleiben offen?

Ein Schaubild auswerten

Einzelne Elemente des Schaubildes erfassen

1. Welche Fachbegriffe werden verwendet, wie sind sie zu klären?
2. Welche Bedeutung haben Farben und Pfeile?

Den Aufbau des Schaubildes untersuchen

3. Wie ist das Schaubild zu lesen?

Inhalt erschließen und bewerten

4. Welche Aussagen werden im Schaubild getroffen?
5. Sind die Aussagen historisch korrekt?

Historischen Zusammenhang einbeziehen

6. Welche weiteren Informationen zur Einordnung und Bedeutung des Schaubildes sind notwendig?

Ein Verfassungsschaubild auswerten

Einzelne Elemente der Abbildung erfassen

1. Welche Fachbegriffe werden genannt?
2. Welche Bedeutung haben Farben, Pfeile etc.?

Formale Aspekte

3. Wie ist das Schaubild zu lesen (von unten nach oben, von links nach rechts)?

Inhalt erschließen

4. Welche Verfassungsorgane sind dargestellt?
5. Wie ist die Gewaltenteilung umgesetzt?
6. Wer kontrolliert wen?
7. Wer darf wen wie oft wählen?
8. Um welche Staatsform handelt es sich?

Aussagen überprüfen

9. Sind die Angaben im Verfassungsschema historisch richtig?

Urteilen

10. Erkennt man Stärken und Schwächen dieser Verfassung?
11. Welche Fragen stellen sich nach dem Untersuchen des Schaubildes? Was ist unklar?

Eine Statistik auswerten

Formale Aspekte

1. Gegenstand: Zeitabschnitt; historisches Ereignis, das dargestellt wird
2. Fundstelle: Ort, Zeit, Urheber der Daten (Institution oder Person, politische/öffentliche Stellung)
3. Adressatenbezug: Wer wird angesprochen?
4. Wie wird das Zahlenmaterial präsentiert (Tabelle oder Diagramm)?

Inhaltliche Aspekte

5. Jahreszahlen, Spalten oder Achsenbezeichnungen, Strukturierungshilfen
6. Legende, z. B. die Zuordnung von Farben zu bestimmten Staaten
7. Aussageart des Diagramms: Wird ein Vergleich angestrebt oder eine Entwicklung aufgezeigt? Gibt es Auffälligkeiten?

Aussagekraft bewerten

8. Geben Sie der Statistik zunächst eine Überschrift: Worum geht es überhaupt?
9. Fassen Sie die Kernaussagen zusammen und erläutern Sie sie jeweils kurz.
10. Setzen Sie die Aussagen in ihren historischen Zusammenhang.
11. Bewerten Sie die Aussagekraft der statistischen Daten: Ist die grafische Darstellung angemessen? Wird der Sachverhalt zu sehr vereinfacht?

Werturteile erkennen

Klären, worauf sich das Urteil des Verfassers oder der Verfasserin bezieht

1. Welche Haltungen werden beurteilt?
2. Welche Handlungen werden beurteilt?

Den Maßstab erkennen

3. Lässt sich das Werturteil auf Sachwissen zurückführen oder ist es unsachlich?
4. Wird deutlich, welche Kriterien für die Bewertung verwendet werden (z. B. religiöse Sicht, Standpunkt der Menschenrechte, tolerante Grundeinstellung ...)?
5. Lassen sich Informationen dazu finden, warum ein bestimmter Standpunkt vertreten wird?

Zu einem eigenen Urteil gelangen

6. Wie bewerten Sie selbst den Sachverhalt?
7. Wie ist Ihre Position gegenüber dem Werturteil, das Sie erkennen?
8. Wie urteilen andere Menschen darüber?

Informationen präsentieren

Referat vorbereiten

1. Informationen aus Büchern und Internet sammeln
2. Quellenmaterial bei der Vorbereitung auswählen; überlegen, an welcher Stelle des Referats es eingebaut werden soll
3. Zeitvorgabe beachten

Bild-/Textquelle aufbereiten

4. Zuerst nach dem Inhalt, dann erst nach den Einzelheiten fragen; die Zuhörer Vermutungen anstellen lassen, z. B. „Was ist zu erkennen?"
5. Was sagt das Bild über das Thema aus?

Aussagen visualisieren/Präsentation vorbereiten

6. Wie stelle ich mein Referat vor? Welches Medium nutze ich dafür?

Präsentieren

7. Liegen alle Materialien vor, die ich für den Vortrag brauche?

Literaturhinweise

Methodentraining Geschichte

Rauh, Robert, Methodentrainer Geschichte Oberstufe. Quellenarbeit – Arbeitstechniken – Klausurentraining, Berlin 2010.

Nation, Nationalismus, Nationalstaatsbildung

Alter, Peter, Nationalismus, Frankfurt/M. 1985.

Jansen, Christian/Borggräfe, Henning, Nation – Nationalität – Nationalismus, Frankfurt/M. 2007.

Juneja, Monica/Wenzlhuemer, Roland, Die Neuzeit 1789–1914, Konstanz 2013.

Kocka, Jürgen, Das lange 19. Jahrhundert. Arbeit, Nation und bürgerliche Gesellschaft, Stuttgart 2001.

Schulze, Hagen, Staat und Nation in der europäischen Geschichte, München 1994.

Wehler, Hans-Ulrich, Nationalismus: Geschichte – Formen – Folgen, München 2001.

Nationalstaatsbildung Polen

Alexander, Manfred, Kleine Geschichte Polens, Stuttgart 2008.

Borodziej, Wlodzimierz, Geschichte Polens im 20. Jahrhundert, München 2010.

Broszat, Martin, Zweihundert Jahre deutsche Polenpolitik, Frankfurt/M. 1972.

Heyde, Jürgen, Geschichte Polens, 3. Aufl., München 2011.

Jaworski, Rudolf/Lübke, Christian/Müller, Michael G., Eine kleine Geschichte Polens, Frankfurt/M. 2000.

Nationalstaatsbildung Deutschland

Althammer, Beate, Das Bismarckreich 1871–1890, Paderborn 2009.

Berghahn, Volker R., Das Kaiserreich 1871–1914. Industriegesellschaft, Bürgerliche Kultur und autoritärer Staat, Stuttgart 2006.

Conrad, Sebastian, Globalisierung und Nation im Deutschen Kaiserreich, (Taschenbuch) München 2010.

Fisch, Jörg, Europa zwischen Wachstum und Gleichheit 1850–1914, Stuttgart 2002.

Hahn, Hans-Werner/Berding, Helmut, Reformen, Restauration und Revolution, Stuttgart 2010.

Schulze, Hagen, Der Weg zum Nationalstaat. Die deutsche Nationalbewegung vom 18. Jahrhundert bis zur Reichsgründung, München 1985.

Ullmann, Hans-Peter, Politik im Deutschen Kaiserreich 1871–1918, München 1999.

Wehler, Hans-Ulrich, Deutsche Gesellschaftsgeschichte, Bd. 3: Von der „Deutschen Doppelrevolution" bis zum Beginn des Ersten Weltkrieges 1849–1914, München 1995.

Winkler, Heinrich August, Der lange Weg nach Westen. Deutsche Geschichte I: Vom Ende des Alten Reiches bis zum Untergang der Weimarer Republik, (Taschenbuch) München 2014.

Deutsch-polnische Beziehungen (18. Jh. bis Gegenwart)

Bingen, Dieter/Ruchniewicz, Krzysztof (Hg.), Länderbericht Polen. Geschichte, Politik, Wirtschaft, Gesellschaft, Kultur, Bonn 2009.

Borodziej, Wlodzimierz/Ziemer, Klaus (Hg.), Deutsch-polnische Beziehungen 1939 – 1945 – 1949. Eine Einführung, Bonn 2000.

Lawaty, Andreas/Orlowski, Hubert (Hg.), Deutsche und Polen. Geschichte, Kultur, Politik, München 2003.

Kneip, Matthias/Mack, Manfred/Deutsches Polen-Institut Darmstadt, Polnische Geschichte und deutsch-polnische Beziehungen, 2. Aufl., Berlin 2009.

Imperialismus und Erster Weltkrieg

Berghahn, Volker, Der Erste Weltkrieg, 2. Aufl., München 2004.

Epkenhans, Michael, Der Erste Weltkrieg, Paderborn 2015.

Leonhard, Jörn, Die Büchse der Pandora. Geschichte des Ersten Weltkriegs, München 2014.

Osterhammel, Jürgen, Kolonialismus. Geschichte – Formen – Folgen, 3. Aufl., München 2006.

Nationalsozialismus und Zweiter Weltkrieg

Benz, Wolfgang, u. a. (Hg.), Enzyklopädie des Nationalsozialismus, 5. Aufl., München 2007.

Hehl, Ulrich von, Nationalsozialistische Herrschaft, München 1996.

Herbert, Ulrich, Geschichte Deutschlands im 20. Jahrhundert, München 2014.

Müller, Rolf-Dieter, Der letzte deutsche Krieg 1939–1945, Stuttgart 2005.

Stargardt, Nicholas, Der deutsche Krieg 1939–1945, Frankfurt/M. 2015.

Wehler, Hans-Ulrich, Der Nationalsozialismus. Bewegung, Führerschaft, Verbrechen 1919–1945, München 2009.

Globalisierung

Osterhammel, Jürgen/Peterson, Niels P., Geschichte der Globalisierung. Dimensionen, Prozesse, Epochen, (Taschenbuch) München 2007.

Osterhammel, Jürgen, Die Verwandlung der Welt. Eine Geschichte des 19. Jahrhunderts, München 2016.

Zeittafel

Entstehung eines polnischen Reiches und Aufstieg der Jagiellonen

966 Taufe des Piastenfürsten Mieszko I. und damit Beginn der Christianisierung und der Staatlichkeit Polens

1000 Gründung des Erzbistums Gnesen. Treffen von Bolesław I. Chrobry (der Tapfere) mit Kaiser Otto III. in Gnesen

1025 Nach der Eroberung von Pomerellen, Schlesien, Krakau und der Oberlausitz krönt sich Bolesław I. Chrobry mit dem Segen des Papstes zum ersten polnischen König.

1138–1305 Aufspaltung des Landes in Teilfürstentümer

13. Jahrhundert Beginn des Landesausbaus in Osteuropa

1226 Fürst Konrad von Masowien ruft für den Kampf gegen die heidnischen Prußen den Deutschen Orden zu Hilfe. Als Gegenleistung erhalten die Ritter das Kulmer Land.

1241 Ein deutsch-polnisches Heer stoppt die Mongolen bei Liegnitz.

1308 Der Deutsche Orden erweitert sein Machtgebiet an der östlichen Ostsee, auch Danzig gehört jetzt zu seinem Herrschaftsbereich. Beginn der kriegerischen Auseinandersetzungen zwischen Polen und dem Deutschen Orden

1333–1370 Kazimierz III. Wielki (der Große) konsolidiert das Königreich Polen, er gründet Städte und öffnet das Land für die in Westeuropa verfolgten Juden. Unter seiner Regierung wird 1364 die Universität Krakau gegründet; mit seinem Tod erlischt die Dynastie der Piasten.

1348 Kazimierz III. Wielki erkennt offiziell die böhmische Herrschaft über Schlesien an.

1386 Der litauische Großfürst Jogaila lässt sich und sein Volk taufen, um als Władysław Jagiełło die polnische Thronerbin Jadwiga heiraten zu können. Die Personalunion Polens und Litauens wird begründet.

1410 In der Schlacht bei Tannenberg/Grunwald wird der Deutsche Orden von einem polnisch-litauischen Heer geschlagen.

1466 Im Zweiten Frieden von Thorn muss der Deutsche Orden dem polnischen König Westpreußen und das Ermland abtreten (‚Königliches Preußen'). Danzig kommt, mit großen Privilegien versehen, unter die Herrschaft der polnischen Krone.

Mitte des 15. Jahrhunderts Das Reich der Jagiellonen reicht von der Ostsee bis zum Schwarzen Meer.

1525 Der Deutsche Orden in Preußen löst sich auf; sein Restgebiet wird als Herzogtum Preußen polnisches Lehen.

1569 Umwandlung der polnisch-litauischen Personal- in eine Realunion als Ergebnis des dreijährigen Sejms zu Lublin (Lubliner Union)

Niedergang und Teilungen

1572 Der Tod König Zygmunts II. August bedeutet das Erlöschen der Dynastie der Jagiellonen auf dem polnischen Thron. Das Wahlkönigtum wird eingeführt.

1572–1795 Ausländische und polnische Könige wechseln sich auf dem polnischen Thron ab. Die Geschicke des Landes werden zunehmend von polnischen Magnatenfamilien bestimmt, die oft nur ihre eigenen Interessen verfolgen.

1683 Unter Führung des polnischen Königs Jan III. Sobieski siegen Truppen Polens und deutscher Staaten gegen die Türken vor Wien.

1697–1763 Mit August II. dem Starken und August III. regieren in Polen zwei sächsische Könige.

1700–1721 Großer Nordischer Krieg. Russland hilft Polen gegen die Schweden und gewinnt entscheidenden Einfluss auf die Geschicke des Landes.

1772 Bei der Ersten Teilung Polens fällt ein Drittel des Landes an die drei Nachbarn Preußen, Russland und Österreich.

1791 Aufgeklärte Kreise um König Stanisław August Poniatowski versuchen das Land durch Reformen zu retten. Der Vierjährige Sejm beschließt die „Verfassung vom 3. Mai", die erste geschriebene Verfassung Europas.

1793 Zweite Teilung Polens. Weitere Gebiete des Landes fallen an Preußen und Russland.

1794 Ein Aufstand im russischen Teilungsgebiet unter Führung des Freiheitskämpfers Tadeusz Kościuszko wird niedergeschlagen.

1795 Durch die Dritte Teilung wird das Land endgültig unter den drei Großmächten aufgeteilt und Polen verschwindet als eigenständiger Staat bis 1918 von der europäischen Landkarte.

Staatenlose Zeit

1807 Gründung des halbsouveränen Herzogtums Warschau durch Napoleon

1815 Auf dem Wiener Kongress wird entschieden, das Herzogtum Warschau in ein „Königreich Polen" (auch „Kongresspolen" genannt) unter der Krone des russischen Zaren zu verwandeln, der zugleich König von Polen wird.

1830/31 Der „Novemberaufstand" gegen die Zarenherrschaft wird niedergeschlagen. Beginn der „Großen Emigration". Zeit der liberalen deutschen Polenbegeisterung

1846 Aufstand und Bauernunruhen in Galizien

1848 Unruhen im preußischen und österreichischen Teilungsgebiet („Völkerfrühling")

1863/64 Der „Januaraufstand" im russischen Teilungsgebiet wird niedergeschlagen.

1871 Nach der Reichsgründung zunehmende Germanisierung im preußischen Teilungsgebiet

1901–1906 Schulstreiks in Wreschen und an anderen Orten wegen des Verbots der polnischen Sprache im Schulunterricht

1916 Proklamation eines „Königreiches Polen" durch die Mittelmächte (5. November)

Zweite polnische Republik und Zweiter Weltkrieg

1918 Nach der Niederlage aller ehemaligen Teilungsmächte im Ersten Weltkrieg ist der Weg zur Wiedererstehung eines unabhängigen polnischen Staates frei. Am 11. November übernimmt Józef Piłsudski in Warschau die Macht. Staatsform und Grenzen sind noch nicht festgelegt.

1919 Im Versailler Vertrag wird festgelegt, dass ein Großteil der Provinzen Posen und Westpreußen zu Polen kommt.

1919–1921 Krieg zwischen Polen und Sowjetrussland. Polen besetzt Gebiete, die vor den Teilungen zur polnisch-litauischen Adelsrepublik gehörten.

1919–1921 Drei polnische Aufstände in Oberschlesien und Volksabstimmung über die staatliche Zugehörigkeit (20. März 1921: 40,4 Prozent für Polen, 59,6 Prozent für das Deutsche Reich). Durch Entscheidung der Botschafterkonferenz der Alliierten wird Oberschlesien geteilt, ein Viertel des Abstimmungsgebietes mit 42,5 Prozent der Bevölkerung und den wichtigsten Bodenschätzen kommt zu Polen.

1926 Nach dem gewaltsamen Sturz der Regierung durch Anhänger von Marschall Piłsudski nimmt das demokratische System autoritäre Züge an.

1934 Abschluss eines deutsch-polnischen Nichtangriffspaktes, der 1939 von Hitler aufgekündigt wird.

1939 23. August: Hitler-Stalin-Pakt über die restlose Aufteilung Polens. Am 1. September überfällt die deutsche Wehrmacht Polen; der Zweite Weltkrieg beginnt. Am 17. September marschiert die Rote Armee in Polen ein. Die westlichen Gebiete Polens werden an das Deutsche Reich angegliedert, die östlichen Landesteile in die Sowjetunion inkorporiert. Das restliche Gebiet wird zum „Generalgouvernement" unter deutscher Besatzung. Bildung einer Exilregierung unter General Władysław Sikorski und Entstehung einer Untergrundarmee (Armia Krajowa).

1943 Der Aufstand im Warschauer Ghetto (19. April–16. Mai) wird von den Deutschen niedergeschlagen.

1944 Am 22. Juli wird in Chełm bei Lublin ein in Moskau vorbereitetes „Komitee zur nationalen Befreiung" als eine von Kommunisten dominierte Parallelregierung gebildet. Am 1. August beginnt der Warschauer Aufstand gegen die deutschen Besatzer; die Rote Armee schaut tatenlos zu. Nach der Kapitulation am 2. Oktober vertreiben die Deutschen die Bevölkerung und zerstören Warschau fast vollständig.

Kommunistische Zeit

1945 Konferenzen in Jalta und Potsdam. Verschiebung Polens nach Westen. Deutschland verliert die Gebiete östlich von Oder und Lausitzer Neiße. Der östliche Teil Polens fällt an die Sowjetunion.

1945–1948 Vertreibung und Zwangsumsiedlung von Millionen Deutschen, Polen und Ukrainern

1948 Ausschaltung jeglicher Opposition, politische Unterdrückung und Etablierung einer kommunistischen Herrschaft stalinistischer Prägung.

1950 Görlitzer Vertrag zwischen der DDR und Polen (gegenseitige Anerkennung der Grenze)

1956 Arbeiteraufstand in Posen im Juni. Propagierung eines ‚polnischen Wegs zum Sozialismus'. Größere Freiräume für Kultur, Literatur und katholische Kirche, die allerdings später wieder eingeengt werden

1965 Die katholische Kirche Polens richtet ein Versöhnungsschreiben an die Glaubensbrüder in der Bundesrepublik. Die kommunistische Partei kritisiert die Kirchenvertreter stark. Im Oktober fordert der Rat der Evangelischen Kirche in Deutschland neben der Versöhnung auch die Anerkennung der polnischen Westgrenze.

1970 Der „Vertrag über die Grundlagen zur Normalisierung der gegenseitigen Beziehungen zwischen der Volksrepublik Polen und der Bundesrepublik Deutschland" (Warschauer Vertrag) wird unterzeichnet (7. Dezember).

1972 Aufnahme diplomatischer Beziehungen zwischen Polen und der Bundesrepublik Deutschland

1978 Am 16. Oktober wird der Erzbischof von Krakau, Karol Kardinal Wojtyła, als erster Pole zum Papst gewählt.

1980 Landesweite Streikbewegung, die Ende August zur Entstehung der *Solidarność*, der ersten unabhängigen Gewerkschaft in einem kommunistischen Land, führt.

1981 Verhängung des Kriegsrechts in Polen (13. Dezember); Verbot der *Solidarność*

Demokratisierung und Westorientierung Polens

1989 Wiederzulassung der Solidarność nach Streiks, Gespräche zwischen Opposition und kommunistischer Regierung am „Runden Tisch" (Februar bis April) halbfreie Wahlen am 4. Juni; am 24. August wird Tadeusz Mazowiecki erster nicht-kommunistischer Regierungschef; Beginn der Demokratisierung

1990 Gewerkschaftsführer Lech Wałęsa wird zum Staatspräsidenten gewählt; Abschluss des „deutsch-polnischen Grenzbestätigungsvertrags" (14. November) mit dem wiedervereinigten Deutschland: völkerrechtliche Anerkennung der Oder-Neiße-Grenze

1991 Der deutsch-polnische „Vertrag über gute Nachbarschaft und freundschaftliche Zusammenarbeit" wird am 17. Juni unterzeichnet. Im Herbst finden die ersten völlig freien Parlamentswahlen in Polen statt.

1999 Aufnahme Polens in die NATO

2004 Beitritt Polens zur Europäischen Union

Begriffslexikon

Adelsrepublik: siehe S. 21

Antisemitismus: Ablehnung oder Bekämpfung von Juden aus rassischen, religiösen oder sozialen Gründen. Der Begriff wurde im Jahre 1879 als pseudowissenschaftlicher Begriff geprägt, um sich von der religiös motivierten Judenfeindschaft früherer Epochen, dem Antijudaismus, abzugrenzen. Er bezeichnet Ablehnung und Feindschaft gegenüber den Semiten, einer historischen Sprachfamilie, die neben hebräischen auch afrikanische und arabische Völker umfasst. Der Begriff ist daher nicht trennscharf. Judenfeindschaft gab es schon in der Antike und im Mittelalter. In der zweiten Hälfte des 19. Jh. entwickelte sich ein rassisch begründeter Antisemitismus, mit dem gesellschaftliche Konflikte auf die Juden als Feindbild übertragen wurden.

„Arier“: Der Begriff „Arier“ bezeichnete ursprünglich die indogermanischen Völker bzw. Sprachfamilien. Die „Rassenlehre“ des 19. Jh. gab dem Begriff neue Inhalte, die durch keinerlei wissenschaftliche Erkenntnisse gestützt sind. Gemeint waren nun die Angehörigen der weißen „Rasse“ mit den Germanen als Krönung. Die Ideologie des ▶ Nationalsozialismus benutzte den Begriff zur Ausgrenzung und Ermordung der Juden und anderer ausgegrenzter Gruppen von Menschen.

Deutsch-polnischer Grenzvertrag: bestätigte am 14. November 1990 völkerrechtlich die Oder-Neiße-Linie als deutsch-polnische Grenze.

„Deutscher Sonderweg“: eine These von Historikern (z. B. Hans-Ulrich Wehler) über die deutsche Geschichte. Sie besagt, dass die Entwicklung demokratischer und liberaler Strukturen in Deutschland seit der Französischen Revolution sich wesentlich vom westeuropäischen Normalfall unterscheidet, der z. B. von Frankreich oder Großbritannien repräsentiert wird. Die Führungsschichten in Deutschland hätten sich im 19. und frühen 20. Jh. durch eine vorwiegend (von Preußen geprägte) antiparlamentarische und antidemokratische Haltung ausgezeichnet; dem Volk und dessen politischen Teilhabebestrebungen hätten sie reserviert gegenübergestanden. Man hätte sich als vorwiegend kulturelle Nation verstanden, als „Land der Dichter und Denker“, und habe ein übersteigertes Nationalgefühl entwickelt; diese habe letztlich auch den ▶ Nationalsozialisten den Weg an die Macht geebnet. Kritiker bemängeln, dass es keine Norm für die historische Entwicklung bzw. keinen „normalen“ Weg zur liberalen Demokratie gebe. Der Historiker Heinrich-August Winkler spricht demgegenüber von „Deutschlands langem Weg nach Westen“.

Görlitzer Vertrag: geschlossen am 6. Juli 1950 zwischen der DDR und Polen. Die DDR erkannte darin die Oder-Neiße-Linie als die Grenze zu Polen an.

Heiliges Römisches Reich (Deutscher Nation): Das deutsche Kaiserreich erhob im Mittelalter den Anspruch, als Kaiserreich den Königreichen übergeordnet zu sein. Die Kaiser sahen sich als gottgegebene Nachfolger der antiken römischen Kaiser, ihr Reich wurde daher „Heiliges“ Römisches Reich genannt. Der Zusatz „Deutscher Nation“ kam erst im 15. Jh. dazu. Das Territorium ging über die heutigen Grenzen Deutschlands weit hinaus und erfuhr häufig Veränderungen.

Hirtenbrief der polnischen Bischöfe an ihre deutschen Amtsbrüder: Der Brief wurde am 18. November 1965 von den polnischen katholischen Bischöfen an ihre deutschen Amtskollegen gesandt. Sie formulierten darin angesichts der Millionen Toten und Vertriebenen auf beiden Seiten infolge des Zweiten Weltkriegs eine Reihe historischer Ereignisse aus polnischer Sicht. Sie verwendeten u. a. den berühmten Satz „Wir vergeben und bitten um Vergebung“ und leiteten damit erste Schritte zur Versöhnung zwischen Deutschen und Polen nach 1945 ein. Verfasser war der Breslauer Bischof Bolesław Kominek, der seinerzeit u. a. vom späteren polnischen Papst, Johannes Paul II., unterstützt wurde. Die damalige kommunistische Regierung Polens hingegen wollte eine Annäherung an die Bundesrepublik verhindern.

Holocaust/Shoah: Im Englischen bezeichnet Holocaust ein Opfer, das vollständig verbrannt wird. Der Begriff wurde übernommen (als Steigerung des Begriffs Völkermord = Genozid) für die Verfolgung und Ermordung von Millionen Juden durch die ▶ Nationalsozialisten. Während die Wissenschaft den Begriff häufig nutzt, sprechen Überlebende meist von Shoah (hebr. = einzigartiges Opfer, totale Zerstörung).

Imperialismus: Im neuzeitlichen Verständnis bedeutet Imperialismus zunächst die Ausdehnung der Herrschaft eines Staates über andere Länder durch Eroberung, Annexion und Durchdringung; eine seiner Formen ist der Kolonialismus. Seit der Hochindustrialisierung (um 1900) bedeutet Imperialismus ein ausgeprägtes, in verschiedenen Formen auftretendes, zugleich wirtschaftliches und politisches Ausnutzungs- und Abhängigkeitsverhältnis, das zwischen industriell weit fortgeschrittenen und wirtschaftlich wenig entwickelten Staaten und Regionen bestand (besonders in Afrika und Asien). Vor allem die Zeit zwischen 1880 und 1918 gilt als Epoche des Imperialismus.

„Kongresspolen": Inoffizielle Bezeichnung für das russisch besetzte „Königreich Polen" (so der offizielle Name), das auf dem Wiener Kongress 1815 aus Teilen des früheren Großherzogtums Warschau geschaffen wurde. Es war in Personalunion mit Russland verbunden und abhängig. Es wurde nach dem polnischen Aufstand 1830/31 aufgelöst und 1867 direkt ins Zarenreich integriert.

Kriegsverbrechen: Handlungen von Angehörigen eines Krieg führenden Staates, die gegen Strafvorschriften des Staates oder internationale Strafbestimmungen verstoßen, z. B. Angriffskrieg, Mord, Grausamkeiten gegen die Zivilbevölkerung, systematischer Terror, Misshandlung und Tötung von Gefangenen, Zwangsarbeit fremder Staatsangehöriger und Völkermord (Genozid).

Landesausbau: siehe S. 20

Liberalismus: Politische Bewegung seit dem 18. Jh.; betont die Freiheit des Individuums gegenüber kollektiven Ansprüchen von Staat und Kirche, wie sich die Menschen verhalten sollen. Merkmale: Glaubens- und Meinungsfreiheit, Sicherung von Grundrechten des Bürgers gegen staatliche Eingriffe, Unabhängigkeit der Rechtsprechung (Gewaltenteilung), Teilnahme an politischen Entscheidungen. Der wirtschaftliche Liberalismus fordert die uneingeschränkte Freiheit aller wirtschaftlichen Betätigungen.

Liberum veto: siehe S. 22

Mai-Verfassung: Die vom Vierjährigen Sejm am 3. Mai 1791 beschlossene Maiverfassung ist die erste schriftliche Verfassung in Europa. Sie entstand aus dem Geiste der Aufklärung heraus und unter maßgeblichem Einfluss der Ideen Rousseaus; sie entsprang den Bemühungen zur Reformierung und Rettung des 1772 erstmals von seinen Nachbarn geteilten Königreichs Polen-Litauen. Die Exekutive wurde ebenso gestärkt wie die Rolle der Regierung, der Einfluss von Senat und Landtagen dagegen geschwächt. Eine Erbmonarchie sollte auch den König mächtiger machen. Die bewaffnete Intervention Russlands sowie die weiteren polnischen Teilungen 1793 und 1795 verhinderten die Einführung der Verfassung.

Militarismus (lat. *militaris* = soldatisch, kriegerisch): Vorherrschen militärischer Werte, Normen, Ziele und Einrichtungen im politischen, gesellschaftlichen und wirtschaftlichen Leben eines Landes. Zeichen dafür können sein:
- ungerechtfertigte Einmischung des Militärs in die Innen- und Außenpolitik,
- gesteigerte Rüstung,
- militärische Erziehungsansprüche gegenüber der Bevölkerung (z. B. Missbrauch der Autorität).

Mythos: Mythen sind meist mündlich überlieferte Sagen und Dichtungen von Göttern und Helden oder von anderen Personen und Ereignissen. Sie versuchen zu begründen, wie die jeweilige Gegenwart in der Vergangenheit verankert ist. Häufig wird eine glanzvolle Vergangenheit beschworen, die es in der Gegenwart wieder herzustellen gilt. Mythen enthalten irrationale Sinn- und Heilsversprechen, die in einer als trostlos empfundenen Gegenwart Halt geben sollen. Im 19. Jh. z. B. sollten sie häufig den nationalen Zusammenhalt in einem Staat stärken, aber auch nationale Bewegungen unterstützen, die eine Fremdherrschaft abschütteln wollten.

Nation: bezeichnete im europäischen Mittelalter und in der Frühen Neuzeit Großgruppen mit gemeinsamer Herkunft; seit dem 12. Jh. stimmten z. B. die Teilnehmer auf kirchlichen Konzilien nach „Nationen" ab, ebenso organisierten sich Studenten an den Universitäten. Seit dem 18. Jh. wird der Begriff auf ganze Völker übertragen. Er bezeichnet Gruppen von Menschen, die ihnen bewusste Gemeinsamkeiten teilen (z. B. Sprache, Geschichte, Verfassung) oder viele kulturelle, wirtschaftliche und politische Bindungen. Staatsbürgernationen (= „subjektive" Nation) haben sich historisch in einem vorhandenen Staatsgebiet durch gemeinsames politisches Handeln entwickelt (z. B. Frankreich). Kulturnationen (= „objektive" Nation) verfügen über sprachlich-kulturelle Gemeinsamkeiten (z. B. eine Nationalliteratur) und Nationalbewusstsein, nicht jedoch über einen ▶ Nationalstaat (z. B. Deutschland vor 1871, Polen vor 1918).

Nationalismus: Als wissenschaftlicher Begriff meint er die auf die moderne Nation und den Nationalstaat bezogene politische Ideologie zur Integration von Großgruppen durch Abgrenzung von anderen Großgruppen. Der demokratische Nationalismus entstand in der Französischen Revolution und war verbunden mit den Ideen der Menschen- und Bürgerrechte, des Selbstbestimmungsrechts und der Volkssouveränität. Anders dagegen der integrale Nationalismus: Er entstand im letzten Drittel des 19. Jh. und setzte die Nation als absoluten, allem anderen übergeordneten Wert und war mit einer aggressiven Politik verbunden.

Nationalstaat: Bezeichnung für die annähernde Übereinstimmung von Staat und Nation durch staatliche Konstituierung einer gegebenen ▶ Nation. Der Nationalstaat löste im 19. Jh. den frühneuzeitlichen Territorialstaat absolutistischer Prägung ab.

Nationalsozialismus: Bezeichnung für die nach dem Ersten Weltkrieg in Deutschland aufkommende rechtsradikale Bewegung. Sie beruhte auf einem extremen Nationalismus, Rassismus und Expansionismus und stellte die deutsche Ausprägung des Faschismus dar. Der Nationalsozialismus bekämpfte wie andere faschistische Bewegungen (z. B. in Italien unter Benito Mussolini 1922 bis 1943) alle individuellen und demokratischen Freiheiten, die seit der Französischen Revolution 1789 erkämpft worden waren. Von anderen faschistischen Bewegungen unterscheidet er sich durch folgende Merkmale: die besondere ideologische Bedeutung der expansionistischen „Lebensraumpolitik", die ▶„Rassenlehre" mit der Übersteigerung des „germanischen Herrenmenschen", den ▶Antisemitismus und den Aufbau eines umfassenden Propaganda- und Vernichtungsapparates.

Obrigkeitsstaat: autoritäre Herrschaft, in der die Regierung und die Beamten dazu neigen, die Bürger wie Untertanen zu verwalten, zu versorgen und zu reglementieren.

Deutsch-polnischer Nachbarschaftsvertrag: geschlossen im Juni 1991; er regelte u. a. die Rechte der deutschen Minderheiten in Polen und der in Deutschland lebenden Polen.

Personalunion: siehe S. 20

Piasten: siehe S. 20

Piastische und Jagiellonische Ideen: Bezeichnungen für die beiden Grundkonzepte der geografisch-politischen Entwicklung des polnischen Staates in der Vergangenheit. Die piastische Idee stützt sich auf die gedachten oder realen mittelalterlichen Grenzen Polens, die sich auf westliche Gebiete an Oder, Warthe und Weichsel konzentrierten. Sie wurde Ende des 19. Jh. von den Nationaldemokraten wieder aufgegriffen und von den Kommunisten nach 1945 übernommen. Die jagiellonische Idee dagegen orientierte sich, maßgeblich propagiert unter anderem von Józef Piłsudski, an den Grenzen des polnisch-litauischen Staates, der weite Teile der heutigen Staaten Litauen, Weißrussland und Ukraine umfasste.

„Politik der organischen Arbeit": eine politische Überzeugung der polnischen Eliten des 19. Jh. Nach dem Scheitern der polnischen Aufstände 1830/31, 1846, 1848 und 1863/64 waren sie der Überzeugung, dass ein anderer Weg zur Unabhängigkeit gefunden werden musste. Vor allem im preußischen, aber auch im österreichischen Teilungsgebiet wollte man den legalen, aber mühsamen Prozess der Modernisierung von Wirtschaft und Gesellschaft einleiten und zugleich das Nationalbewusstsein stärken. Zu diesem Zweck wurden verschiedene kulturelle und soziale Einrichtungen gegründet.

Prußen/Preußen: siehe S. 21

„Rassenlehre": Der Begriff bezeichnet die pseudo-wissenschaftliche Anwendung der biologischen Unterscheidung von menschlichen Gruppen ähnlicher erblicher Merkmale (z. B. der Hautfarbe) auf das gesellschaftlich-politische Leben; dabei wird die Höher- bzw. Minderwertigkeit verschiedener „Rassen" unterstellt. Der auf das 19. Jh. zurückgehende Rassismus (Sozialdarwinismus) erfuhr im ▶Antisemitismus der ▶Nationalsozialisten mit der systematischen Verfolgung und Vernichtung der Juden seine bisher fürchterlichste Konsequenz.

Realunion: siehe S. 20

Republik: Staatsform, in der das Volk als Träger der Staatsgewalt angesehen wird (im Gegensatz zur Monarchie, wo der König als Träger der Staatsgewalt angesehen wird).

Sejm: siehe S. 21

Selbstbestimmungsrecht: ist das Recht von Völkern und Nationen, ihre staatliche Organisation frei und ohne fremde Einmischung zu bestimmen. Es war eine der Grundlagen für die Nationalstaatsgründungen seit dem 19. Jh.

Stereotype: vorgefasste Meinung bei den Mitgliedern einer Gruppe über andere Menschengruppen oder über sich selbst. Soziale Stereotype werden nicht durch reale Erfahrungen erworben, sondern durch Vermittlung in Gruppen oder durch Medienbilder. Wenn man trotz gegenteiliger Erfahrung in der Realität an Stereotypen festhält, sprich man von Vorurteilen oder Feindbildern.

Transnationale Geschichtsschreibung: bedeutet im weitesten Sinne die Betrachtung von Geschichte über die Grenzen einzelner Nationen/Staaten hinaus. Meint häufig auch: eine Geschichtsbetrachtung, die nicht nur auf ein Land, oder auf einen Kontinent, z. B. Europa, schaut, sondern global auf die Welt. Entstanden ist die transnationale Geschichtsschreibung an der Wende vom 20. zum 21. Jh. (nach dem Ende des Kalten Krieges), und zwar in Reaktion auf die veränderten Wahrnehmungen im Zeitalter der Globalisierung.

Verfassung: Grundgesetz eines Staates, das Vorrang vor allen anderen Gesetzen oder Verordnungen besitzt. Sie legt die politisch-staatliche Grundordnung fest, regelt also die Herrschaftsausübung sowie die Rechte und Pflichten der Bürger. Eine Verfassung kann demokratisch sein, sie kann aber auch Unrecht festschreiben (z. B. in Diktaturen).

Versailler Vertrag: Der Vertrag wurde im Juni 1919 nach der Kriegsniederlage von dem deutschen Außenminister Hermann Müller in Versailles (bei Paris) unterzeichnet (1920 in Kraft). Inhalte: alle Kolonien, Elsass-Lothringen, Danzig, das Memelland, der polnische „Korridor" sind abzutreten, nach Abstimmungen auch Eupen-Malmedy, Nordschleswig und Teile Oberschlesiens; das Saargebiet wird besetzt; Reparationen (Höhe offen); Heeresgröße ist auf 100 000 Mann festgelegt (Marine 15 000); Verbot, Österreich als Teil des Reiches zu integrieren; Festschreibung der Kriegsschuld Deutschlands. Folgen: In Deutschland muss der neue demokratische Staat für die Folgen des gescheiterten Kaiserreiches eintreten.

„Vormärz“: historische Epochenbezeichnung für die Jahre ca. 1830–1848 in Europa, die sich mit politischem und sozialkritischem Aufbegehren gegen die Obrigkeit verbinden.
Völkermord (Genozid): Der Begriff bezeichnet Handlungen, die in der Absicht begangen werden, eine nationale, ethnische, „rassische“ oder religiöse Gruppe ganz oder teilweise zu zerstören.
„Völkisch“: Das seit dem späten 19. Jh. gebrauchte Schlagwort bedeutete zunächst „volkstümlich“, wurde dann aber rassistisch aufgeladen und bekam eine fremdenfeindliche Ausrichtung; es war mit dem ▶ Antisemitismus und einer Eroberungspolitik verbunden.
„Volksgemeinschaft“: Nach der Ideologie des ▶ Nationalsozialismus bestimmten nicht Interessen- oder Klassengegensätze Staat und Gesellschaft, sondern die Gemeinschaft, die sich dem Willen eines Führers unterordnet; die „Volksgemeinschaft“ wurde als die einzige „natürliche“ Lebensordnung im Staat ausgegeben. Das Prinzip der „Volksgemeinschaft“ diente der Rechtfertigung des Verbots von Interessenorganisationen, beispielsweise von Gewerkschaften, und aller Parteien außer der NSDAP. Ebenso diente es der Ausgrenzung von verschiedenen Bevölkerungsgruppen sowie der Verfolgung von politischen Gegnern und Minderheiten.

Warschauer Aufstand: siehe S. 77
Warschauer-Ghetto-Aufstand: siehe S. 77
Warschauer Vertrag 1970/72: Die Bundesrepublik erhob damit auch faktisch keine Ansprüche mehr auf ehemalige deutsche Gebiete östlich der Oder-Neiße-Linie.

Zweite Polnische Republik: begann im Herbst 1918 mit der Wiederbegründung des polnischen Staates am Ende des Ersten Weltkriegs.

Personenlexikon und Personenregister

August II. (1670–1733): als Friedrich August I. ab 1694 Kurfürst und Herzog von Sachsen, als August II. ab 1697 in Personalunion auch König von Polen-Litauen. Absolutistischer Herrscher der europäischen Mittelmacht Sachsen, das wirtschaftlich, infrastrukturell und kulturell eine Blütezeit erlebte (Dresden als barocke Metropole). August verwickelte Sachsen glücklos in den Nordischen Krieg (1700–1721), der den russischen Einfluss in Polen stärkte. *19*

Bismarck, Otto Fürst von (1815–1898): Der Politiker trug maßgeblich und mit mehreren Kriegen zur deutschen Reichsgründung bei und war zwischen 1871 und 1890 Reichskanzler des Deutschen Reiches. *31, 35, 36, 41, 42, 46, 48, 49, 52, 113, 114, 120*

Bolesław I. Chrobry (965/967–1025): seit 992 Herzog von Polen; 1025 erster König. In seiner Nachfolge konnte sich Polen allerdings bis um 1300 noch nicht als europäisches Königreich konsolidieren, ibs. wegen fürstlicher Streitigkeiten im Innern. *18*

Brandt, Willy (1913–1992): deutscher Politiker. Er emigrierte 1933 nach Norwegen, kehrte nach dem Krieg nach Deutschland zurück. Die Karriere des SPD-Politikers verlief über folgende Stationen: 1957–1966 Regierender Bürgermeister von Berlin (West), 1966–1969 Außenminister, 1969–1974 Bundeskanzler. Das Motto seiner Regierung hieß: „Mehr Demokratie wagen". Als Bundeskanzler leitete er die Neue Ostpolitik ein und suchte die Versöhnung mit Polen („Kniefall von Warschau"). *10, 94, 98, 103, 106*

Dmowski, Roman (1864–1939): polnischer Politiker und führender Vertreter der nationaldemokratischen Bewegung; setzte zeitweilig auf eine enge Zusammenarbeit mit dem zaristischen Russland, in dessen Parlament er von 1907 bis 1909 saß. In seinem Weltbild, das von der Idee eines ethnisch und religiös einheitlichen polnischen Staates in sicheren Grenzen geprägt war, betrachtete er Preußen bzw. Deutschland aufgrund dessen starker Entpolonisierungspolitik und höherer Kultur als den gefährlicheren Gegner; er suchte den Ausgleich mit Russland. Polen sollte sich auf Kosten Deutschlands unter Einbezug Danzigs, Westpreußens, Schlesiens und Posens organisieren. Mit dieser sog. „piastischen" Staatsidee (in Anlehnung an den alten Dynastiebegriff) stand er im Gegensatz zur „jagiellonischen" Staatsidee von ▶ Piłsudski. Bei den Versailler Friedensverhandlungen 1919 wirkte er auf polnischer Seite führend mit, konnte seine territorialen Vorstellungen jedoch nur teilweise durchsetzen. In der Zwischenkriegszeit blieb er wichtigster Gegenspieler ▶ Piłsudskis. *54, 55*

Frank, Hans (1900–1946): in der NS-Zeit Generalgouverneur des im Zweiten Weltkrieg unter deutscher Besatzung stehenden polnischen „Generalgouvernements". Rassismus gegen Polen und andere slawische Völker und gegen Juden, Terror, willkürliche Massenverhaftungen, Verschleppungen und Vernichtungen in Konzentrations- und Vernichtungslagern prägten die Besatzungsherrschaft. Juden aus allen von Deutschland besetzten Gebieten Europas wurden vom NS-Staat ins „Generalgouvernement" deportiert. Er wurde als Hauptkriegsverbrecher 1946 zum Tode verurteilt und hingerichtet. *75, 76*

Friedrich II. (1712–1786): seit 1740 preußischer König. Er führte drei Kriege gegen Österreich um den Besitz Schlesiens. Nach dem letzten, dem Siebenjährigen Krieg (1756–1763), war Preußen (neben Frankreich, Großbritannien, Österreich, Russland) fünfte Großmacht in Europa geworden. Friedrich galt als Vertreter des aufgeklärten Absolutismus, setzte Reformen durch und forcierte den Ausbau des Bildungssystems. In einem politischen Testament hatte er 1752 erstmals über einen Erwerb Polnisch-Preußens (des späteren Westpreußens) spekuliert. *20, 22, 23*

Friedrich Wilhelm IV. (1795–1861): Er war von 1840 bis 1861 König von Preußen. Während der Revolution von 1848/49 lehnte er die ihm von der Frankfurter Nationalversammlung angebotene Kaiserkrone ab. *34*

Glotz, Peter (1939–2005): Der im Sudetenland geborene deutsche Politiker (SPD) arbeitete nach seinem Ausscheiden aus dem Bundestag 1996 als Publizist und Professor für Medienwissenschaften. Seit 2000 engagierte er sich zusammen mit Erika Steinbach (CDU) als Vorsitzender einer Stiftung für ein „Zentrum gegen Vertreibungen". *104*

Himmler, Heinrich (1900–1945): nahm 1923 am Hitler-Putsch teil, wurde 1929 Reichsführer SS, 1934 stellvertretender preußischer Gestapo-Chef und war seit 1936 Reichsführer SS und Chef der deutschen Polizei. Damit verfügte er über den gesamten NS-Unterdrückungs- und Terrorapparat. 1939 übernahm er auch das Reichskommissariat für die Festigung des deutschen Volkstums, wurde 1943 Reichsinnenminister und befehligte seit 1944 das Ersatzheer. 1945 geriet er in britische Gefangenschaft und entzog sich seiner Verantwortung durch Selbstmord. *77, 78, 83, 135*

Hitler, Adolf (1889–1945): Seit 1920 war er „Führer" der NSDAP. 1923 unternahm er einen Putschversuch. Aber erst 1933 erreichte er seine Ernennung zum Reichskanzler und errichtete in Deutschland bis 1945 eine Diktatur. Ihre Basis waren: Rassismus, Antisemitismus und „Untermenschen"-Propaganda, „Lebensraum"- und „Volksgemeinschafts"-Ideologie sowie Kriegs- und Vernichtungspolitik. Am 30. April 1945 entzog er sich durch Selbstmord im Bunker der Reichskanzlei seiner Verantwortung. *73, 74, 76, 77, 78, 80, 101, 104, 113, 114, 115, 129, 130, 131, 132, 133*

Jagiełło (ca. 1351–1434): litauischer Großfürst; erlangte als Władysław II. Jagiełło 1386 die polnische Königswürde, indem er zum Christentum übertrat und die 13-jährige Königstochter Jadwiga (sie war 1384 zum „König von Polen" gewählt worden) heiratete. Er begründete die polnische Dynastie der Jagiellonen (endete 1572). *18*

Joseph II. (1741–1790): Seine Mutter, ▶ Maria Theresia, ernannte ihn nach dem Tod des Vaters 1765 nur zum Mitregenten im Habsburgerreich (= Österreich, Böhmen, Ungarn, Österreichische Niederlande). Joseph war im Gegensatz zu seiner Mutter ein Anhänger der Aufklärung. Erst nach dem Tod Marias 1780 konnte er allein regieren. 1765–1790 war er zugleich Kaiser des Heiligen Römischen Reiches Deutscher Nation (der Titel war zu dieser Zeit jedoch nur noch ein Ehrentitel, das Amt nur noch repräsentativ). *20, 22, 23*

Katharina II. (1729–1796): geb. in Stettin, heiratete 1745 den damaligen russischen Thronfolger; nach einem Staatsstreich wurde sie 1762 Kaiserin (= Zarin) von Russland. Als Anhängerin des aufgeklärten Absolutismus setzte sie tatsächlich wenig Reformen um. Außenpolitisch vergrößerte sie den russischen Machtbereich (in zwei russisch-türkischen Kriegen, den Teilungen Polens, durch die Annexion der Krim). *20, 22*

Kohl, Helmut (1930–2017): dt. Politiker (CDU), Bundeskanzler 1982–1998. Er beförderte 1989 die deutsche Einheit und in den 1990er-Jahren die europäische Einigung, insbesondere die Währungsunion. In Europa setzte sich Kohl für einen Ausgleich ein und bemühte sich, alte Spannungen zwischen den Nationen abzubauen. Kohl erhielt 1988 gemeinsam mit Mitterrand den Karlspreis. *95, 96*

Kościuszko, Tadeusz (1746–1816): Sohn einer litauischen Adelsfamilie; General im Amerikanischen Unabhängigkeitskrieg; 1786 Rückkehr nach Polen. Unterstützte die Reformen von König Stanisław I. und die Verfassung von 1791. Lebte 1793 in Sachsen. 1794 kehrte er nach Polen zurück und organisierte den Aufstand gegen die Teilungsmächte. Er ernannte sich im März 1794 selbst zum „Staatschef" und versprach u. a. den Bauern, sie von der Leibeigenschaft zu befreien. Lebte nach der Niederlage bis zu seinem Tode in Amerika, Frankreich und der Schweiz. *20*

Maria Theresia (1717–1780): Aus dem Hause Habsburg stammend regierte sie von 1740 bis zu ihrem Tod als Erzherzogin von Österreich und Königin von Ungarn. Erreichte 1745 die Wahl ihres Gatten Franz I. Stephan zum römisch-deutschen Kaiser, führte die Regierungsgeschäfte aber ohne ihn. Obwohl nicht selbst zur Kaiserin gekrönt, wurde sie so tituliert. Nach dem Tod ihres Mannes 1765 machte sie ihren Sohn, ▶ Joseph II. zum Mitregenten. Sie war in den Schlesischen Kriegen gegen Preußen unterlegen. Als Anhängerin des aufgeklärten Absolutismus setzte sie zahlreiche Reformen um. *22, 23*

Mickiewicz, Adam (1798–1855): polnischer Dichter der Romantik, Anhänger der Französischen Revolution und Verfechter des Freiheitsgedankens in einem Europa ohne Staatsgrenzen. Wurde in Wilna von der zaristischen Polizei verfolgt; landete nach dem Gefängnis in Russland und musste später emigrieren. Bereiste viele Länder Europas. Nach seinem Tod zunächst auf dem polnischen Emigrantenfriedhof bei Paris beigesetzt, wurde er 1890 nach Krakau umgebettet. Sein Werk „Pan Tadeusz" gilt als polnisches Nationalepos; Denkmäler von ihm stehen bis heute in fast jeder Stadt Polens. *44*

Mieszko I. (gest. 922): erster urkundlich belegter Fürst über das Polanengebiet (dem späteren Polen) aus der Dynastie der Piasten (die Dynastie endete 1370). Der Legende nach hatte vier Generationen zuvor der Stammvater Piast einen früheren Herrscher über die Polanen verdrängt. Mieszko vergrößerte und festigte sein Herrschaftsgebiet durch Übertritt zum Christentum. 968 gründete er ein erstes Missionsbistum. *16, 18*

Napoleon (1769–1821): stieg während der Französischen Revolution als ihr Unterstützer im Militär auf; gelangte 1799 durch Staatsstreich als Konsul und 1804 durch Selbstkrönung als Kaiser an die Spitze Frankreichs. Sein *Code civil* von 1804, die Zentralisierung der Verwaltung, die Modernisierung der Verkehrswege, der Währungspolitik waren nachhaltig und fanden in vielen Teilen Europas Anhänger. Im Zuge der Eroberung weiter Teile Europas wurde 1806 das Heilige Römische Reich Deutscher Nation aufgelöst. Den Winter 1806/07 verbrachte Napoleon – auf dem Feldzug nach Russland – in Warschau, wo ihn polnische Patrioten zur Wiederherstellung Polens drängten. Die preußischen Teile Polens wurden 1807 zum Herzogtum Warschau erhoben. Nach zahlreichen Niederlagen wurde Napoleon 1814 abgesetzt und ein Jahr später verbannt. Das Herzogtum Warschau wurde nach seiner Niederlage 1815 auf dem Wiener Kongress wieder aufgelöst und in das Königreich

Polen unter russischer Herrschaft („Kongresspolen") umgewandelt. *9, 32, 36, 112, 113*

Piłsudski, Józef (1867–1935): war der wichtigste polnische Politiker der ersten Hälfte des 20. Jh. Ursprünglich ein Sozialist, der bewaffnete Anschläge gegen die russischen Besatzer durchführte. Seit 1908 stellte er im österreichischen Galizien Kampfeinheiten zusammen, die für die nationale Unabhängigkeit eintraten. Im Ersten Weltkrieg kämpfte er zunächst aufseiten der Mittelmächte (= Deutschland, Österreich u. a.), sagte sich dann aber von ihnen los. Als Vertreter der „jagiellonischen" Staatsidee (im Gegensatz zur „piastischen" von ▶Dmowski) sollte sich Polen auf Kosten Russlands nach Osten unter Einschluss litauischer, weißrussischer und ukrainischer Gebiete organisieren. 1918 bis 1922 war er Staatsoberhaupt Polens und führte 1920 erfolgreich Krieg gegen Sowjetrussland. 1923 wurde er politisch zurückgedrängt. 1926 putschte er mithilfe des Militärs gegen die gewählten Organe und regierte Polen de facto autoritär bis zu seinem Tod. *51, 54, 55, 64, 72, 74*

Siebenpfeiffer, Philipp Jakob (1789–1845): Der Jurist und politische Journalist engagierte sich im Vormärz (das ist die Zeit vor der Revolution 1848) in der liberalen Bewegung und organisierte mit Johann August Wirth 1832 das Hambacher Fest. *38*

Stalin, Josef (1879–1953): Der sowjetische Politiker errichtete von 1929 bis 1953 eine auf Polizei und Terror gestützte kommunistische Parteidiktatur. Im geheimen Zusatzabkommen des Hitler-Stalin-Pakts vom 23. Aug. 1939 steckten er und Hitler u. a. ihre territorialen Interessen in Polen ab. *83, 104*

Stanisław II. August Poniatowski (1732–1798): wurde 1764 mit starker Unterstützung der russischen Zarin Katharina II. zum König von Polen und Großfürst von Litauen gewählt. Regierte bis zu seiner Abdankung und Auflösung Polens 1795. Er beauftragte die polnische Verfassung vom Mai 1791 (erste geschriebene Verfassung Europas). Er war ein Anhänger der Aufklärung. Seine Versuche, den durch Adelsfraktionen zerrissenen polnischen Staat zu reformieren, waren vergeblich. *20*

Wałęsa, Lech (geb. 1943): war als Elektriker 1980 in Polen Streikführer auf der Danziger Werft; wurde 1981 zum Vorsitzenden der Gewerkschaft Solidarność gewählt. Nach Ausrufung des Kriegszustandes in Polen wurde er verhaftet und ein Jahr lang interniert. 1982 kehrte er als Arbeiter in die Werft zurück und erhielt 1983 den Friedensnobelpreis. Als De-facto-Anführer der Opposition nahm er 1989 an den Gesprächen am Runden Tisch teil und war 1990–1995 Präsident Polens. *91, 95*

Wilhelm I. von Hohenzollern (1797–1888): Er war seit 1858 Regent und seit 1861 König von Preußen sowie ab 1871 Deutscher Kaiser. *112*

Wilhelm II. (1859–1941): war von 1888 bis 1918 der letzte deutsche Kaiser und König von Preußen. Er verfolgte (anders als seine Vorgänger und Bismarck) einen aggressiven deutschen Nationalismus und eine expansive deutsche Kolonialpolitik. *49*

Wilson, Woodrow (1856–1924): Der US-Präsident führte die USA in den Ersten Weltkrieg und gestaltete die Friedensverhandlungen mit. Er war überzeugt, dass die Durchsetzung des nationalen Selbstbestimmungsrechts für mehr Gerechtigkeit und Frieden sorgen würde. Er formulierte die versöhnlich gemeinten „14 Punkte", die die Grundlage für den Waffenstillstand 1918 waren. 1920 erhielt er den Friedensnobelpreis. *54, 64, 119, 121*

Wirth, Johann August (1798–1848): Der Jurist, Politiker und Schriftsteller war im Vormärz (das ist die Zeit vor der Revolution 1848) ein engagierter Liberaler und organisierte mit Philipp Jakob Siebenpfeiffer 1832 das Hambacher Fest. *38*

Wojtyła, Karol/Papst Johannes Paul II. (1920–2005): 1978 wurde der Pole und Gegner des kommunistischen Regimes zum Papst gewählt. In seinem langen Pontifikat setzte er sich entschieden für Freiheit und eine Aussöhnung mit dem Judentum ein. Er besaß eine konservative Auffassung in der kirchlichen Lehre und hatte eine breite Anhängerschaft in der polnischen Bevölkerung. *91*

Sachregister

Fettdruck: Erläuterungen im Begriffslexikon S. 165
Kursiv gesetzte Begriffe: Erläuterungen in der Marginalspalte

Bildquellen

Cover © Caro/FOTOFINDER.COM
S. 6 li. v. o. n. u. bpk; bpk/Nationalgalerie, SM B/Jörg P. Anders; akg-images; bpk; **S. 6 re. v. o. n. u.** A.P.L.; bpk/ Reichard & Lindner ; imago stock&people/United Archives International; interfoto e.k./National Portrait Gallery
S. 7 v. o. n. u. culture-images/United Archives/ua; dpa Picture-Alliance/dpa – Bildarchiv; imago stock&people/ Rupert Oberhäuser; ddp images/Norbert M illauer/ dapd
S. 8 M 1 Robert Szecowka;
S. 14 M 6 LOOK/age footstock;
S. 16 M 1 akg-images;
S. 18 M 1 dpa Picture-Alliance/dpa – Bildarchiv;
S. 19 M 2 Huber-Images/(c)Reinhard Schmid;
S. 20 M 3 Bridgeman Images/Tallandier;
S. 21 M 4 akg-images;
S. 24 M 12 akg-images/IAM;
S. 28 M 2 Caro/Bastian/FOTOFINDER.COM;
S. 29 M 3 Bridgeman Images/Private Collection/Photo © Liszt Collection;
S. 30 M 1 akg-images;
S. 31 M 2 Bridgeman Images/Schloss Friedrichsruhe, Germany;
S. 35 M 2 akg-images;
S. 40 M 8 Bridgeman Images/M usee de la Ville de Paris, M usee Carnavalet, Paris, France;
S. 43 M 13 bpk;
S. 46 M 1 dpa Picture-Alliance/R3577_bifab_122320;
S. 49 M 2 akg-images;
S. 50 M 1 akg-images/WHA/World History Archive;
S. 54 M 1 bpk, **M 2** bpk/Bayerische Staatsbibliothek/ Archiv Heinrich Hoffmann;
S. 57 M 4 ddp images;
S. 65 M 18 akg-images/arkivi;
S. 65 M 19 akg-images/Rainer Hackenberg;
S. 67 M 1 akg-images;
S. 69 M 1 Bridgeman Images/Deutsches Historisches M useum, Berlin, Germany/© DHM;
S. 70 M 1 Bridgeman Images/Deutsches Historisches M useum, Berlin, Germany/© DHM;
S. 71 M 2 bpk/Staatsbibliothek zu Berlin;
S. 72 M 1 bpk;
S. 73 M 2 bpk;
S. 75 M 1 interfoto e.k./awkz;
S. 76 M 3 Scherl/Süddeutsche Zeitung Photo;
S. 77 M 4 dpa Picture-Alliance/Winfried Roth;
S. 78 M 6 interfoto e.k./DanielD;
S. 79 M 8 bpk;
S. 82 M 15 akg-images/Imagno/Votava;
S. 82 M 16 dpa Picture-Alliance;
S. 83 M 18 SZ Photo/snapshot-photography;
S. 84 M 21 akg-images;
S. 84 M 23 a Reuters/Peter Andrews;
S. 85 M 23 b dpa Picture-Alliance/© dpa – Report;
S. 89 M 2 interfoto e.k./UIG/Sovfoto;
S. 90 M 1 Peter Leger (Künstler), Haus der Geschichte, Bonn;
S. 91 M 2 Caro/M uhs/FOTOFINDER.COM;
S. 93 M 1 mauritius images/Anastasiya Piatrova/Alamy
S. 94 M 2 interfoto e.k./Friedrich, **M 3** dpa Picture-Alliance/dpa – Report
S. 95 M 4 dpa Picture-Alliance;
S. 96 M 5 ap/dpa/picture alliance/Süddeutsche Zeitung Photo;
S. 102 M 14 SZ Photo/dpa picture alliance/ap;
S. 103 M 16 © DER SPIEGEL 51/1970;
S. 107 M 2 Robert Szecowka;
S. 118 M 1 F1online/AGE/SEM UIG;
S. 119 M 2 akg-images;
S. 120 M 1 bpk;
S. 121 M 2 akg-images;
S. 122 M 4 ddp images/United Archives;
S. 123 M 6 Scherl/Süddeutsche Zeitung Photo, **M 7** SZ Photo/Süddeutsche Zeitung Photo, **M 8** dpa Picture-Alliance/ullstein bild;
S. 126 M 1 Bridgeman Images/M useum of Fine Arts, Boston, M assachusetts, USA / Gift of John T. Spaulding, **M 2** Visum/Panos Pictures/PANOS/Jocelyn Carlin;
S. 127 M 3 GlowImages/Heritage Images RM;
S. 128 M 1 SZ Photo/Scherl:
S. 130 M 1 dpa Picture-Alliance/Glasshouse Images/ Glasshouse Im;
S. 131 M 2 dpa Picture-Alliance/arkivi;
S. 135 M 2 akg-images;
S. 144 M 2 bpk/Deutsches Historisches M useum/Arne Psille

Karten und Grafiken
Cornelsen/Carlos Borrell Eiköter: U 2 unten; U 3; S. 27 M 2; S. 55 M 3; S. 76 M 2; S. 98 M 6
Cornelsen/Volkhard Binder: U 2 oben; S. 33 M 1; S. 35 M 3; S. 61 M 12
Cornelsen/VDL: S. 156; 157;